BUCHREIHE BALLSCHULE

HERAUSGEBER
PROF. DR. KLAUS ROTH

Klaus Roth
unter Mitarbeit von Gregor Bennek

DIETMAR HOPP STIFTUNG

U3 Ballschule
powered by Ballschule Heidelberg

Bibliografische Information der Deutschen Nationalbibliothek
Die Deutsche Nationalbibliothek verzeichnet diese Publikation in der Deutschen Nationalbibliografie; detaillierte bibliografische Daten sind im Internet über http://dnb.d-nb.de abrufbar.

Bestellnummer 8060

www.hofmann-verlag.de

Fotos: Sascha Kötting, Andreas Klewe, Gregor Bennek

Druck: Druck- und Kalender-Marketing Sosset GmbH, Kißlegg

Printed in Germany
ISBN 978-3-7780-8060-3

INHALT

1 EINLEITUNG 5
Klaus Roth

2 EINORDNUNG UND PRINZIPIEN 9
Klaus Roth
Einordnung 10
Prinzipien 11

3 ZIELE 15
Klaus Roth
ABC der U3-Ballschule 16
A Phylogenetische Motorikbausteine 16
B Perzeptiv-motorische Bausteine 29
C Kognitiv-motorische Bausteine 32

4 INHALTE UND METHODEN 35
Klaus Roth
Inhalte 36
Methoden 37

5 PRAKTISCHE BEISPIELSAMMLUNG EINFÜHRUNG 41
Klaus Roth
Lernmaterialien 42
Stundenablauf 44

6 PRAKTISCHE BEISPIELSAMMLUNG BEWEGUNGS-LANDSCHAFTEN 47
Gregor Bennek & Klaus Roth
Darstellungsform 48
10 U3-Parcours 49
10 weitere erprobte U3-Parcours 90

7 PRAKTISCHE BEISPIELSAMMLUNG SPIELSTATIONEN 93
Gregor Bennek
Darstellungsform 94
Spielstation 1 bis 30 95

8 PRAKTISCHE UMSETZUNG 151
Klaus Roth
Anschlusskonzepte 152
Lehrmaterialien 154
Aus- und Fortbildungen 156
Kooperationen 157

LITERATUR 158

HINWEIS

Aus Gründen der besseren Lesbarkeit wird in diesem Buch entweder nur die weibliche (z. B. Erzieherinnen) oder die männliche Form (z. B. Übungsleiter) verwendet. Gemeint sind stets Personen aller Geschlechter.

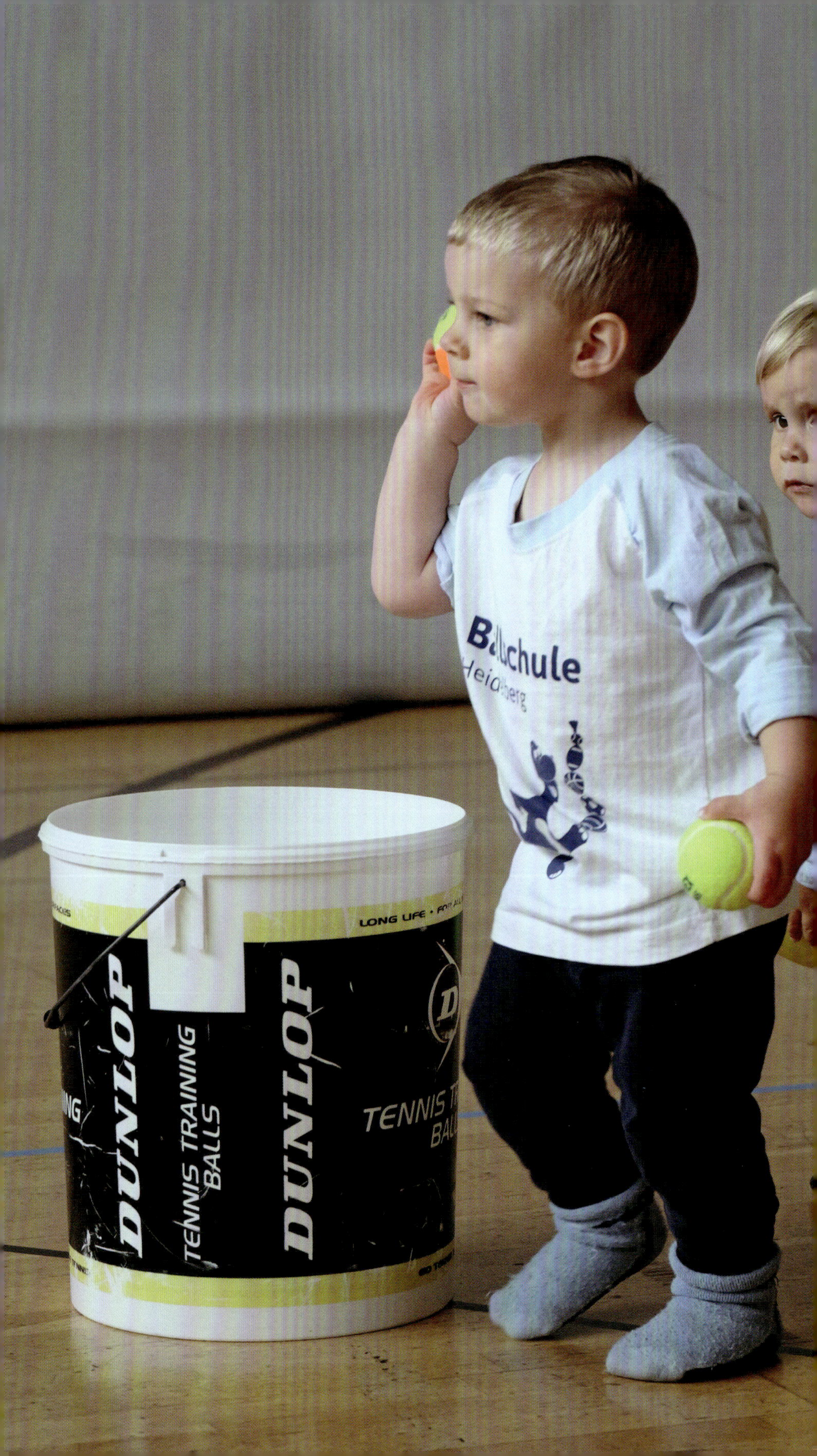
DUNLOP
TENNIS TRAINING BALLS
DUNLOP
LONG LIFE
TENNIS TR
BALL

1 U3-BALLSCHULE

EINLEITUNG

Klaus Roth

„Bewegung ist das Tor zum Lernen und hat im Zusammenspiel mit der Wahrnehmung eine Schlüsselfunktion für die Entwicklung. Deshalb liegt bei der Förderung kindlicher Kompetenzen ein besonderer Akzent auf Bewegung“ (Niedersächsisches Kultusministerium, 2005, S. 18).
„Das Bedürfnis von Kindern nach Bewegung nicht in ausreichendem Maße zu beachten bzw. ihnen keinen Raum zu geben, bedeutet, Bildungsprozesse zu verhindern. Bewegung bestimmt das Leben in allen Bereichen, somit wird auch klar, dass sich das Bildungsfeld Bewegung durch den Alltag hindurchzieht und mit allen anderen Entwicklungsbereichen verbunden werden muss“ (Ministerium für Familie, Kinder, Jugend, Kultur und Sport & Ministerium für Schule und Weiterbildung des Landes Nordrhein-Westfalen, 2011, S. 35).
„Bewegung hat eine sehr hohe Bedeutung für die Entwicklung auf unterschiedlichen Ebenen. Sie leistet einen wesentlichen Beitrag zur Herausbildung der kindlichen Vorstellung über sich selbst und die Welt“ (Ministerium für Bildung, Frauen und Jugend Rheinland-Pfalz, 2004, S. 24).

Das Thema einer altersgerechten motorischen Frühförderung ist aktueller denn je. Bildungspolitiker, Pädagogen, Entwicklungspsychologen und Neurowissenschaftler sind sich einig, dass der Motorik – ganz im Sinne des Wortstamms des Begriffs – eine wichtige „Antriebsfunktion“ für die Persönlichkeitsentwicklung im Säuglings-, Kleinkind- und Vorschulalter zukommt. Dieser gesellschaftliche und wissenschaftliche Meinungskonsens dokumentiert sich u. a. – deutlich sichtbar und bundeslandübergreifend – in den neu gestalteten Rahmen-/Orientierungsplänen für Kindertageseinrichtungen.

Die Konzeption einer Ballschule für Kleinkinder steht seit Beginn dieses Jahrtausends auf der Wunschliste des Teams der Ballschule Heidelberg. Dass es ca. 15 Jahre von der Zündung der Idee bis zur Erstellung eines publikationsreifen Lehrplans gedauert hat, ist nichts Außergewöhnliches. Bevor Ballschulprogramme veröffentlicht werden, durchlaufen sie mehrere Evaluations- und Korrekturschleifen sowie intensive praktische Erprobungsphasen.

Schon während der Entwicklungszeit der U3-Ballschule gab es zahlreiche Interessensbekundungen unserer Partner an dem neuen Programm. Dabei war es – vor dem Hintergrund der veränderten Vorgaben in den Kita-Bildungsplänen – kaum verwunderlich, dass uns vorrangig Anfragen aus **Ausbildungseinrichtungen für Pädagogische Fachkräfte**, von **Kitaträgern** und von engagierten **Erzieherinnen** erreicht haben. Viele dieser Partner sind langjährige Weggefährten, die bereits (positive) Erfahrungen mit der Umsetzung der Mini-Ballschule für Vorschulkinder (vgl. die Bände 3 und 4 dieser Buchreihe) oder mit den Ballschulprojekten Motorik ABC (Motorik & Sprache: vgl. Roth & Zimmer, 2017) und MoBil (Motorik & Bildung; vgl. Eckert, Kubesch, Posawatz & Roth, 2021) gesammelt haben. Soweit, so naheliegend!

Was wir dagegen nicht erwartet hatten, war, dass die Idee der Einrichtung einer Ballschule für Kinder zwischen 18 Monaten und 3 Jahren auch für unsere **Kooperationsvereine** offenkundig attraktiv zu sein scheint. Nicht wenige von ihnen befinden sich auf der Suche nach Ergänzungen oder Alternativen zu den traditionellen Angebotsformen des Deutschen Turnerbunds. Insbesondere das Eltern-Kind-Turnen verfügt hier mit derzeit fast 300 000 teilnehmenden Vereinskindern geradezu über eine Monopolstellung in diesem Altersbereich.

Allerdings: Die bloße Veröffentlichung und Propagierung eines Programms – in unserem Fall der U3-Ballschule – reicht nicht aus und wird auch nicht erfolgreich sein. Jeder „selbsternannte Newcomer" hat die Frage zu beantworten, worin sein Mehrwert gegenüber den bisherigen (DTB-)Offerten liegt bzw. etwas allgemeiner ausgedrückt, warum das neue Angebot geeignet erscheint, die methodische Landschaft zur frühkindlichen Motorikförderung zu bereichern.

Die Beantwortung genau dieser Kernfrage steht im Mittelpunkt der Kapitel 2 bis 4 des Lehrplans. Diese Kapitel sollten von künftigen U3-Ballschulleitern nicht einfach „überschlagen" werden. Der Grund ist schnell erklärt: ein wesentlicher Teil ihrer Tätigkeiten besteht in der **Vorbereitung** der U3-Kursstunden. Was während der Durchführung der Einheiten zum Teil leicht, wie von selbst zu funktionieren scheint, setzt einen kompetenten und souveränen Umgang mit den konzeptionellen Überlegungen zu den Zielen, Inhalten und Methoden der U3-Ballschule voraus. Auf Bezüge zu wissenschaftlichen Erkenntnissen und Begründungen wird in diesen Textabschnitten bewusst nicht verzichtet. Denn auch für U3-Ballschulleiter gilt, dass bekanntlich „nichts so praktisch ist, wie eine gute Theorie!".

Im **Kapitel 2** werden zunächst – nach einer kurzen Einordnung der Ballschule für Kleinkinder in die Gesamtsystematik der Ballschulprogramme – die vier zentralen Prinzipien der U3-Ballschule erläutert:

- Das Prinzip der Entwicklungsgemäßheit
- Das Prinzip der Ganzheitlichkeit
- Das Prinzip der vorbereiteten Umgebung und
- Das Prinzip der unterstützenden Impulse

Diese Leitsätze liefern den „roten Faden" für die weiteren Argumentationen in den Kapiteln 3 und 4. Die nachfolgende Übersicht zeigt, dass die beiden erstgenannten Prinzipien für die Auswahl der insgesamt 27 Basiskompetenzen (mit-)entscheidend sind, die in der U3-Ballschule erlernt und optimiert werden sollen **(Ziele)**. Aus ihrer konkreten Definition (ABC der U3-Ballschule), der Einteilung der Ziele in die Niveaustufen A1, A2 und A3 sowie der Bereitstellung von Checklisten zur individuellen Bestimmung des motorischen Leistungsstandes und der Zonen der nächsten Entwicklung der Kinder, ergibt sich das erste klare und zugleich wichtigste Alleinstellungsmerkmal der U3-Ballschule **(Kapitel 3).**

Die präzisen Zielformulierungen stellen eine notwendige Voraussetzung für die kindgemäßen Festlegungen der **Inhalte** des Programms dar **(Kapitel 4).** Die beiden Hauptbestandteile der Ballschuleinheiten sind Bewegungslandschaften und Spielstationen. Ihr Aufbau und die Zusammenstellung der Bälle, Spielmaterialien und Sportgeräte orientieren sich an den für die Kinder erreichbaren Lernzielen, von denen sie weder unter- noch überfordert werden. Maria

Tab. 1: Lerntheoretische Konzepte des Scaffolding und Fading

Kapitel	Prinzipien der U3-Ballschule	Der rote Faden	Bezugs-quellen
3 Ziele	Entwicklungs-gemäßheit Ganzheitlichkeit	ABC der U3-Ballschule	Roth
		Niveaustufen A1, A2, A3	Roth
		Individuelle Entwicklungsprofile (Meilensteine der Entwicklung)	Roth
		Individuelle Lernziele (Zone der nächsten Entwicklung)	Wygotsky
4 Inhalte	Vorbereitete Umgebung	Bewegungslandschaften Spielstationen	Montessori
5 Methoden	Unterstützende Impulse	Scaffolding Fading	Wygotsky

Montessori hat dafür den Begriff der **vorbereiteten Umgebung** geprägt.
Das freie, selbstbestimmte Spielen in den vorbereiteten Umgebungen wird durch das Spielen mit **unterstützenden Impulsen** ergänzt **(Methoden).** Die Ballschulleiter behalten im Auge, was die Kinder gerade tun und können. Sie helfen, wo Hilfe benötigt oder angefordert wird und ziehen sich zurück, sobald keine mehr gebraucht wird. Dieses „minimalinvasive" Aufbauen und Wiederabbauen von methodischen Unterstützungen wird im **Kapitel 4** mit den lerntheoretischen Konzepten des Scaffolding und Fading in Verbindung gebracht (Tab. 1).
Die praktische Beispielsammlung gliedert sich in drei Kapitel. Nach einer Auflistung der benötigten Lernmaterialien und der Vorstellung eines Leitfadens für den Ablauf von U3-Ballschulstunden **(Kapitel 5)** wird den beiden zentralen Inhaltsformen des Programms jeweils ein eigener Hauptabschnitt gewidmet. Das **Kapitel 6** enthält 20 Gestaltungsideen für **Bewegungslandschaften** und das **Kapitel 7** 30 Entwürfe für motivierende Spielstationen.

Der Band 6 der Buchreihe zur Ballschule richtet sich vor allem an **Erzieherinnen** und **Vereinsübungsleiter**. Wenn im Folgenden das vertraute Kürzel ÜL verwendet wird, dann sind damit immer gleichermaßen diese beiden Zielgruppen gemeint. Eine Vorbemerkung ist noch wichtig: Sie betrifft die Rolle der **Eltern** in den U3-Spielstunden. In den Bewegungsräumen der Kitas sind die Eltern im Normalfall nicht dabei, bei den Vereinsangeboten wird ihre Teilnahme – wie beim Eltern-Kind-Turnen – vorausgesetzt. Für diesen Lehrplan ist die Entscheidung getroffen worden, die Beteiligungsmöglichkeiten der Eltern durchgängig mit zu thematisieren. Die elterlichen Hilfen haben sich in Ballschulkursen außerhalb von Kitas als notwendig, ja geradezu unerlässlich erwiesen. Erzieherinnen sind dagegen – aufgrund ihrer Vertrautheit mit den Kindern und der Vertrautheit der Kinder mit ihnen – in der Regel in der Lage, die in den Kapiteln 3 bis 7 beschriebenen Aufgaben und Unterstützungsfunktionen der Eltern mit zu übernehmen.

2

U3-BALLSCHULE

EINORDNUNG UND PRINZIPIEN

Klaus Roth

Einordnung 10

Prinzipien 11

EINORDNUNG

Die Abbildung 1 zeigt die fünfstufige alters- und niveaubezogene **Gesamtsystematik** der Ballschulprogramme. Die U3-Ballschule (hellblau unterlegt) stellt die frühste und allererste Eingangsstufe in das „Ballspiel-Leben" dar. Nach oben schließen sich die Mini-Ballschule für Kindergartenkinder (Stufe 2), das ABC des Spielenlernens für Grundschulkinder (Stufe 3) und die ersten Teilspezialisierungen oder – anders ausgedrückt – **sportspielgerichteten** Ausbildungen an (Stufe 4). In der Ballschule wird hier – einer einheitlichen Auffassung in der Sportspielliteratur folgend – von zwei großen „Spiel-Familien" ausgegangen, die als Zielschussspiele und Rückschlagspiele bezeichnet werden. Die fünfte und letzte Stufe beinhaltet schließlich den Übergang von der Ballschule hin zum Anfängertraining in den einzelnen Sportspielen. Wichtig ist, dass alle Programme so entworfen und inhaltlich ausgestaltet wurden, dass sie eigenständig, je für sich durchführbar sind. Eine gewinnbringende Teilnahme an der Mini-Ballschule setzt also z. B. nicht voraus, dass die Kinder zuvor einen U3-Ballschulkurs besucht haben.

Die Angaben ganz rechts in der Abbildung 1 spiegeln den „Normalfall" der Alterszuordnungen der Kinder zu den verschiedenen Ballschulangeboten wider. Aber wie immer gilt auch hier: „keine Regel ohne Ausnahme!". Das „Eintrittsticket" für die U3-Ballschule ist genau genommen nicht das Alter der Kinder, sondern das, was sie motorisch mitbringen. Dabei gibt es nur ein entscheidendes Aufnahmekriterium: die Kleinkinder müssen mehrere (mindestens zehn) Schritte frei und ohne Unterstützung gehen können. Der „dicke vertikale Strich" in der letzten Zeile der Tabelle 1 signalisiert, dass der sogenannte motorische **Grenzstein für das freie Gehen** mit etwa 17 Monaten erreicht wird. Entwicklungsforscher sprechen von einem Grenzstein, wenn 97 % der Kinder die

Stufe 5	Ballschule: sportspielspezifisch	Fußball, Handball, Volleyball, Tennis ...	8–11 Jahre
Stufe 4	Ballschule: sportspielgerichtet	Zielschussspiele Rückschlagspiele	8–11 Jahre
Stufe 3	Ballschule: ABC des Spielenlernens sportspielübergreifend		6–8 Jahre Ballschule
Stufe 2	Ballschule: Kindergartenkinder		3–6 Jahre Mini-Ballschule
Stufe 1	Ballschule: Kleinkinder		1,5–3 Jahre U3-Ballschule

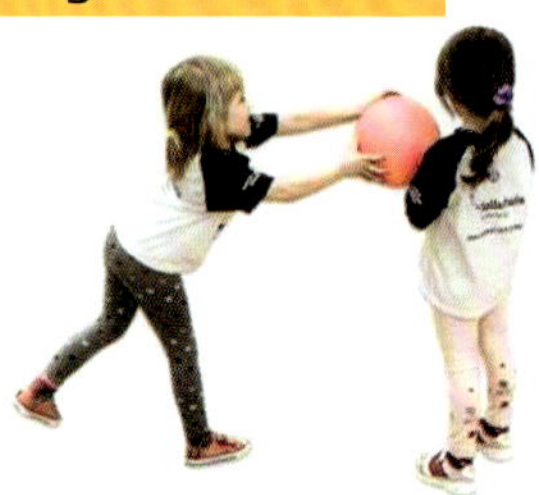

Abb. 1: Programme der Ballschule Heidelberg

Tab 2: Meilensteine (dünne Linie ≈ 50 % der Kinder) und Grenzsteine (dicke Linie ≈ 97 % der Kinder) für das freie Gehen und die EMM (mod. nach Berk, 2019)

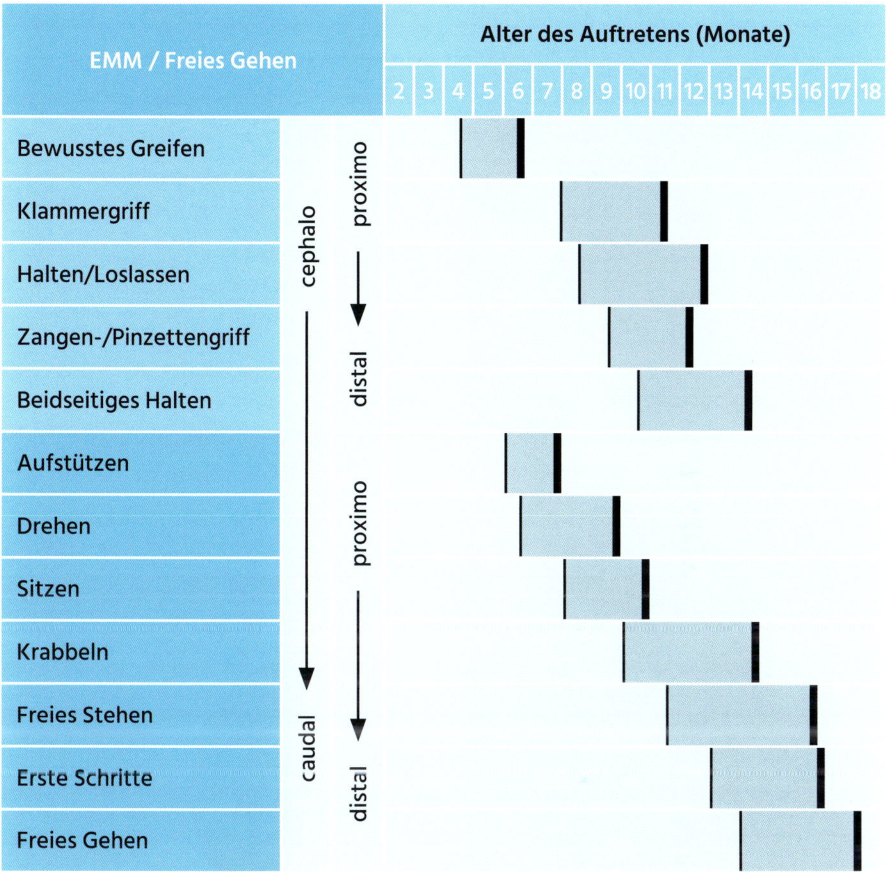

entsprechende Basiskompetenz erworben haben.

Die Tabelle 2 verdeutlicht auch, dass die Kleinkinder noch weitere klein- und großmotorische Kompetenzen in die U3-Ballschule mitbringen, die sie sich vor dem Lauflernalter angeeignet haben. Diese werden als **Early Movement Milestones** (EMM) bezeichnet.

PRINZIPIEN

Ein bedeutsames Merkmal der Ballschulprogramme ist darin zu sehen, dass sie sich konsequent an den jeweils altersbezogen zu formulierenden Prinzipien – man könnte auch sagen Gütesiegeln – von Kindersportangeboten orientieren (vgl. Abb. 2). Diese bilden die Grundlage für die Beantwortung der klassischen Vermittlungsfragen – den Fragen nach dem: Wozu? (Ziele), dem Was? (Inhalte) und dem Wie? (Methoden) (vgl. Kapitel 1). In der Abbildung 2 sind die vier zentralen Prinzipien der U3-Ballschule dargestellt. Mit ihnen kommt einerseits zum Ausdruck, dass sich das Programm der gemeinsamen, konzeptionellen Grundphilosophie aller bisher veröffentlichten Ballschulangebote zutiefst verpflichtet fühlt. Andererseits wird berücksichtigt, dass Kleinkinder anders (zu behandeln) sind als Kindergarten- oder Grundschulkinder. Daher unterscheiden sich – wie Ballschulexperten sicher unschwer erkennen werden – die Namensgebungen für die Prinzipien in drei von vier Fällen (Ausnahme: Entwicklungsgemäßheit) von denen der Ballschulstufen 2 bis 5.

Prinzip der Entwicklungsgemäßheit und Prinzip der Ganzheitlichkeit (Ziele)

Dass die **Zielstellungen** von Fördermaßnahmen **entwicklungsgerecht** auszuwählen sind, ist eigentlich eine Selbstverständlichkeit. Wie sagt man so schön: Die Kinder müssen dort abgeholt werden, wo sie sind! Für die U3-Ballschule bedeutet das zweierlei. Die ÜL/Eltern sind – erstens – als zurückhaltende (unauffällige) „Beobachter" ihrer Kinder gefordert. Beobachten bedeutet vor allem zuschauen, betrachten und staunen, denn in den Kindern steckt (motorisch) häufig mehr als wir ihnen zutrauen. Nur auf dieser Grundlage wird es möglich – zweitens – die Kinder in der U3-Ballschule richtig, d. h. ihren individuellen Möglichkeiten und Grenzen entsprechend, zu fördern und zu fordern.

Ebenso selbstverständlich ist es, dass Programme für Kleinkinder nicht auf einzelne

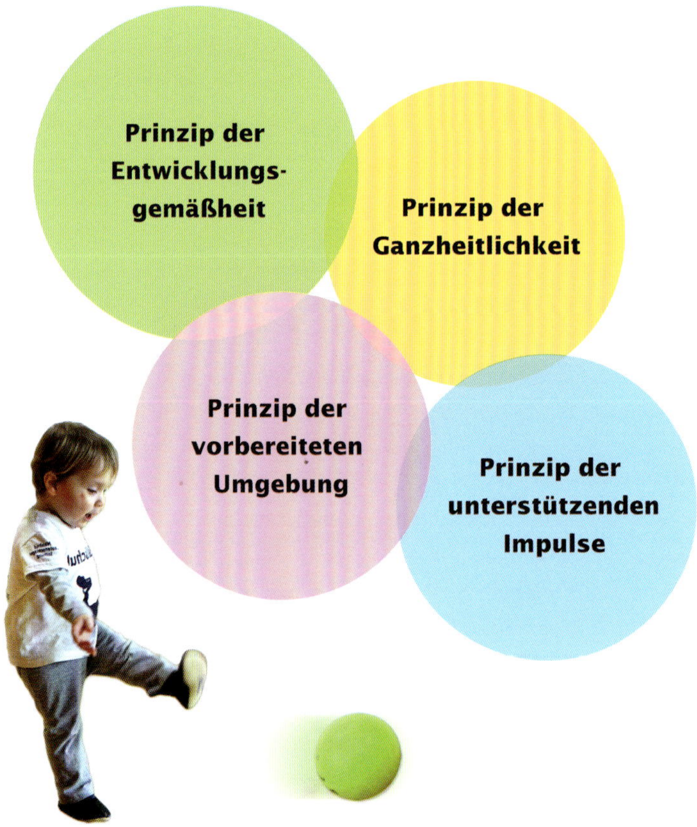

Abb. 2: Die vier Prinzipien der U3-Ballschule

Persönlichkeitsbereiche beschränkt werden können und dürfen. Auch für die U3-Ballschule gilt, dass sich ihre Ziele **ganzheitlich** auf die **Gesamtentwicklung** der Kinder zu beziehen haben. Gerade im Kleinkindalter hängt bekanntlich noch „vieles mit vielem" zusammen. Bei der Bestimmung der Ziele (Bausteine) der U3-Ballschule wird die untrennbare Einheit von Motorik, Wahrnehmung und Kognition explizit berücksichtigt. Darüber hinaus werden beim Spielen in der U3-Ballschule Kompetenzen aus dem sozial-emotionalen Bereich mitgeschult, die sich in diesem Alter erst allmählich herausformen (vgl. Roth & Zimmer, 2017, S. 2–26).

Prinzip der vorbereitenden Umgebung (Inhalte)

„Die Aufgabe der Umgebung ist es nicht, das Kind zu formen, sondern ihm zu erlauben, sich zu offenbaren"
(Maria Montessori, 1870–1952).

Kinder benötigen eine Spielwelt, in der sie als kleine „Weltentdecker" selbstständig und mit großer Gestaltungsfreude neue Erfahrungen sammeln können. Dazu braucht es eine entsprechend vorbereitete Lernumgebung. In der Montessori-Pädagogik steht dieser Begriff für die Bereitstellung von Lernmaterialien und Räumen mit bzw. in denen jedes Kind maßgeschneiderte Angebote für seine Entwicklungsstufe findet. Die vorbereitete Umgebung ist dabei nichts Vorgefertigtes, Starres, sondern wächst flexibel mit den Bedürfnissen und Lernfortschritten des Kindes/der Kinder mit (https://montessori-material.tv/vorbereitete-umgebung-montessori/; Zugriff am 28. Oktober, 2021). In der U3-Ballschule besteht die vorbereitete Umgebung aus bewusst ausgewählten Bällen, Spielmaterialien und Sportgeräten (= Lernmaterialien), die in abwechslungsreiche **Bewegungslandschaften** und **Spielstationen** (= Bewegungsräume) eingebunden werden. Diese dienen als Wegweiser für die Bewegungsaktivitäten der Kinder und als „Schlüssel" für den Eingang in die Zonen ihrer nächsten Entwicklung.

Prinzip der unterstützenden Impulse (Methoden)

Das Spielen an Stationen wird vom ÜL begleitet, an den Bewegungslandschaften übernehmen die Eltern diese Funktion. Grundsätzlich kommt den ÜL/Eltern die Aufgabe zu, die Kinder zu selbstorganisiertem, eigenverantwortlichem Lernen einzuladen, sie zu ermutigen und zu inspirieren. Es geht also keinesfalls um eine Art von methodischem „Herumdoktern" an den U3-Ballschulkindern. Dennoch müssen die ÜL/Eltern nicht in der Rolle der reinen Beobachter verbleiben. Ein altes Sprichwort besagt, dass „Kinder Wurzeln, aber auch Flügel brauchen!". Für die U3-Ballschule wird auf der Ebene der **Methoden** das Prinzip der unterstützenden Impulse vorgeschlagen. Die ÜL/Eltern-Impulse verhelfen den Kindern zwar nicht zum „Abheben und Fliegen" in neue Lernzielbereiche, aber sie formieren sich zu temporären „Hilfsgerüsten" bzw. „Steigbügeln" für den Erwerb und die Optimierung motorischer Basiskompetenzen. Den Eltern werden hierfür – zum Leistungsstand ihrer Kinder passende – Impulslisten an die Hand gegeben, die vom ÜL direkt aus dem Praxisteil des Lehrplans herauskopiert werden können.

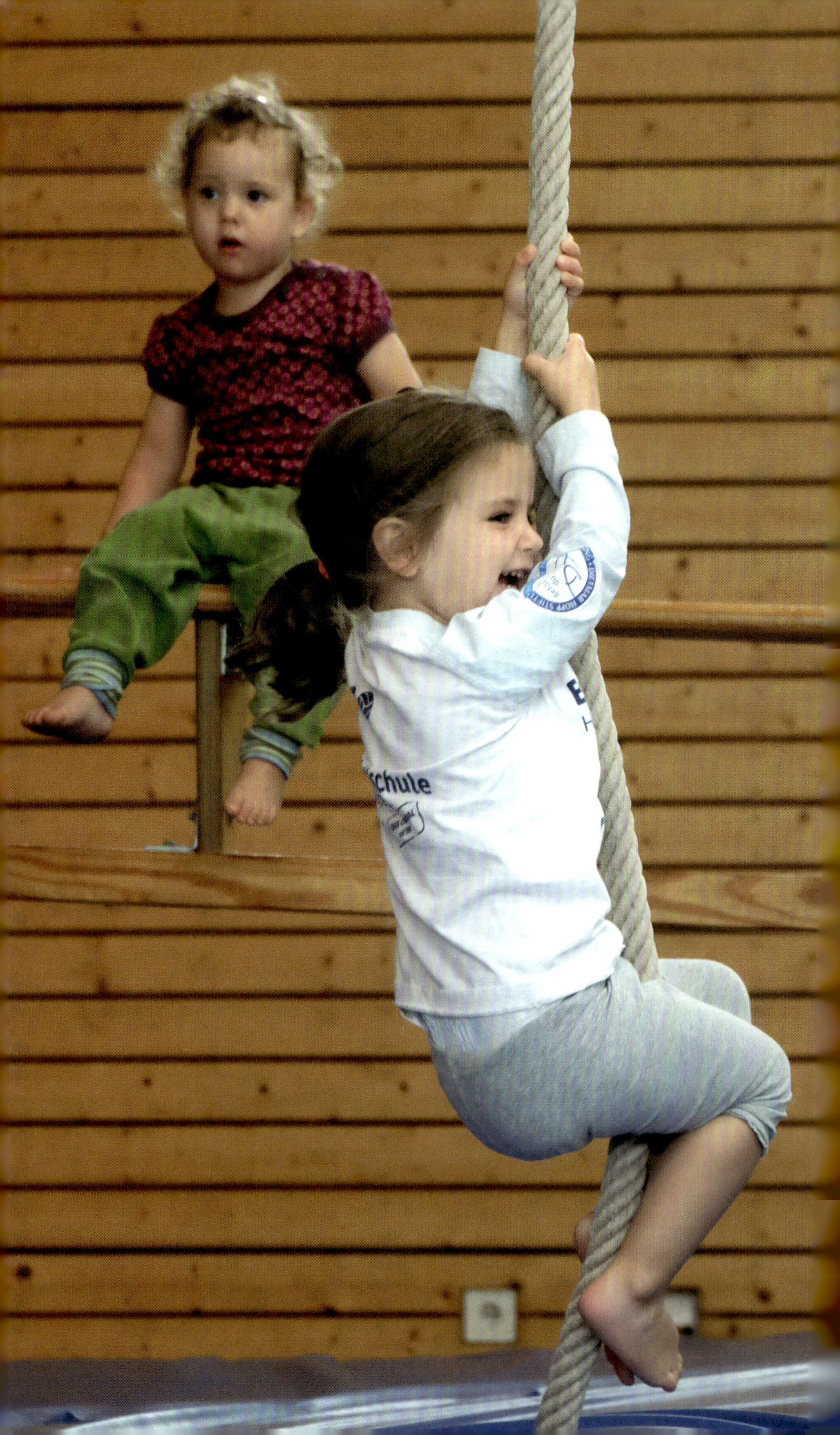
schule

3

U3-BALLSCHULE

ZIELE

Klaus Roth

ABC der U3-Ballschule 16

A Phylogenetische Motorikbausteine 16

B Perzeptiv-motorische Bausteine 29

C Kognitiv-motorische Bausteine 32

DAS ABC DER U3-BALLSCHULE

Die Ziele der Ballschulprogramme orientieren sich – über alle Stufen hinweg (vgl. Abb. 1) – an dem im Kapitel 2 beschriebenen **Prinzip der Entwicklungsgemäßheit**. Darüber hinaus gibt es zwei weitere programmübergreifende Gemeinsamkeiten:

- Als Ziele werden durchgängig altersgerechte motorische bzw. spielerische **Basiskompetenzen** festgelegt. Der Kompetenzbegriff wird in der pädagogischen und psychologischen Literatur mit sehr unterschiedlichen Bedeutungen verwendet (vgl. zusammenfassend Merkel, 2007; Stangl, 2021). In der Ballschule soll mit ihm vor allem der **funktionale Aufgabenbezug** der Lernziele zum Ausdruck gebracht werden. Das heißt, dass den Kindern weder allgemeine, situationsunabhängige Fähigkeiten noch spezifische motorische Ablaufformen (im Sinne von Fertigkeiten) vermittelt werden, sondern **Lösungskompetenzen** für die Bewältigung von typischen Entwicklungsaufgaben.
- Die Ballschul-Ziele werden jeweils drei Bereichen bzw. Säulen zugeordnet, die mit den Buchstaben A, B und C überschrieben werden. Zusammengenommen ergibt sich aus A und B und C das **ABC des Spielenlernens**, z. B. für Kindergartenkinder (Stufe 2) oder Grundschulkinder (Stufe 3).

Diese Wiedererkennungsmerkmale der Ballschulprogramme prägen auch die nachfolgenden Überlegungen zu den Zielen der U3-Ballschule – mit einer kleinen Modifikation. Sie betrifft die „ABC-Metapher", die auf den Ballschul-Stufen 2 bis 5 mit der Annahme einer prinzipiellen Gleichwertigkeit der drei Zielbereiche verbunden wird. In der U3-Ballschule kommt dem Buchstaben A dagegen eine gewisse Sonderstellung zu. Er steht für den Erwerb und die Verbesserung **phylogenetischer motorischer Basiskompetenzen**. Sie bilden die durchgängige Grundlage/Voraussetzung für das Spielen in den Ballschuleinheiten. Dennoch gilt auch in der Ballschule für Kleinkinder das Motto: „Wer A sagt, sollte auch B und C sagen!". Mit den Buchstaben B und C werden altersbezogene **perzeptiv-motorische und kognitiv-motorische Basiskompetenzen** in das U3-Programm einbezogen **(Prinzip der Ganzheitlichkeit)**.

Die Bestimmung der Zielstellungen innerhalb der Säulen A, B und C beruht auf mehrjährigen praktischen Erfahrungssammlungen und Wissensbeständen aus der (motorischen) Entwicklungsforschung. Auf dieser Grundlage wurden die in der nachfolgenden Übersicht dargestellten Basiskompetenzen abgeleitet. Sie werden in der U3-Ballschule auch als (Motorik-)Bausteine bezeichnet. Die Auflistung der insgesamt 27 Basiskompetenzen wird dabei in keiner Weise mit einem Anspruch auf Vollständigkeit oder gar Endgültigkeit verbunden. Der U3-Baustein-Pool kann auf der Grundlage neuer Einsichten bzw. Befunde verändert, ergänzt oder verkürzt werden.

A PHYLOGENETISCHE MOTORIKBAUSTEINE

Für die praktische Umsetzung der U3-Ballschule sind die Zielstellungen der Säule A differenzierter zu beschreiben. Nach einer kurzen Vorab-Erläuterung des Begriffs „phy-

Tab. 3: Ziele der U3-Ballschule

Phylogenetische Motorikbausteine (A)		Perzeptiv-motorische Bausteine (B)		Kognitiv-motorische Bausteine (C)	
Stehen	**Balance**	Körperinnen-wahrnehmung	**Körperposition und -bewegung sichern**	Sprache	**Wortschatz erweitern**
	Gehen		**Objekt balancieren**		**Wortbedeutung erschließen**
Lokomotorische Bewegungen	**Laufen (Rennen)**		**Krafteinsatz regulieren**		**Begriffskategorien bilden**
	Durchkriechen, Steigen & Klettern	Körperaußen-wahrnehmung	**Berührung/Druck lokalisieren**	Zahlen, Mengen & Muster	**(An-)Zahlen bestimmen & Ordinalzahlen entdecken**
Drehbewegungen	**Purzeln & Wälzen**		**Objekteigenschaften erfühlen**		**Mengenvorstellungen entwickeln**
Sprungbewegungen	**Hüpfen & Springen**		**Objektarten unterscheiden**		**Geometrische Muster erkennen**
Ball 1: Annahme	**Anhalten, Fangen & Stoppen**	Objekt-/ Umgebungs-wahrnehmung	**Ballweg einschätzen**	Selbstregulation Exekutive Funktionen	**Arbeitsgedächtnis**
Ball 2: Kontrolle	**Tragen, Rollen & Dribbeln**		**Geh-/Laufweg zum Ball festlegen**		**Inhibition**
Ball 3: Abgabe	**Werfen, Kicken & Schlagen**		**Treffpunkt des Balles bestimmen**		**Kognitive Flexibilität**

logenetische Motorikbausteine" werden der U3-Ballschulzeit drei aufeinander aufbauende Zielkategorien A1, A2 und A3 zugeordnet. Ihre Abgrenzung/Definition orientiert sich an dem Meilenstein-Konzept aus der Entwicklungsforschung. Auf der Grundlage dieser Meilensteine kann der U3-Übungsleiter in Kooperation mit den Eltern zum einen den individuellen motorischen Leistungsstand der Ballschulkinder ermitteln und zum anderen die aktuell erreichbaren Lernziele passgenau bestimmen.

Was sind phylogenetische Motorikbausteine?

Die im Verlauf des Kleinkind- und Kindergartenalters auftretenden Motorikbausteine werden häufig als phylogenetische Basiskompetenzen bezeichnet. Phylogenese heißt übersetzt „Stammesgeschichte". Die Menschheit als „Stamm" hat sich in ihrer Genese diese Elementarformen angeeignet. Sie gehören überall auf der Welt zum motorischen Repertoire von normal entwickelten Heranwachsenden. Für ihre Herausbildung gelten zwei Besonderheiten, mit denen sich die phylogenetischen von den ontogenetischen Basiskompetenzen unterscheiden, die nicht mehr von allen Kindern erworben werden (Ontogenese = Entwicklung einzelner Lebewesen):

- Die Aneignungen phylogenetischer Basiskompetenzen sind – den Grundgedanken des Total Body Configuration Approach (Seefeldt & Haubensticker, 1982) folgend – vielfach dadurch charakterisiert, dass sich zunächst leichtere Muster ausbilden, deren Auftreten nur schwer übersprungen werden kann. Bei 83 % der Säuglinge führt z. B. der Weg zum freien Laufen über eine identische Sequenz von fünf lokomotorischen Zwischenstadien (Robben, Krabbeln, Kriechen, Gehen, Laufen; vgl. Largo & Remo, 1999; Böcker, 2011) und bei der **strukturellen Ausformung** der Wurfbewegung durchlaufen Klein-/Kindergartenkinder in aller Regel vier charakteristische Phasen (vgl. Abb. 3). Weitere Stufenmodelle zu insgesamt zehn motorischen Basiskompetenzen finden sich bei Payne und Isaacs (1995).
- Die Abfolge des Auftretens phylogenetischer Basiskompetenzen wird von zwei zentralen Prinzipien (mit-)bestimmt (vgl. u. a. Schmidt-Kolmer, 1984; Winter & Hartmann, 2007; Scheid, 2009; Roth & Roth, 2009): der cephalo-caudalen und der proximo-distalen Entwicklungsrichtung. Mit dem **cephalo-caudalen** Trend (wörtlich: „vom Kopf zum Schwanz") ist gemeint, dass der Erwerb phylogenetischer Kompetenzen in aller Regel „von oben nach unten" erfolgt, also vom Kopf ausgehend fußwärts. Der proximo-distale Trend bedeutet, dass die Kinder den Rumpf (Bauch und Rücken) vor ihren Armen/Beinen und diese vor den Händen/Fingern bzw. Füßen/Zehen kontrollieren können („von innen nach außen"; vgl. Roth & Roth, 2009, S. 231; Pauen, 2018, S. 16-17).

Im Alter zwischen 18 und 36 Monaten finden – neben den strukturellen Ausformungen – auch allererste Optimierungen der phylogenetischen Basiskompetenzen statt. **Optimierung** ist ein Sammelbegriff für mehrere Lernfortschritte. Die Ausführungen werden präziser bzw. sicherer (Überlernen), können besser den jeweiligen Situationen angepasst werden (Variabilität), lassen sich

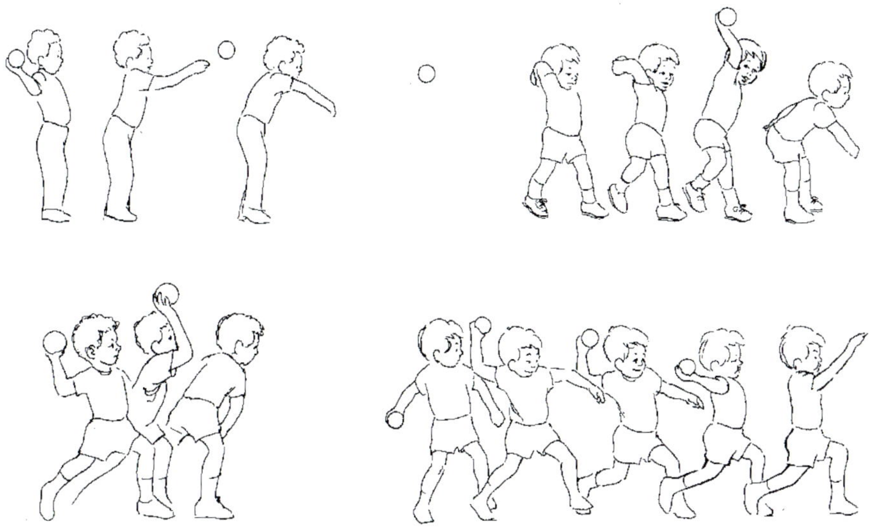

Abb. 3: Die Entwicklung der Wurfbewegung über vier Stufen: links oben: Hand zurück, Ellenbogen hoch, Ellenbogen strecken, kein Schritt (Anfängerstadium 1); rechts oben: Ball hinterm Kopf, Ellenbogen hoch, Rumpfbeuge (keine Rotation) (Anfängerstadium 2); links unten: Oberarm und Rumpf bilden rechten Winkel, Unterarm ist weit hinten, geht aber mit Rumpfbewegung vor, keine Verzögerung (Weiterentwickelter Werfer); rechts unten: Ausholbewegung, Armbewegung und Schritt entsprechen ausgereifter Form (Fortgeschrittener Werfer) (vgl. Roberton, 1977)

mit anderen einfachen motorischen Tätigkeiten (sukzessiv, simultan) verknüpfen (Komplexität, Organisation) und benötigen weniger Anstrengung und Aufmerksamkeit (Automatisierung).

Warum und wie wird die Ballschulzeit in Zielkategorien eingeteilt?

Die Altersspanne der Kinder in der U3-Ballschule ist mit 18 Monaten (1,5 bis 3 Jahre) kürzer als bei allen anderen Ballschulangeboten. Auf den ersten Blick ist es daher überraschend, dass es gerade für die U3-Ballschule sinnvoll erscheint, die Ziele der Säule A in verschiedene Niveaustufen auszudifferenzieren. Auf den zweiten Blick ist das nicht mehr überraschend, denn in keinem anderen Lebensabschnitt verändern sich die motorischen Basiskompetenzen so rasant wie im Kleinkinderalter. Vor allem die Aufrichtung und die ersten freien Schritte markieren eine Zeitenwende in der Entwicklung der Kinder. „Wer auf zwei Beinen unterwegs ist, hat ganz andere Möglichkeiten, die Welt zu entdecken als robbend oder krabbelnd" (Krombholz, 2021).

Die Ziele der Säule A werden drei Kategorien zugeordnet:

Ziele A1 = Meilensteine – 24 Monate
Ziele A2 = Meilensteine – 30 Monate
Ziele A3 = Meilensteine – 36 Monate

Wie ist das zu verstehen? Eine phylogenetische Basiskompetenz wird zu einem

Meilenstein in der kindlichen Entwicklung, wenn sie von ≈ 50 % der Kinder beherrscht wird. Ein U3-Ballschulkind erfüllt also die Ziele A1, wenn es die Motorikbausteine erworben hat, über die etwa 50 % aller Kleinkinder im Alter von 24 Monaten verfügen. Die „Meilensteine – 24 Monate“ sind in der zweiten Spalte der nachfolgenden tabellarischen Zielübersicht aufgelistet. Genauso sind die Spalten 3 und 4 zu lesen. Die Ziele A2 und A3 sind erreicht, sobald sich ein Kind die Basiskompetenzen angeeignet hat, die zum motorischen Repertoire von ca. 50 % der 2,5-jährigen („Meilensteine 30 – Monate“) bzw. 3-jährigen Kleinkinder („Meilensteine – 36 Monate“) gehören.

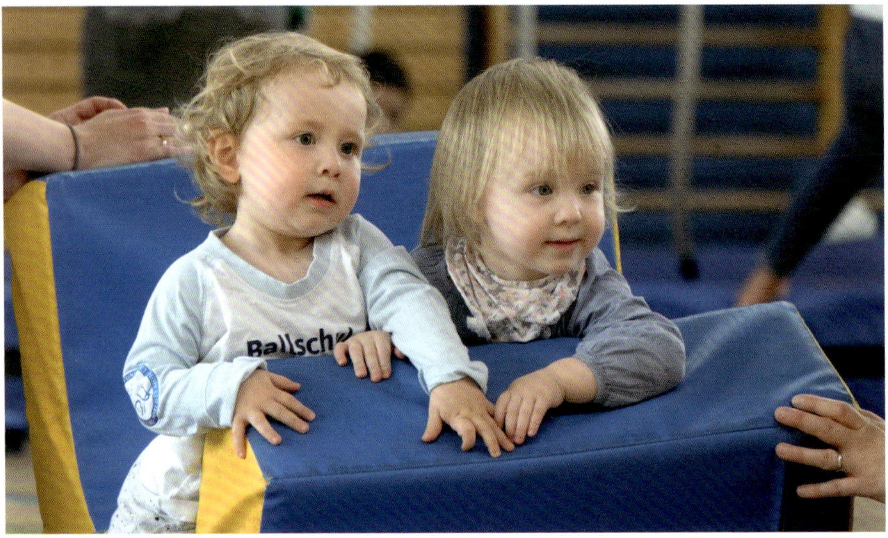

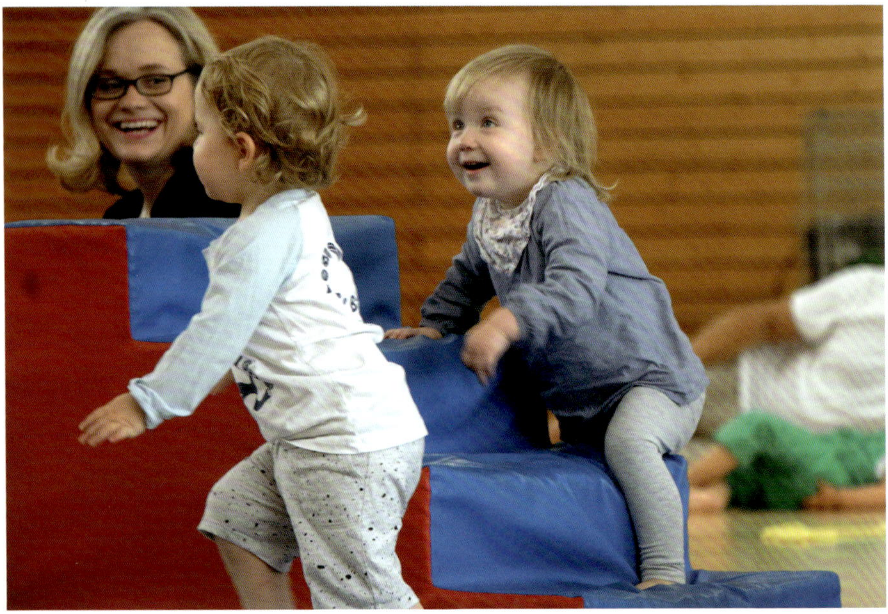

Tab. 4: Säule A – Ziele

Säule A Ziele	Ziele A1 – Meilensteine – 24 Monate Das U3-Ballschulkind kann …	Ziele A2 – Meilensteine – 30 Monate Das U3-Ballschulkind kann …	Ziele A3 – Meilensteine – 36 Monate Das U3-Ballschulkind kann …
Stehen	▪ mindestens fünf Sekunden frei auf einem Bein stehen (Präzision)	▪ frei auf einem Bein stehend in die Hocke gehen und sich wieder aufrichten (Komplexität)	
Gehen	▪ auf einer Linie am Boden entlang-gehen (balancieren) (Präzision) ▪ aus dem freien Gehen in die Hocke gehen und einen Gegenstand aufheben (Organisation) ▪ das Gehtempo variieren ▪ auf Zehenspitzen gehen	▪ über ein hochgelegtes Brett oder eine Turnbank balancieren (Präzision)	▪ über eine umgekehrte Turnbank balancieren (Präzision) ▪ mindestens sechs Schritte rückwärtsgehen (Variabilität)
Laufen (Rennen)	▪ frei mit kurzer Flugphase laufen ▪ mindestens sechs Schritte schnell laufen (Geschwindigkeit)	▪ Kurven laufen ▪ bei Hindernissen abrupt stoppen (Komplexität) ▪ das Lauftempo variieren	▪ mit deutlichem Armschwung ökonomischer und schneller laufen (Präzision, Geschwindigkeit) ▪ beim Laufen gezielt Hindernisse umsteuern (Variabilität)
Durchkriechen Steigen Klettern	▪ ohne Anleitung und Hilfe eine Turnbank durchkriechen ▪ Treppenstufen im Nachstellschritt hinauf- und hinabsteigen (mit Festhalten) ▪ kleine Zwischenräume übersteigen ▪ auf einen niedrigen Gegenstand hoch- und wieder herunterklettern	▪ Treppen im Wechselschritt frei hinauf- und mit Festhalten hinabsteigen ▪ eine schiefe Ebene (Turnbank) hoch- und herunterklettern (Komplexität)	▪ aus dem Laufen heraus Hindernisse durchkriechen (Komplexität) ▪ an den unteren Stufen einer Sprossenwand klettern (hüfthoch)

Säule A Ziele	Ziele A1 – Meilensteine – 24 Monate Das U3-Ballschulkind kann ...	Ziele A2 – Meilensteine – 30 Monate Das U3-Ballschulkind kann ...	Ziele A3 – Meilensteine – 36 Monate Das U3-Ballschulkind kann ...
Purzeln Wälzen	▪ am Boden liegend, sich um die Körperlängsachse wälzen: vom Rücken auf den Bauch und vom Bauch auf den Rücken	▪ am Boden, sich um die Körperbreitenachse in die Rückenlage drehen	▪ am Boden liegend, sich mehrmals um die Körperlängsachse wälzen (360°) ▪ am Boden, sich um die Körperbreitenachse in den Sitz drehen
Hüpfen Springen	▪ über eine Linie hüpfen, ohne dass beide Beine gleichzeitig in der Luft sind ▪ einen beidbeinigen Niedersprung aus geringer Höhe (Turnbank, Kastendeckel usw.) ausführen – mit beidbeiniger Landung oder einer Landung in Schrittstellung	▪ auf der Stelle so in die Luft springen, dass beide Beine kurzzeitig in der Luft sind ▪ auf einen niedrigen Gegenstand springen und wieder herunterspringen	▪ vorwärts hüpfen ▪ auf einem Bein hüpfen ▪ beidbeinig ein am Boden liegendes oder niedrig gehaltenes Hindernis (z. B. Seil) im Lauf- oder Schlussweitsprung überspringen
Anhalten Fangen Stoppen	▪ einen zugerollten leichten Ball mit einer Hand oder mit zwei Händen anhalten ▪ einen aus kurzer Distanz zugeworfenen oder aufspringenden leichten (Schaumstoff-)Ball mit einer noch „unreifen“ Bewegung der Arme/Hände und des Körpers „irgendwie“ fangen ▪ einen zugerollten leichten Ball mit dem Fuß abstoppen	▪ einen von einer schiefen Ebene (z. B. Turnbank) herunterrollenden leichten Ball mit einer Hand oder mit zwei Händen anhalten ▪ einen aufspringenden leichten Ball mit ausgestreckten Armen und den Handflächen nach oben vor dem Körper fangen (Körbchenhaltung) ▪ einen von einer schiefen Ebene (z. B. Turnbank) herunterrollenden leichten Ball mit dem Fuß abstoppen	▪ einen aus kurzer Distanz genau zugeworfenen (Schaumstoff-)Ball mit leicht gebeugten Armen fangen, indem sie den Ball mit den Händen umschließen ▪ zu einem ungenau zugerollten leichten Ball (nach rechts, nach links, nach vorne) laufen und den Ball mit dem Fuß abstoppen (Komplexität)

Säule A Ziele	Ziele A1 – Meilensteine – 24 Monate Das U3-Ballschulkind kann …	Ziele A2 – Meilensteine – 30 Monate Das U3-Ballschulkind kann …	Ziele A3 – Meilensteine – 36 Monate Das U3-Ballschulkind kann …
Tragen Rollen Dribbeln	▪ im Gehen einen leichten Ball/Luftballon transportieren (tragen) ▪ im Gehen einen leichten Ball mit der Hand rollen ▪ einen leichten (Schaumstoff-)Ball ungezielt wegrollen	▪ im Gehen/langsamen Laufen einen Ball auf einer Linie entlang rollen (Präzision) ▪ einen Ball gezielt wegrollen (Präzision) ▪ einen Ball mit dem Fuß nach vorne „treiben" (dribbeln)	▪ im Gehen/langsamen Laufen einen Ball um Hindernisse rollen (Variabilität) ▪ einen Ball mit dem Fuß auf einer Linie nach vorne „treiben" (dribbeln) (Präzision) ▪ einen Ball (wiederholt) mit beiden Händen auf den Boden prellen und wieder fangen
Werfen Kicken Schlagen	▪ einen leichten Ball/Luftballon ungezielt wegwerfen ▪ einen leichten (Schaumstoff-)Ball mit dem Fuß mindestens 50 cm ungezielt wegkicken, ohne das Gleichgewicht zu verlieren ▪ einen leichten Ball/Luftballon mit der Hand ungezielt wegschlagen	▪ einen leichten (Schaumstoff-)Ball mit einer Ellbogenstreckung (kleine Ausholbewegung), ohne nennenswerte Einbeziehung des Körpers werfen ▪ einen langsam zugerollten (Schaumstoff-)Ball wegkicken ▪ einen zugeworfenen leichten Ball/Luftballon mit der Hand wegschlagen	▪ einen (Schaumstoff-)Ball mit hohem Ellbogen (Ball hinterm Kopf) und leichter Rumpfbeuge (keine Rotation) werfen ▪ einen mit dem Fuß zugespielten Ball wieder in die gleiche Richtung zurückkicken ▪ einen zugeschlagenen leichten Ball/Luftballon mit der Hand in die gleiche Richtung zurückschlagen

Wie wird der aktuelle motorische Entwicklungsstand der Kinder bestimmt?

„Wie jede Alltagserfahrung lehrt, ist die Einzigartigkeit von Menschen eine der Grundtatsachen des Lebens überhaupt. Von eineiigen Zwillingen abgesehen, die in einer Art Programmierfehler der Natur aus der Verdopplung einer befruchteten Eizelle hervorgehen und aus diesem Grund identischen Genbestand ... aufweisen, sind die individuellen Besonderheiten bereits kurz nach der Geburt offenkundig und verstärken sich mit zunehmendem Alter. Keiner ist dem anderen gleich in Aussehen, Gestik, Mimik und allgemeinem Auftreten, in Denkweisen, in Sprache und Verhalten. Jeder reagiert in einer nur ihm eigenen Weise auf seine Umwelt und seine Mitmenschen“ (Amelang & Bartussek, 2010, S. 19; vgl. auch Stemmler, Hagemann, Amelang & Bartussek, 2016)

Auch die Entwicklung der **Motorik** ist schon in den frühen Lebensphasen durch erhebliche **interindividuelle Streubreiten** gekennzeichnet. Schlack (2012, S. 12) spricht für das Neugeborenen-/Säuglings- und Kleinkindalter von einer motorischen „Vielfalt im Rahmen des Normalen“. Zu dieser Vielfalt gehören vor allem:

Variabilitäten ...	Beispiel
in den **Zeitpunkten**, zu denen die Kinder die wichtigsten phylogenetischen motorischen Basiskompetenzen erwerben	Etwa 3 % der Kinder im Alter von neun Monaten können ohne Hilfsmittel mehrere Schritte gehen, nach zwölf Monaten sind dazu ca. 50 % in der Lage und erst mit 17 Monaten gelingt das nahezu allen Kindern (97 %)
in den **Abfolgen**, in denen die Basiskompetenzen „auftreten“	Manche Kinder beginnen mit dem Hinauf- und Hinabklettern, bevor sie hüpfen oder purzeln können; bei anderen entwickeln sich die Sprung- und Drehbewegungen vor den Kletterbewegungen
im **Tempo** der Ausformungen bzw. Optimierungen der erlernten Basiskompetenzen	Es gibt Kinder, die – nach den ersten Versuchen leichte Bälle aufzuheben, anzuhalten oder ungezielt wegzubefördern – sehr schnell in der Lage sind, die Bälle (mit dem Fuß) zu stoppen bzw. irgendwie zu fangen oder zu kicken bzw. wegzuwerfen; andere Kinder benötigen für diese Phasen der strukturellen Ausformung ballbezogener Basiskompetenzen deutlich länger

Wie viele und welche Meilensteine aus A1, A2 und A3 ein Ballschulkind beherrscht, lässt sich – aufgrund dieser interindividuellen Unterschiede – nicht einfach „eins zu eins“ aus seinem kalendarischen Alter ableiten. Entscheidend ist vielmehr, dass sich der ÜL in jedem Einzelfall einen realistischen Eindruck darüber verschafft, was ein Kind tatsächlich kann bzw. motorisch in die Ballschuleinheiten mitbringt. Seine Bereitschaft genau hinzuschauen und seine Fähigkeit die Entwicklung der Kinder zu verstehen, zählen zu den wichtigsten „Schlüsseln“ einer gelungenen Begleitung der Kinder in der U3-Ballschulzeit. Damit ist der hohe Anspruch an die ÜL verbunden, so etwas wie **Individualdiagnostiken in einem Gruppenprogramm** durchzuführen. Zur Bewältigung dieser Aufgabe kann der ÜL (muss aber nicht) auf die **Gesamt-Checkliste A1 – A3** in Kombination mit der **Zielübersicht** (Tab. 4) zurückgreifen. In der Praxis hat sich das folgende Vorgehen bewährt:

- Der ÜL füllt für jedes Kind viermal im Ballschuljahr die Checkliste aus. Bei einer Gruppe von z. B. zwölf Kindern sind dann pro Woche ca. ein bis zwei individuelle Einschätzungen abzugeben.
- Mit der Checkliste beurteilt der ÜL – nacheinander für alle neun phylogenetischen Basiskompetenzen – das aktuelle motorische Niveau des zu bewertenden Kindes.
- Der ÜL markiert seine Ratings für jede Basiskompetenz mit dem Ankreuzen des passenden Smileys in der zugehörigen Zeile:

   = Das Kind beherrscht noch keinen Meilenstein der jeweiligen Basiskompetenz

   = Das Kind beherrscht die Meilensteine der jeweiligen Basiskompetenz (je nach Spalte für A1, A2 oder A3) nur zum Teil bzw. noch nicht sicher/präzise genug

   = Das Kind beherrscht alle Meilensteine der jeweiligen Basiskompetenz (je nach Spalte für A1, A2 oder A3)

  Wichtig: pro Zeile (Basiskompetenz) soll nur **ein** Kreuz gesetzt werden. Wenn z. B. ein Kind die Meilensteine – 30 Monate für die Basiskompetenz Laufen vollständig beherrscht, dann wird in der dritten Zeile das grüne Smiley für die Zielkategorie A2 markiert. Die Smileys in der Kategorie A1 werden nicht mehr angekreuzt (obwohl das Kind natürlich diese Meilensteine zuvor schon erworben hat). Also: von den zutreffenden Smileys wird immer nur das am weitesten rechts stehende Symbol markiert.
- Die neun angekreuzten Smileys werden mit einem Stift zu einer zu einer **Profillinie** verbunden. Mit den Profillinien wird erkennbar, ob es **intraindividuelle Variabilitäten** im Niveau der neun phylogenetischen Basiskompetenzen gibt. Das Beispiel des „Musterkinds" zeigt, dass sich U3-Ballschulkinder – über die neun Motorikbausteine hinweg betrachtet – in unterschiedlichen Zielkategorien befinden können. Das Musterkind erreicht z. B. in der Einschätzung 1 beim Stehen, Gehen und Rollen & Wälzen das Niveau A2, bei den ballbezogenen Kompetenzen aber durchgängig nur die Meilensteine der Kategorie A1.
- Über die wiederholte, längsschnittliche Anwendung der Checkliste können die individuellen **Entwicklungsgeschwindigkeiten** und die **Veränderungen in den Kompetenzprofilen** der Kinder erfasst werden. Das Musterkind hat sich in der exemplarischen Darstellung zweier Profillinien (zeitlicher Abstand = drei Monate) erwartungsgemäß in allen neun phylogenetischen Basiskompetenzen verbessert. Aufgrund der (leicht) überdurchschnittlichen Entwicklungsfortschritte im Umgang mit Bällen haben sich gleichzeitig – im Sinne einer ausgewogeneren Allgemeinmotorik – die **intraindividuelle Variabilitäten** verringert. In sieben der neun Basiskompetenzen beherrscht das Musterkind jetzt alle Meilensteine der Kategorie A2.

Familienname: ______________________ Vorname: ______________________

Geburtsdatum: ______________________ Geschlecht: männlich ☐ weiblich ☐

Datum: ______________________ Beurteiler: ______________________

Gesamt-Checkliste A1 – A3

Säule A – Ziele	Ziele A1 Meilensteine – 24 Monate			Ziele A2 Meilensteine – 30 Monate		Ziele A3 Meilensteine – 36 Monate		Bemerkungen
Stehen	☹	😐	☺	😐	☺	😐	☺	
Gehen	☹	😐	☺	😐	☺	😐	☺	
Laufen	☹	😐	☺	😐	☺	😐	☺	
Durchkriechen, Steigen & Klettern	☹	😐	☺	😐	☺	😐	☺	
Purzeln & Wälzen	☹	😐	☺	😐	☺	😐	☺	
Hüpfen & Springen	☹	😐	☺	😐	☺	😐	☺	
Anhalten, Fangen & Stoppen	☹	😐	☺	😐	☺	😐	☺	
Tragen, Rollen & Dribbeln	☹	😐	☺	😐	☺	😐	☺	
Werfen, Kicken & Schlagen	☹	😐	☺	😐	☺	😐	☺	

Musterkind: ÜL-Einschätzung 1 (links ——); ÜL-Einschätzung (rechts ——; 3 Monate später)

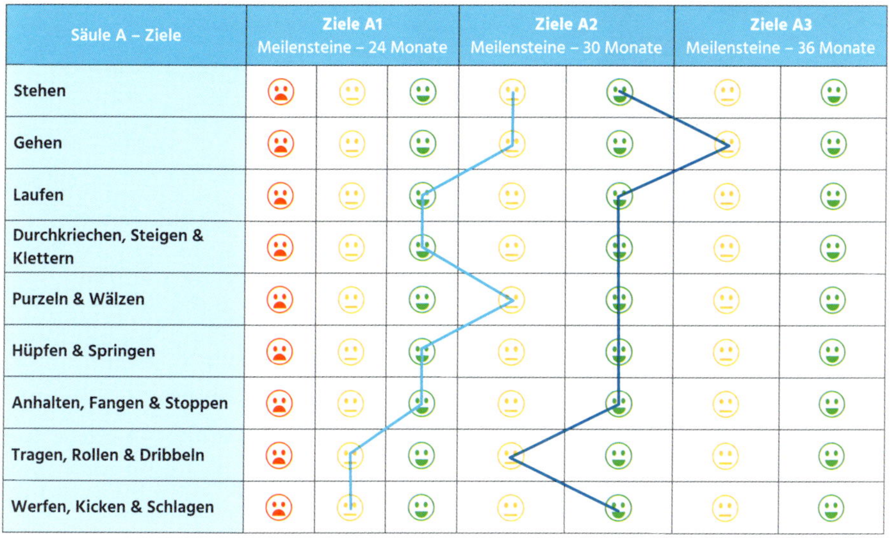

Beim Ausfüllen der Checklisten sollten die ÜL – und das ist eine dringende Empfehlung – die Erfahrungen und Einschätzungen der **Eltern** der Kinder in ihre Beurteilungen einbeziehen. Dies kann in ganz unterschiedlicher Form geschehen. Die Palette der Möglichkeiten reicht von der (minimalen) Version, bei der die Eltern die Bewertungen des ÜL zur Kenntnis nehmen und gegebenenfalls Veränderungen vorschlagen über die gemeinsame, dialogische Bearbeitung der Checklisten bis hin zu der Variante, bei der zunächst die Eltern die Listen ausfüllen und danach mit dem ÜL abstimmen.

Anzumerken ist an dieser Stelle, dass für U3-Übungsleiter (insbesondere für Erzieherinnen) – bei Interesse und Bedarf – zusätzlich standardisierte, über die Motorik hinausgehende Instrumente zur 360°-Erfassung der frühkindlichen Entwicklung verfügbar sind. Ein bekanntes Beispiel ist das Dokumentationsprogramm MONDEY von Pauen et al. (2012; 2018), das Bewertungsskalen für die Groß- und Kleinmotorik sowie für sechs weitere Persönlichkeitsbereiche (Wahrnehmung, Denken, Sprache, Soziale Beziehungen, Selbstregulation, Emotionen) umfasst.

Wie werden die passenden Lernziele für die Kinder festgelegt?

„Man kann Kinder … unterstützen, sich neue Fähigkeiten anzueignen, aber jede Hilfe wird nur dann wirksam sein, wenn das Förderangebot zur rechten Zeit kommt. Laufübungen werden ein Kind im Alter von fünf Monaten nicht dazu bringen, alleine zu gehen, während die gleichen Übungen ein paar Monate später … effektiv sind. Startet man zu früh, kann das sogar schädliche Folgen haben! Es geht also darum, für jeden Entwicklungsstand die passenden Herausforderungen zu finden" (Pauen, 2018, S. 16).

In der frühkindlichen Motorikförderung ist es von größter Bedeutung, dass die Kinder

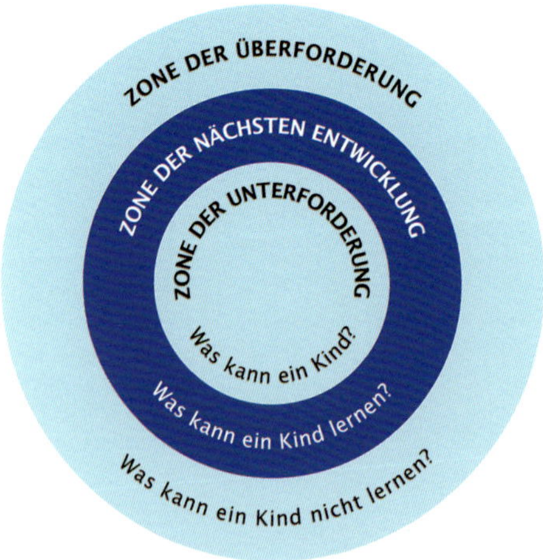

Abb. 4: Das Modell der Zone der nächsten Entwicklung (mod. nach Wygotsky, 1987)

weder überfordert noch unterfordert werden. Genau das soll mit den Beurteilungen aus der Checkliste A1–A3 und der Meilenstein-Tabelle verhindert werden. Mit dem Einsatz der Checkliste ist bereits der schwierigste Schritt erledigt. Der ÜL weiß, über welche Meilensteine ein Kind verfügt, also was es gegenwärtig motorisch kann. In die Sprache des viel zitierten Modells der Zone der nächsten Entwicklung (ZNE) von Wygotski (1896–1934) übersetzt, bedeutet dies, dass er die Zone der Unterforderung des Kindes im inneren Kreis der Abbildung 4 kennt.

Die **Lernziele** des U3-Ballschulkindes sind dann in der Zone der **nächsten Entwicklung** im mittleren Kreisring anzusiedeln. Der Korridor wird auch als „sweat spot“ bezeichnet. Er umfasst den Raum der Verbesserungsmöglichkeiten des Kindes zwischen seinem derzeitigen und möglichen Leistungsstand, also das was das Kind in **naher Zukunft** lernen kann.

Die **Zone der Überforderung** im äußeren Kreisring enthält schließlich Lernziele, die für das Kind noch nicht erreichbar sind **(entfernte Zukunft).**

Musterkind: ÜL-Einschätzung 2 (links) – Lernziele (dunkelblau unterlegt); Unterforderung (hellblau unterlegt); Überforderung (hellblau unterlegt)

Säule A – Ziele	Ziele A1 Meilensteine – 24 Monate			Ziele A2 Meilensteine – 30 Monate		Ziele A3 Meilensteine – 36 Monate	
Stehen	☹️	😐	🙂	😐	🙂	😐	🙂
Gehen	☹️	😐	🙂	😐	🙂	😐	🙂
Laufen	☹️	😐	🙂	😐	🙂	😐	🙂
Durchkriechen, Steigen & Klettern	☹️	😐	🙂	😐	🙂	😐	🙂
Purzeln & Wälzen	☹️	😐	🙂	😐	🙂	😐	🙂
Hüpfen & Springen	☹️	😐	🙂	😐	🙂	😐	🙂
Anhalten, Fangen & Stoppen	☹️	😐	🙂	😐	🙂	😐	🙂
Tragen, Rollen & Dribbeln	☹️	😐	🙂	😐	🙂	😐	🙂
Werfen, Kicken & Schlagen	☹️	😐	🙂	😐	🙂	😐	🙂

Die individuellen Lernziele für U3-Ballschulkinder können direkt aus den Checklisten abgelesen werden. Sie befinden sich jeweils in der Spalte rechts neben den angekreuzten Smileys. Bei der Einschätzung 2 des Musterkinds ordnen sich die Lernziele in acht Fällen in die Kategorie A3 und in einem in die Kategorie A2 ein (jeweils dunkelblau unterlegt). Alle Ziele (Meilensteine), die links vom dunkelblau unterlegten Bereich liegen, gehören zur Zone der Unterforderung (hellblau unterlegt) und alle Spalten rechts von diesem Bereich zur Zone der Überforderung des Kindes (hellblau unterlegt).

Kinder, die vor Vollendung des dritten Lebensjahres alle Lernziele von A3 erfüllen, können mit Spielen/Übungen aus der Säule A der Mini-Ballschule (Komplexitätsstufe I) weiter gefördert werden (vgl. Roth, K., Roth, C. & Hegar, U., 2021; Roth, K., Roth, C. & Hegar, U., 2022).

B PERZEPTIV-MOTORISCHE BAUSTEINE

In der Säule B der U3-Ballschule werden Basiskompetenzen gefördert, die – anders als in der Säule A – nicht mehr direkt an bestimmte strukturelle Ausführungsformen gebunden sind. Die perzeptiv-motorischen Bausteine tragen übergreifenden Charakter und stellen Lösungskompetenzen für verschiedene bewegungsbezogene Entwicklungsaufgaben im Kleinkindalter dar.

Mit der Verwendung des Bindestrich-Adjektivs „perzeptiv-motorisch" wird die untrennbare Einheit von „Wahrnehmen & Handeln" zum Ausdruck gebracht. Obwohl sich in den letzten Dekaden ein bunter „Theorien-Jahrmarkt" zu den Themen „motorische Kontrolle" und „motorisches Lernen" entwickelt hat, bildet die Annahme einer direkten „Wahrnehmungs-Handlungs-Kopplung" den identitätsstiftenden Kern (nahezu) aller bekannten bewegungswissenschaftlichen Theorien – vom klassischen Konzept der Sensomotorik (vgl. Ungerer, 1971) über die systemdynamischen Action-Approaches (Kelso, Turvey, Gibson vgl. zusammenfassend Bekermann, 2006) bis hin zu den modernen Modellen der Vorwärtskontrolle von motorischen Aktionen (vgl. Richter, 2001; Hossner, 2002).

In der U3-Ballschule werden auf der Zielebene B die zu erwerbenden Basiskompetenzen drei Formen bzw. Arten der Wahrnehmung zugeordnet – **der Körperinnen-**, der **Körperoberflächen-** und der **Objekt-/ Umgebungswahrnehmung.** Die Tabelle 5 zeigt, dass die beiden erstgenannten Formen auf den sogenannten Nah- oder Distalsinnen (vestibulär, kinästhetisch, taktil) basieren, während bei der letztgenannten Wahrnehmungsart vornehmlich Informationen aus den Fern- oder Proximalsinnen (visuell, auditiv) verarbeitet werden.

Die Definitionen der insgesamt neun perzeptiv-motorischen Bausteine sind in Tabelle 6 zusammengefasst. Auf eine Ausdifferenzierung in aufeinander aufbauende Ziel-/ Niveaustufen wird in der Säule B verzichtet. Mit dem Erwerb und der fortschreitenden Optimierung der phylogenetischen Basiskompetenzen von A1 nach A3 wachsen – im spielerischen Tun der Kleinkinder – die Wahrnehmungsaufgaben automatisch mit. Bewegungs- und Wahrnehmungsanforderungen bedingen sich – quasi wie in einer „Drehtür" – wechselseitig (Schwarz, 2014). Wenn Kinder z. B. Wälzbewegungen um die

Tab. 5: Formen/Arten der Wahrnehmung und zugehörige Sinnesmodalitäten

Wahrnehmungsform	Sinnesmodalitäten
Körperinnenwahrnehmung: Propriozeption	▪ Vestibuläre Wahrnehmung (Gleichgewichtssinn): ... gibt dem Kind Informationen über die Lage seines Kopfs und Körpers im Raum ▪ Kinästhetische Wahrnehmung (Bewegungssinn): ... gibt dem Kind Informationen über Muskel-/Sehnenspannungen und Gelenkstellungen
Körperoberflächenwahrnehmung: Exterozeption	▪ Taktile Wahrnehmung (Fühlen, Haptik): ... gibt dem Kind Informationen über Berührungen/Kontakte mit (Gegenständen) der Außenwelt
Objektwahrnehmung/ Umgebungswahrnehmung: Exterozeption	▪ Visuelle Wahrnehmung (Sehen): ... ermöglicht es dem Kind, optische Reize zu erkennen, sie zu unterscheiden und dadurch die Umwelt zu strukturieren (Vorder- und Hintergrund; nah und fern; Größe, Farben und Formen von Objekten; Höhe, Tiefe und Breite von Räumen zu unterscheiden) ▪ Auditive Wahrnehmung (Hören): ... ermöglicht es dem Kind, Geräusche, Stimmen, Klänge und Töne wahrzunehmen und sie zu unterscheiden

Körperlängsachse und/oder Rollbewegungen um die Körperbreitenachse erlernen, sammeln sie Erfahrungen mit bisher unbekannten propriozeptiven Sinnesreizen und wenn sie auf (mindestens hüfthohe) Hindernisse klettern können, bietet ihnen die neue Blickperspektive wichtige Anregungen für die Weiterentwicklung ihrer exterozeptiven Raumwahrnehmung. Tendenziell ergeben sich bei der Ausführung von lokomotorischen Elementarformen und von Dreh-/Sprungbewegungen eher Lerngelegenheiten für die Innen- und Oberflächenwahrnehmung, während bei den ballbezogenen Kompetenzen immer auch die Körperaußenwahrnehmung mitgeschult wird.

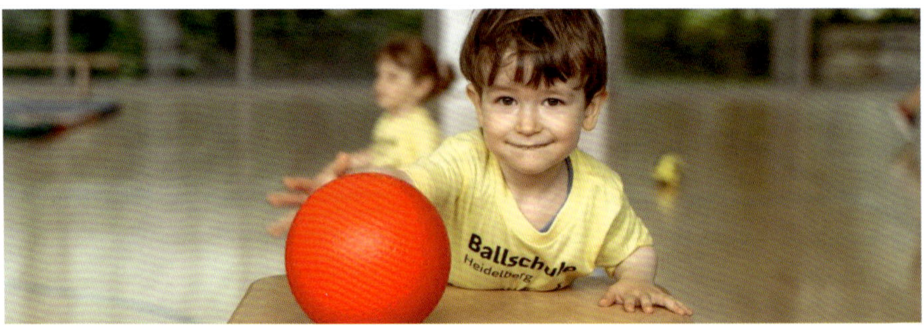

Tab. 6: Definition der Ziele – neun perzeptiv-motorische Bausteine

Körperinnenwahrnehmung	
Körperposition und -bewegung sichern	... bezieht sich auf die perzeptiv-motorische Basiskompetenz, die Körperhaltung im Stand und in der Bewegung auf stabilem Untergrund (z. B. Turnbank) zu sichern
Objekt balancieren	... bezieht sich auf die perzeptiv-motorische Basiskompetenz, Objekte (z. B. Sandsäckchen) im Stand und bei langsamen Bewegungen zu balancieren
Krafteinsatz regulieren	... bezieht sich auf die perzeptiv-motorische Basiskompetenz, die Krafteinsätze bei der Veränderung von Körperpositionen bzw. beim Hantieren mit Objekten (z. B. Bällen) zu dosieren
Körperoberflächenwahrnehmung	
Berührung/Druck lokalisieren	... bezieht sich auf die perzeptive Basiskompetenz, über Tasteindrücke am Körper Kontaktstellen mit Objekten zu lokalisieren und das Gewicht der Objekte einzuschätzen
Objekteigenschaften erfühlen	... bezieht sich auf die perzeptive Basiskompetenz, die Größe, Form, Oberfläche, Festigkeit und die Konturen (rund, eckig) eines Objekts zu erfühlen
Körperaußenwahrnehmung	
Objektarten unterscheiden	... bezieht sich auf die perzeptive Basiskompetenz, gleiche Eigenschaften von Objektarten (z. B. Tennisbälle; Luftballons) durch Kontrast und Abgrenzung zu erkennen (Auswählen, Sortieren)
Ballweg einschätzen	... bezieht sich auf die perzeptive Basiskompetenz, die Richtung und Länge der Roll-/Flugbahn eines Balles einzuschätzen
Geh-/Laufweg zum Ball festlegen	... bezieht sich auf die perzeptiv-motorische Basiskompetenz, die Richtung, Länge und Geschwindigkeit des Geh-/Laufwegs zu einem rollenden bzw. fliegenden Ball festzulegen
Treffpunkt des Balles bestimmen	... bezieht sich auf die perzeptiv-motorische Basiskompetenz, den Zeitraum/Ort des Spielpunktes eines Balles zu bestimmen

C KOGNITIV-MOTORISCHE BAUSTEINE

„Bewegung ist der Motor der Entwicklung – auch der kognitiven Entwicklung“ (Zimmer, 2004, S. 47).

Mit der Säule C werden kognitive Basiskompetenzen in die U3-Ballschule einbezogen, die im Kontext der spielerisch-motorischen Tätigkeiten der Kleinkinder zwanglos mit geschult werden können. Die Liste der neun Bausteine untergliedert sich in die Zielkategorien Sprache, Zahlen, Mengen & Muster und Selbstregulation (vgl. Tab. 7).

Die U3-Ballschuleinheiten beinhalten vielfältige **Sprachanlässe**. So erschließen sich die Ballschulkinder über die Impulse der ÜL oder ihrer Eltern, z. B. die Bezeichnungen für Farben oder Körperteile („Reise durch den Körper“) und in offenen Aufgaben, wie „Gangarten variieren“, eignen sie sich Tiernamen oder Namen für Fortbewegungsarten an usw. **(Wortschatz erweitern)**. „Durch Betasten, Begreifen und das Umgehen mit Objekten lernen sie deren Eigenschaften kennen“ (Zimmer, 2004, S. 82) und was es heißt, „einen Hügel hinauf- oder herunterzulaufen, erfährt das Kind zunächst nur über seine Bewegung oder über die Beobachtung der Bewegung eines anderen Kindes“ (Zimmer, 2016, S. 14 und 25). Dadurch werden Worte/Bezeichnungen zu bedeutungshaltigen Begriffen **(Wortbedeutung erschließen)**. Hierauf aufbauend lernen Kleinkinder **Begriffskategorien** zu bilden und voneinander abzugrenzen. Wenn ein Kind z. B. die Kompetenz erwirbt, Bälle von Luftballons oder Wasserbälle von Tennisbällen zu unterscheiden, abstrahiert es sowohl das jeweils Gemeinsame als auch die wichtigsten Differenzierungsmerkmale. Dies geschieht vorwiegend implizit-beiläufig, ohne explizite Belehrung. Beispielsweise sind bereits einjährige Kinder in der Lage, Gesichter von Frauen und Männern zu erkennen, obwohl niemand eine solche Unterscheidung von ihnen gefordert hat (vgl. u. a. Hoffmann, 1993, S. 142). Bis zum Ende des U3-Ballschulalters lernen Kinder die Anwendung von bis zu 50 Begriffen/Begriffskategorien, den Einsatz erster Mehrwortsätze und (zum Teil) das Sprechen in verschiedenen Zeiten.

Im „mathematischen“ Bereich bietet die U3-Ballschule ebenfalls zahlreiche Lerngelegenheiten. Kinder wollen herausfinden, wie die Welt um sie herum funktioniert, und bringen ein natürliches Bedürfnis zum Denken mit. Sie erwerben spielerisch das Vermögen, die Anzahl von bis zu fünf Objekten (z. B. Hütchen) zu benennen und können z. B. Bälle nach ihrem Umfang (der Größte – der Kleinste), ihrem Gewicht (der Schwerste – der Leichteste) oder ihrer Position (der Erste – der Zweite) reihen bzw. sprachlich ordnen **(Anzahlen bestimmen & Ordinalzahlen entdecken)**. Zudem kann in der U3-Ballschule der Umgang mit Mengenangaben gefördert werden, z. B. durch die „Instruktion“, dass jeweils gleich viele Kinder an den verschiedenen Bewegungslandschaften spielen sollen oder, dass alle Kinder an die Station mit den meisten Bällen oder Hütchen laufen sollen **(Mengenvorstellungen entwickeln)**. Die Hütchen lassen sich dabei räumlich in verschiedenen Anordnungen – z. B. im Kreis, im Quadrat oder im Dreieck – positionieren, was zu einer Herausformung der zugehörigen mathematischen

Tab. 7: Definition der Ziele – neun kognitiv-motorische Bausteine

Sprache	
Wortschatz erweitern	… bezieht sich auf die kognitive Basiskompetenz, den eigenen „Wortvorrat" durch den Erwerb neuer Bezeichnungen/ Namen zu erweitern
Wortbedeutung erschließen	… bezieht sich auf die kognitive Basiskompetenz, die Bedeutung von Wörtern (Substantiven, Adjektiven, Funktionswörtern, Präpositionen; z. B. schnell – langsam; mein – dein; links – rechts) zu verstehen und die Wörter anwenden zu können
Begriffskategorien bilden	… bezieht sich auf die kognitive Basiskompetenz, Oberbegriffe (Begriffskategorien) für Gruppen von „Dingen", z. B. für Lebewesen oder Objekte mit ähnlichen Eigenschaften/Merkmalen zu bilden
Zahlen, Mengen & Muster	
(An-)Zahlen bestimmen & Ordinalzahlen entdecken	… bezieht sich auf die kognitive Basiskompetenz, einfache Zahlen und Ordnungs-/Reihungsprinzipien zu verstehen und anwenden zu können
Mengenvorstellungen entwickeln	… bezieht sich auf die kognitive Basiskompetenz zur Anwendung des Mengen-Konzepts
Geometrische Muster erkennen	… bezieht sich auf die kognitive Basiskompetenz, zum Erkennen und Bilden von räumlichen Figuren
Selbstregulation (Exekutive Funktionen)	
Arbeitsgedächtnis	… bezieht sich auf die kognitive Basiskompetenz, Informationen, kurzfristig zu speichern und Informationen aus dem Zwischen-/Langzeitgedächtnis abzurufen bzw. zu nutzen
Inhibition	… bezieht sich auf die kognitive Basiskompetenz, Impulse zu kontrollieren bzw. zu hemmen, die Aufmerksamkeit zu fokussieren und Störreize auszublenden
Kognitive Flexibilität	… bezieht sich auf die kognitive Basiskompetenz, bei neuen Aufgaben, ungewohnten Umgebungsbedingungen und/oder unerwarteten Ereignissen das Verhalten und den Fokus der Aufmerksamkeit zielgerichtet und schnell zu wechseln

Begriffskategorien genutzt werden kann **(Geometrische Muster erkennen).**

Die U3-Ballschuleinheiten sind schließlich geradezu prädestiniert für eine frühe, altersgerechte Schulung der Selbstregulation, also der exekutiven Funktionen, die im präfrontalen Kortex (Stirnhirn) repräsentiert sind. Das gilt vor allem dann, wenn z. B.:

- gelernte Regeln, Verhaltensweisen und Handlungen adäquat umzusetzen oder verschiedene Aufgaben in bestimmten Abfolgen zu bewältigen sind **(Arbeitsgedächtnis)**
- in „lauten, bunten Kinderstunden" unpassende automatische Reaktionen blockiert werden müssen oder auf Materialeigenschaften mit vorab vereinbarten Handlungen reagiert werden soll, z. B. ein roter Ball wird nur getragen, ein grüner Ball nur gerollt **(Inhibition)**
- die Kinder auf Materialien mit unterschiedlichen Eigenschaften, z. B. auf anders (unerwartet) rollende, prellende oder fliegende Bälle (Flummies = kleine Gummibälle, die sehr stark springen, Pimpiis, Zauberbälle) oder auf veränderte Situationsanforderungen reagieren müssen, z. B. beim schnellen Wechsel vom freien Spielen in einer Bewegungslandschaft hin zum aufmerksamen Zuhören zu den Anleitungen des ÜL an einer Spielstation **(Kognitive Flexibilität)**

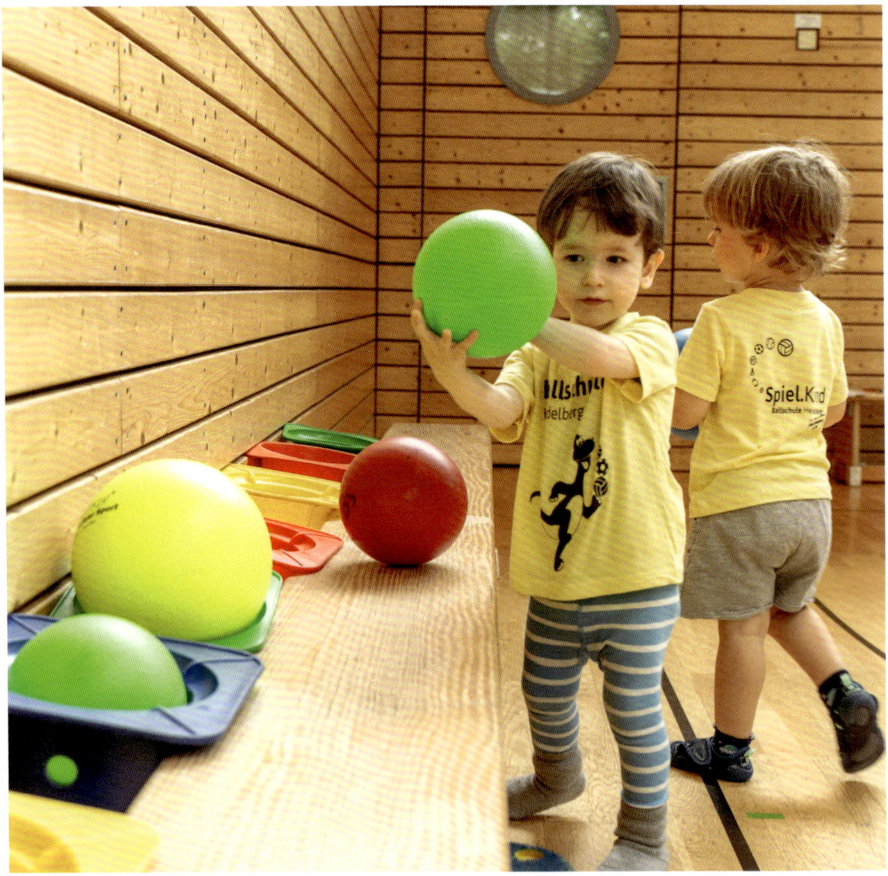

4

U3-BALLSCHULE

INHALTE UND METHODEN

Klaus Roth

Inhalte 36

Methoden 37

INHALTE

Kinder fassen die Natur spielerisch an! Jedes Kind „muss" spielen. Spielen – so sagt man – ist Kinderrecht (vgl. UN-Kinderrechtskonvention Artikel 31: Recht auf Ruhe, Freizeit & Spiel)

Für die Gestaltung von U3-Ballschuleinheiten ergibt sich aus Aussagen dieser Art ein klarer Auftrag. Im Mittelpunkt der Kursstunden stehen Spielformen, für deren Durchführung geeignete Lernmaterialien bereitgestellt werden **(Prinzip der vorbereiteten Umgebung).** Dazu gehören viele altersgerechte Bälle und sonstige Spielmaterialien (Reifen, Hütchen, Seile usw.) sowie Sportgeräte (Turnmatten, kleine Kästen, Turnbänke usw.), die zu anregenden **Bewegungslandschaften** oder **Spielstationen** zusammengestellt werden. Gespielt wird vorrangig in diesen Landschaften bzw. an den Stationen. Die Kinder können die Bälle und Spielmaterialien z. B. zu Beginn der Einheiten oder in Zwischenphasen, aber auch für Aktivitäten in den „gerätefreien" Zonen der Turnhallen/Bewegungsräume nutzen.

Bewegungslandschaften

Bewegungslandschaften sind mehr als nur Spielplätze. Bei ihrem Aufbau werden die Bälle, Spiel- und Sportgeräte so kombiniert, dass mit ihrer Anordnung zielgerichtete Reize für eine Verbesserung der Basiskompetenzen der U3-Ballschule gesetzt werden. Der Fokus liegt dabei auf den neun **phylogenetischen Motorikbausteinen** der Säule A.

Wichtig ist, dass die Kinder alleine, ohne Hilfestellungen spielen können. Feste Vorgaben, die manche Kinder überfordern, andere eher langweilen würden, gibt es nicht. Die Kinder dürfen alles ausprobieren, was sie sich selber zutrauen. Daher ist – insbesondere wenn der Parcours Kästen, Rutschen und Turnbänke enthält – vorab gut einzuschätzen, in welchen Höhen die Kinder sich sicher bewegen und trotzdem kleine Herausforderungen meistern können. Wenn sie z. B. hochklettern, müssen sie in der Lage sein, auch wieder herunterzuklettern.

Die räumlichen Ausdehnungen und Komplexitäten der Geräteaufbauten sollten in kindgemäßen Grenzen gehalten werden, um eine Reizüberflutung zu vermeiden. Sie würde die Kinder dazu verleiten, rastlos von einem Abschnitt der Bewegungslandschaft zum nächsten zu wechseln. Die Kinder benötigen ausreichend Zeit zum Spielen, auch wenn sich Pausen ergeben, in denen sie nicht sofort eigene Ideen entwickeln. Zuweilen ist es ratsam, die Landschaften über mehrere Stunden hinweg gleich aufzubauen oder immer nur kleine Veränderungen vorzunehmen.

Die Bewegungslandschaften für Kleinkinder erfordern ein hohes Maß an **Sicherheitsvorkehrungen**. Eine sorgfältige Kontrolle aller Geräte und Verbindungen ist unerlässlich. Gerätekonstellationen, die über einen halben Meter hoch sind, sollten mit Matten abgesichert werden. Die Matten dürfen nicht wegrutschen oder durch Überlappungen zu Stolperfallen werden. Weichböden nach Sprunggelegenheiten sind längs-, also nicht querzulegen, damit genügend Platz für die Landungen vorhanden ist. Seilverbindungen werden mit den entsprechenden Knoten versehen und auf Zugfestigkeit überprüft. Weitere Richtlinien und Tipps zum Spielen von Kleinkindern in Bewegungslandschaften finden sich unter VIBSS (2021).

Spielstationen

An den Spielstationen finden gemeinsame Spiele für die Kinder statt. Die Stationen unterscheiden sich nicht grundsätzlich von Bewegungslandschaften, enthalten aber weniger Lernmaterialien. Bälle sind fast immer dabei, verschiedene Spielmaterialien – häufig Alltagsgegenstände wie Regenschirme, Dosen, Becher, Korken, Wäscheklammern usw. – auch. Große Sportgeräte werden zumeist nicht benötigt.

Der ÜL lädt – zeitlich etwa in der Mitte der Ballschulstunden – die Kinder mit Hilfe eines akustischen Signals (z. B. mit einem Triangel) an die von ihm vorbereitete Station ein. Das ist tatsächlich nur als Einladung zu verstehen. Eine Pflicht zur Teilnahme besteht nicht. Jüngere Kinder oder Kinder, die gerade in ihr Spiel vertieft sind, spielen nicht selten lieber mit ihren Bällen/Spielmaterialien oder an ihrer Bewegungslandschaft weiter.

Vor Beginn des gemeinsamen Spielens versammeln sich die Kinder in einem Sitzkreis. Der ÜL nennt den Namen des Spiels, z. B. Maus & Käse, Ententanz oder Vögelchen flieg! (vgl. Kapitel 7), und schließt eine kurze Einstiegsgeschichte an. Sie enthält Ideen und motivierende Impulse für die Durchführung der Spiele. Die Formen der Impulsvorgabe, die dabei zum Einsatz kommen können, werden im nächsten Abschnitt zu den Methoden der U3-Ballschule beschrieben.

Mit den ÜL-Impulsen sollen neben den Bausteinen der Säule A bevorzugt auch Basiskompetenzen aus den Zielbereichen B und C angesprochen werden. Welche das sind, wird im Kapitel 7 bei jeder der 30 vorgestellten Stationen direkt unter dem Spielnamen angegeben. Lernziele aus dem kognitiv-motorischen Bereich finden sich z. B. bei den Spielstationen „Im Obst- und Gemüsegarten" (Begriffskategorien bilden; Arbeitsgedächtnis), „Fußballtrainer" (Anzahlen bestimmen), „Eistransport" (Mengenvorstellungen entwickeln), „Nüsse sortieren" (Inhibition) und „Kirschen pflücken"/„Hundehütte" (Kognitive Flexibilität).

METHODEN

„Kinder sind kein Ton, den man nach eigenen Vorstellungen drücken bzw. formen kann!" (Hüther, 2021)

Die methodische Ausrichtung der U3-Ballschule ist gedanklich eng mit dem Modell der Zone der nächsten Entwicklung und dem damit assoziierten Konzept des sogenannten **Scaffolding** (von englisch Scaffold = Gerüst) verbunden. Der Begriff „Scaffolding" wurde erstmals 1976 in einem Artikel der amerikanischen Kognitionspsychologen Wood, Bruner und Ross verwendet.

Das Bild des „Aufbaus eines Gerüsts" für die zu fördernden U3-Ballschulkinder ist fast selbsterklärend. Die Kinder spielen weitgehend frei, ohne direkte Handlungsanweisungen oder gar Korrekturen, werden aber bei der Lösung von Aufgaben, die sie gegenwärtig noch nicht eigenständig bewältigen können, von den Übungsleitern und/oder ihren Eltern unterstützt. Die Hilfen beschränken sich dabei auf Bereiche, die den Könnens-/Wissenshorizont der Kinder „knapp" übersteigen – die sie also weder unter- noch überfordern.

Das ist die eine Seite der „Scaffolding-Medaille“. Die andere, die auch als **Fading** bezeichnet wird, betrifft die möglichst zügige Rücknahme der Unterstützungen. Mit steigender Kompetenz der Kinder wird das Hilfsgerüst wieder „zurückgebaut“, um schließlich völlig zu entfallen (vgl. Kniffka, 2019). Im Bereich der Sportdidaktik hat der Einsatz von Fading-Prozeduren bereits eine lange Tradition. So werden z. B. bei den allseits bekannten Methodischen Übungsreihen (MÜR) die Lernanfänger über Vereinfachungsstrategien – z. B. über die Prinzipien der strukturellen Aufgliederung oder der verminderten Lehrhilfe – allmählich an die zu erwerbenden motorischen Zielhandlungen herangeführt (für eine lerntheoretische Begründung vgl. Roth, 1998, S. 27–41).

Wie werden nun die Gerüste für die spielenden Kleinkinder in der U3-Ballschule konkret gebaut? Die Antwort auf diese Frage erfolgt in zwei Teilschritten. Der erste bezieht sich auf die notwendige Aufgabenteilung der Übungsleiter und der Eltern (1.); der zweite – metaphorisch gesprochen – auf die Baumaterialien für die Gerüste, also darauf, welche Arten von Hilfestellungen/Impulsvorgaben sich für U3-Ballschulkinder als entwicklungsgerecht und wirksam erwiesen haben (2.).

1. Zur Rolle und zum Zusammenspiel der Übungsleiter und der Eltern

Der ÜL ist an den **Spielstationen** für die methodische Ausgestaltung des Scaffolding hauptverantwortlich. Den Eltern kommt die – allerdings nicht unwichtige – „Nebenrolle“ zu, die Impulse der ÜL, z. B. durch sinngemäße Wiederholungen, präsent zu halten bzw. zu verstärken und ihr Kind durch Lob, Ermunterungen oder auch eigenes Mitspielen zu motivieren.

Beim freien Spielen in den **Bewegungslandschaften** wird aus der Nebenrolle der Eltern eine Hauptrolle. Ihre zentrale Mitwirkung ist hier unerlässlich, da der ÜL das Gesamtgeschehen im Blick behalten muss, und in diesen Phasen der Ballschulstunden naturgemäß nicht in der Lage ist, alle Kinder durchgängig zu beobachten bzw. anzuleiten. In der Praxis hat es sich bewährt, dass die Zuständigkeiten der ÜL/Eltern zu Beginn des Ballschuljahres abgestimmt und einvernehmlich geklärt werden, z. B. im Rahmen eines Elternabends oder von Elterngesprächen. Entscheidend für das erfolgreiche Teamwork ist, dass die U3-Ballschuleltern für die Begleitung ihrer Kinder an den Bewegungslandschaften zwei wichtige Hilfestellungen erhalten. Das ist quasi ein Scaffolding für die Eltern, die nicht alleine gelassen und damit gegebenenfalls überfordert werden dürfen. Die erste Unterstützung liefert die im Kapitel 3 beschriebene Gesamt-Checkliste. Zur Erinnerung: die Erstellung des Kompetenz-Profils für ein Kind ist in der Regel eine Gemeinschaftsleistung der ÜL und der Eltern. Aus dem Profil können die Eltern für alle neun Lernziele der Säule A ablesen, in welchen Zonen der nächsten Entwicklung (A1, A2 oder A3) sich ihr Kind jeweils befindet. Damit werden sie zu Experten für den aktuellen motorischen Leistungsstand. Jetzt müssen die Eltern noch zu Experten für das Anregungspotential der Bewegungslandschaften werden. Dafür wird ihnen ein zweites Hilfspaket an die Hand gegeben. Für jede Landschaft werden im Kapitel 6 – in Abhängigkeit von den einbezogenen Spielmaterialien und differenziert für das A1-, A2- und A3-Niveau – Beispiellisten für sinnvolle Lernziele/-impulse vorgestellt. Diese Listen sollten von den U3-Ballschulleitern kopiert, an den Landschaften ausgelegt oder noch besser den Eltern zum Mitnehmen ausgehändigt werden. Im letztgenannten Fall lassen sie sich auch im Alltag zur Förderung der Allgemeinmotorik der Kinder nutzen.

2. In welcher Form können die Übungsleiter und Eltern Impulse für entwicklungsgerechte Lernziele geben?

Mit dem Scaffolding werden Rahmenbedingungen hergestellt, innerhalb derer die U3-Ballschulkinder zum Ausprobieren **neuer** Elementarformen oder zur **Optimierung** beherrschter Motorikbausteine angeregt werden. Bei der „Konstruktion" der Impulsgerüste durch die ÜL/Eltern sind grundsätzlich alle fünf Wahrnehmungsarten/Sinnesmodalitäten aus Tabelle 5 (Säule B) beitragsfähig, allerdings mit unterschiedlicher Gewichtung. Den größten Stellenwert besitzen verbale und visuelle Impulsvorgaben, die von den Kindern über die Fernsinne aufgenommen und verarbeitet werden:

Verbale Impulse: In den U3-Ballschulstunden kommen vor allem inspirierende Phantasiegeschichten/Rollenspiele und Handlungsimpulse in Form von Fragen der ÜL/Eltern bzw. von konkreten Aufgabenbeschreibungen zum Einsatz (vgl. Tab. 8). Mit Hilfe dieser Impulsvorgaben soll der Aufmerksamkeitsfokus der Kinder auf Lernziele gelenkt werden, die in der Zone ihrer nächsten Entwicklung liegen. Dabei ist einzukalkulieren, dass die Kinder die sprachlichen Inspirationen/Anleitungen nicht immer auf Anhieb verstehen. Je nach Situation können sich Umformulierungen der Impulse (Aktivierungen von Denkprozessen), Vereinfachungen (Zerlegungen) der Aufgaben oder Reaktionen auf Fragen der Kinder als Mittel der Wahl erweisen (vgl. Kniffka, 2019).

Visuelle Impulse: Die Visualisierung von Lernzielen, also von neuen Bewegungsideen und motorischen Handlungsoptionen, ist gerade bei Kleinkindern sehr effektiv. Wenn wir einem Kind z. B. einen Luftballon zeigen, dann verarbeitet es diese Information ungefähr 60 000-mal schneller, als das bei dem gesprochenen Wort „Luftballon" der Fall wäre.

In der U3-Ballschule sind vor allem zwei Arten der visuellen Impulsvorgabe von Bedeutung. **Erstens:** Die Präsentation von motivierenden **Bildern**, z. B. von Bildkarten (Regenwurm, Pinguin, Ameise, Ente usw.) oder anderen kindgerecht gestalteten Motiven (Blumen, Obst, Flugzeuge, Gespenster, Clowns usw.). An den Spielstationen eignen sie sich – in Kombination mit den Einstiegsgeschichten – hervorragend dafür, das jeweilige Spielmotto zu veranschaulichen. **Zweitens:** Noch wichtiger ist, dass die ÜL und Eltern – als lebendige, erlebbare Modelle – immer wieder visuelle Impulse setzen, indem sie den Kindern „vormachen", was sie motorisch tun oder ausprobieren können:

- „Schaut gut zu: Ich werfe den Ball hoch, fange ihn auf und setze mich drauf. Versucht's mal!"
- „So sieht ein Affentanz aus: mit den Füßen stampfen, auf allen Vieren gehen, hüpfen …!"
- „Ich zeige euch jetzt, wie man kleine Bälle transportieren kann: auf Tellern, auf der offenen Hand, auf Kochlöffeln …!"

Tab. 8: Verbale Impulse in der U3-Ballschule – Formen und Beispiele (vgl. Kapitel 7)

Verbale Impulse	Impulsformen	Beispiele
Inspiration	**Phantasiegeschichten Erzählungen**	„Wisst ihr was Eichhörnchen gerne essen? Richtig, Nüsse! Im Herbst müssen die Eichhörnchen viel Vorrat für den Winter sammeln. Wir haben hier verschiedene Nüsse (rot, gelb, grün, blau) und verschiedene Eichhörnchen-Nester. Das Eichhörnchen aus dem roten Nest mag nur die roten Nüsse, das aus dem blauen Nest nur die blauen usw. Jetzt wollen wir den Eichhörnchen helfen die Nüsse zu sammeln! Denkt dabei an die unterschiedlichen Farben!“
↕	**Rollenspiele**	„Heute sind wir alle Indianer und schmücken uns mit Federn!“ „Heute sind wir alle Affen. Lasst uns zusammen einen Affentanz machen!“
	Fragen an die Kinder	„Könnt ihr den Ball zusammen mit euren Eltern auf einem Tuch tragen?“ „Könnt ihr die Tischtennisbälle aus dem Becher rollen lassen und sie wieder einfangen?“ „Könnt ihr den Ball durch eure Beine rollen?“
Anleitung	**Aufgabenvorgaben/ Materialvorgaben**	„Probiert doch einmal den Ball mit dem Tuch hochzuwerfen und wieder aufzufangen!“ „Heute wollen wir mit dem Luftballon spielen. Dafür habe ich euch verschiedene Schläger mitgebracht. Versucht jetzt, mit dem Schläger euren Ballon immer wieder so nach oben zu schlagen, dass er nicht auf den Boden fällt!“

Dass das Nachmachen (Modelllernen) so gut funktioniert wird heute vor allem mit der Arbeitsweise der sogenannten **Spiegelneurone** erklärt (vgl. z. B. Kunze, 2016). Diese begünstigen die Tendenz zur Imitation, insbesondere dann, wenn ein Vertrauensverhältnis zwischen dem Kind und dem Modell besteht. Die Kinder müssen sich emotional sicher fühlen, damit sie Neues entdecken können. Sie müssen in einer Atmosphäre entspannter Aufmerksamkeit spüren, dass ihre Interessen und Ideen von dem ÜL/den Eltern gewürdigt werden (Schnerr, 2020). Der allgemein bekannte Slogan **Ohne Bindung keine Bildung** lässt sich auch auf das Lernen in der U3-Ballschule übertragen.

5 U3-BALLSCHULE

PRAKTISCHE BEISPIEL-SAMMLUNG

EINFÜHRUNG

Klaus Roth

Lernmaterialien 42

Stundenablauf 44

LERNMATERIALIEN

Die Umsetzung des Spielens in Bewegungslandschaften und an Spielstationen setzt voraus, dass auf ein reichhaltiges Repertoire an Lernmaterialien zurückgegriffen werden kann. Die Tabelle 9 veranschaulicht, welche Bälle, Spielmaterialien und Sportgeräte als Grundausstattung für eine Gruppe von 10 bis 15 Kleinkindern vorhanden sein sollten.

Tab. 9: Bälle, Spielmaterialien und Sportgeräte

Bälle

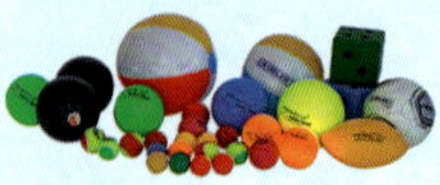
Verschiedene Bälle

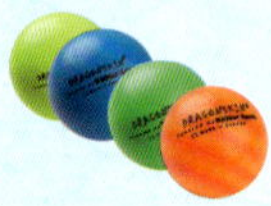
Elefantenhautbälle

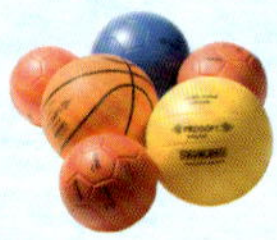
Softbälle

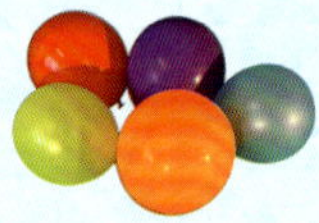
Luftballons

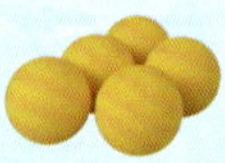
Softtennisbälle

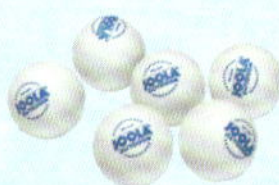
Tischtennisbälle

Spielmaterialien

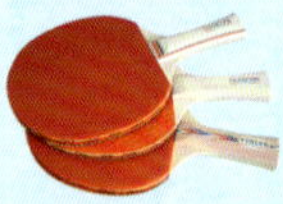
Tischtennisschläger

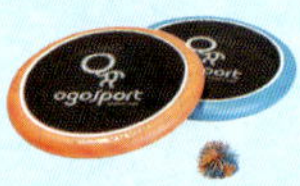
Ogo-Schläger

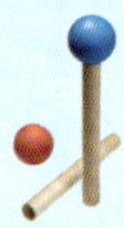
Holzstäbe

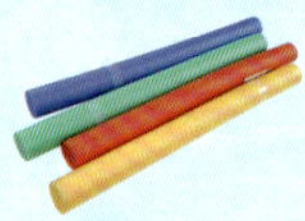
Aquasticks

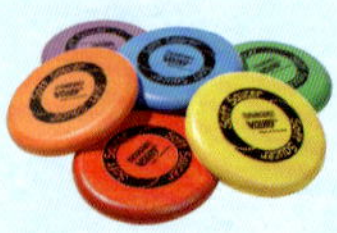
Wurfscheiben (Frisbees)

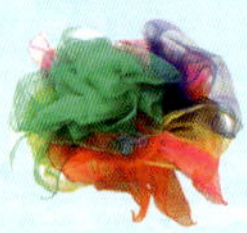
Tücher

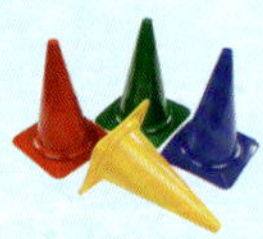
Hütchen

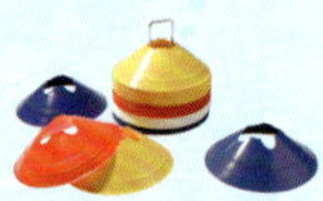
Kleine Hütchen

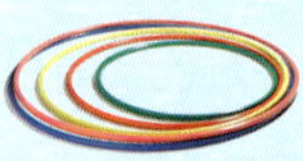
Gymnastikreifen

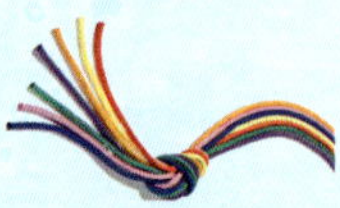
Seile

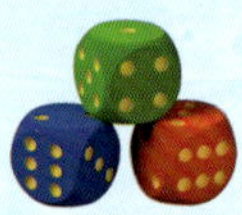
Schaumstoffwürfel

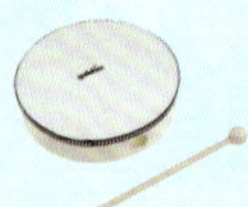
Trommel

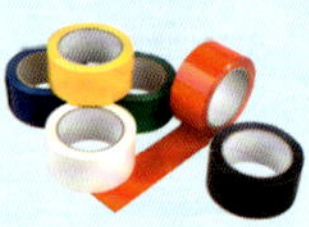
Markierungsbänder

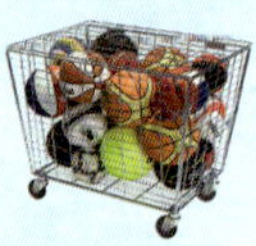
Ballwagen

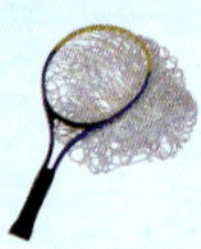
Ball-Kescher

Sportgeräte

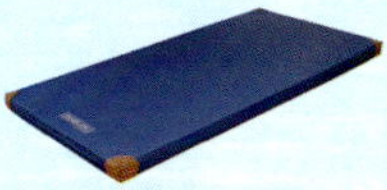
Turnmatte

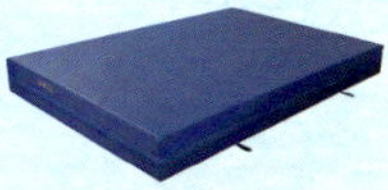
Weichbodenmatte

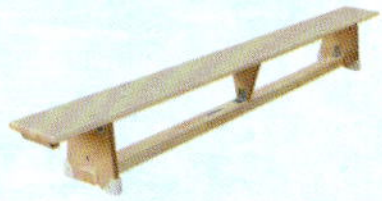
Bank

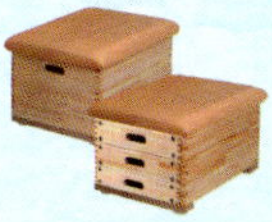
Kleiner Kasten

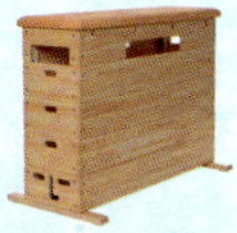
Großer Kasten
Kastenteile

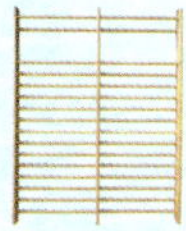
Sprossenwand

Für die Kooperationspartner der Ballschule Heidelberg hat die Firma Kübler passende, rabattierte U3-Ballschul-Basispakete zusammengestellt.
https://www.kuebler-sport.de/ballschule

Die aufgelisteten Bälle, Spiel- und Sportgeräte können zum Teil durch gewöhnliche **Alltagsgegenstände** ersetzt werden, die zu außergewöhnlichen Sportgeräten werden. Als Bälle lassen sich beispielsweise Papierkugeln oder Tennisringe, als Schläger Aquasticks, Papierrollen, Schuhe oder große PET-Flaschen verwenden. Außerdem haben sich Pappdeckel, Zeitungen, Dosen, Joghurtbecher, Wäscheklammern und Kartons für den Einsatz in U3-Ballschulstunden bewährt. Beachtet werden sollte, dass sich durch die Einbeziehung solcher Materialien das motorische Anspruchsniveau der Spielformen verändern kann.

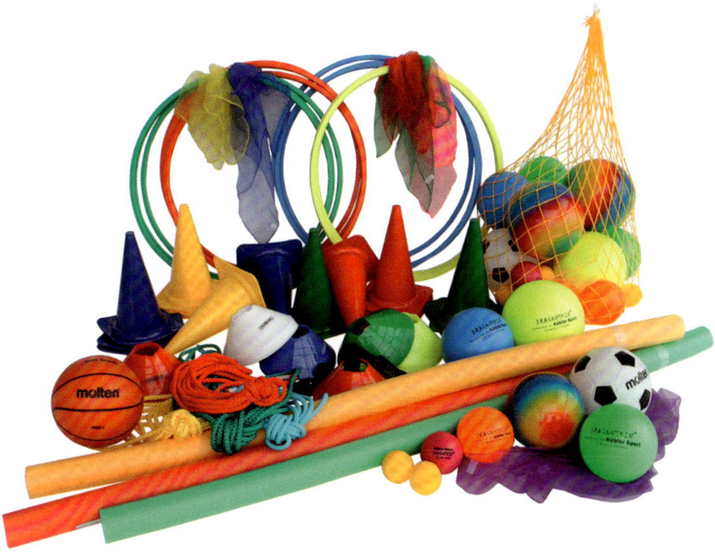

STUNDENABLAUF

Für die Einheiten der U3-Ballschule empfiehlt sich ein fester Ablaufplan, der den Kindern Sicherheit und Orientierung vermittelt. Die nachfolgende Gliederung der Kursstunden in sechs Teilabschnitte hat sich in den Erprobungsphasen des Programms als praktikabel und sinnvoll erwiesen.

1 Freies Spielen ohne Bälle

Die Kinder und ihre Eltern werden persönlich und namentlich begrüßt. Der ÜL wendet sich den Kindern zu und geht gegebenenfalls in die Hocke, um auf Blickhöhe zu sein. Dann laufen die Kinder in die Halle und können sich ganz frei – ohne Vorgaben zum „Wo, Was oder Wie“ – bewegen.

2 Begrüßung der Kinder (Ritual) / Befreien & Entzaubern der Bälle

Auf ein akustisches Signal des ÜL (z. B. lautes Händeklatschen) treffen sich die Kinder zum Anfangsritual im Sitzkreis. Nach einer kurzen motivierenden Ansprache folgt zum Einstimmen und „emotionalen Aufwärmen“ ein kleines gemeinsames Spiel. Dieses Spiel wird zu einem vertrauten Startplatz für die Ballschuleinheiten und sollte deshalb nicht dauernd verändert werden. Für den gesamten Kurs-Zeitraum sind zwei bis drei Varianten ausreichend. Bewährte Spiele sind z. B.:

Die Königskrone

Die Kinder sitzen im Schneidersitz und halten sich an den Händen. Ein Kind nach dem anderen hebt gemeinsam mit dem rechten Nachbarkind ein „Handpaar“ hoch. Die Arme bleiben in der Luft bis alle Handpaare nach oben gegangen sind. Jetzt sieht der Kinderkreis aus wie eine Königskrone. Das Gleiche kann man auch in die andere (linke) Richtung spielen, wobei die Arme dann heruntergehen. Bei Kleinkindern ist es gut, wenn die Begriffe „rechts“ und „links“ mit

	Ablaufplan für U3-Ballschulstunden	Spielorte
1	Freies Spielen ohne Bälle	Bewegungslandschaften Gerätefreie Zonen
2	Begrüßung der Kinder (Ritual) Befreien & Entzaubern der Bälle	Sitzkreis
3	Freies Spielen mit Bällen	Bewegungslandschaften Gerätefreie Zonen
4	Spielen mit Impulsen/Anleitungen durch den ÜL Bewegungslied	Spielstationen
5	Gemeinsamer Abbau	Turnhalle
6	Verabschiedung der Kinder (Ritual)	Sitzkreis

der Nennung von (Beobachtungs-)Punkten im Raum verbunden werden.

Namen verraten

Die Kinder sitzen mit den Eltern im Kreis und dürfen nacheinander alleine oder mit Hilfe der Eltern auf einen Triangel schlagen und ihren Namen sagen. Die Gruppe begrüßt, nachdem der Name genannt wurde, das Kind gemeinsam mit: „Hallo und Name des Kindes"!

Die Rakete

Die Kinder knien und schlagen mit den Händen auf den Boden, zunächst ganz leicht, dann immer fester, bis die Rakete abhebt. Dabei gehen die Hände nach oben.
Die Begrüßung endet mit der Befreiung der Bälle, die z. B. in einem Ballwagen, in Kastenteilen oder in einer Hallenecke „gefangen" sind. Ihre Befreiung erfolgt mit einem Zauberspruch, den sich die ÜL oder die Kinder ausdenken und gemeinsam aufsagen. Der Phantasie sind keine Grenzen gesetzt: „Ene-mene 1,2,3, wir zaubern jetzt die Bälle frei!", „Katzenauge, Eulenschrei, Bälle fliegt zu uns herbei!", „Knattergold und trallala, Bälle sind so wunderbar!" …

3 Freies Spielen mit Bällen

Jedes Kind holt sich seine Lieblingsbälle und spielt – begleitet von den Eltern – an einer Bewegungslandschaft. Ob und wie oft die Bälle dabei verwendet werden, entscheidet das Kind selbst. Die Rolle und die Aufgaben der Eltern – insbesondere ihr Umgang mit den vorgefertigten Impulslisten – sind im Kapitel 4 (Abschnitt Methoden) beschrieben worden. Der ÜL achtet – wenn mehreren Parcours aufgebaut wurden – darauf, dass überall genügend Bälle verfügbar sind und dass sich die Kinder gleichmäßig über die Landschaften verteilt haben.

4 Spielen mit Impulsen/Anleitungen durch den ÜL/Bewegungslied

Die Durchführung der angeleiteten Spiele an den Stationen wurde ebenfalls bereits erläutert (Kapitel 4; Abschnitt Inhalte). Direkt im Anschluss an die Spiele wird ein (Bewegungs-)Lied abgespielt, z. B. „Das Lied vom Ball" (https://www.youtube.com/channel/UCEg9F8iYna_ tishnbTsK3Ng; YouTube-Kanal der Ballschule Heidelberg), oder von der Kindergruppe gesungen und pantomimisch untermalt.

5 Gemeinsamer Abbau

Alle Kinder und Eltern helfen beim Abbau der Lernmaterialien. Auch hier können kleine Spielformen eingebunden werden, etwa eine Fahrt auf dem Mattenwagen zu verschiedenen Zielen. Ausgelegte Tierkarten werden z. B. zu Wegweisern für eine Rundfahrt durch den Zoo.

6 Verabschiedung der Kinder (Ritual)

Zum Abschluss trifft sich die Kindergruppe wieder im Sitzkreis. Hier können Spiele aus dem Begrüßungsritual erneut aufgegriffen und/oder weitere Lieder gesungen werden. Ganz am Ende legen sich die Kinder die Hände gegenseitig auf die Schultern, schauen abwechselnd ihren linken und rechten Nachbarn an und sagen: „Gut gespielt!".

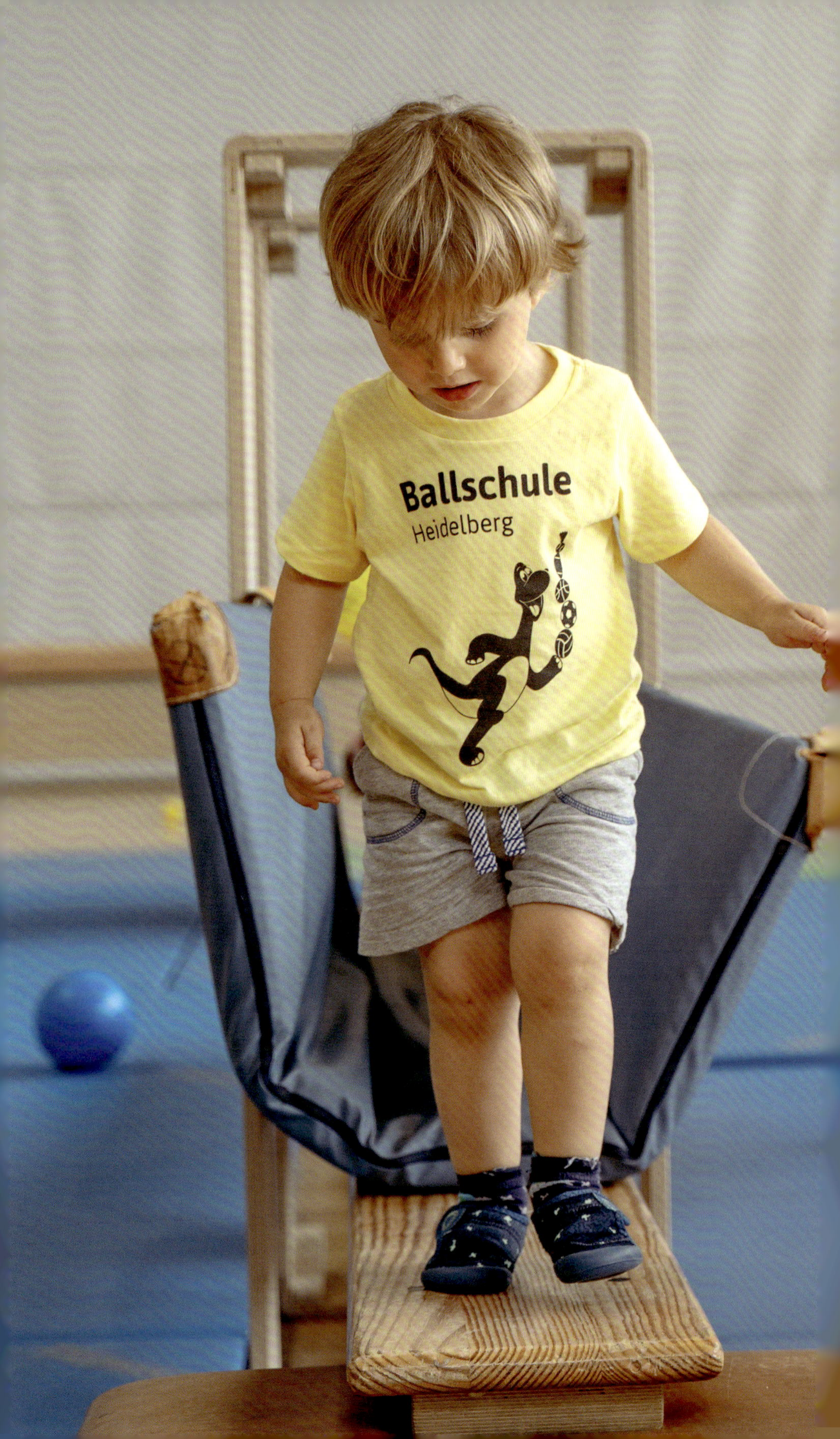
Ballschule
Heidelberg

6

U3-BALLSCHULE

PRAKTISCHE BEISPIEL-SAMMLUNG

BEWEGUNGS-LAND-SCHAFTEN

Gregor Bennek & Klaus Roth

Darstellungsform 48

10 U3-Parcours 49

10 weitere erprobte U3-Parcours 90

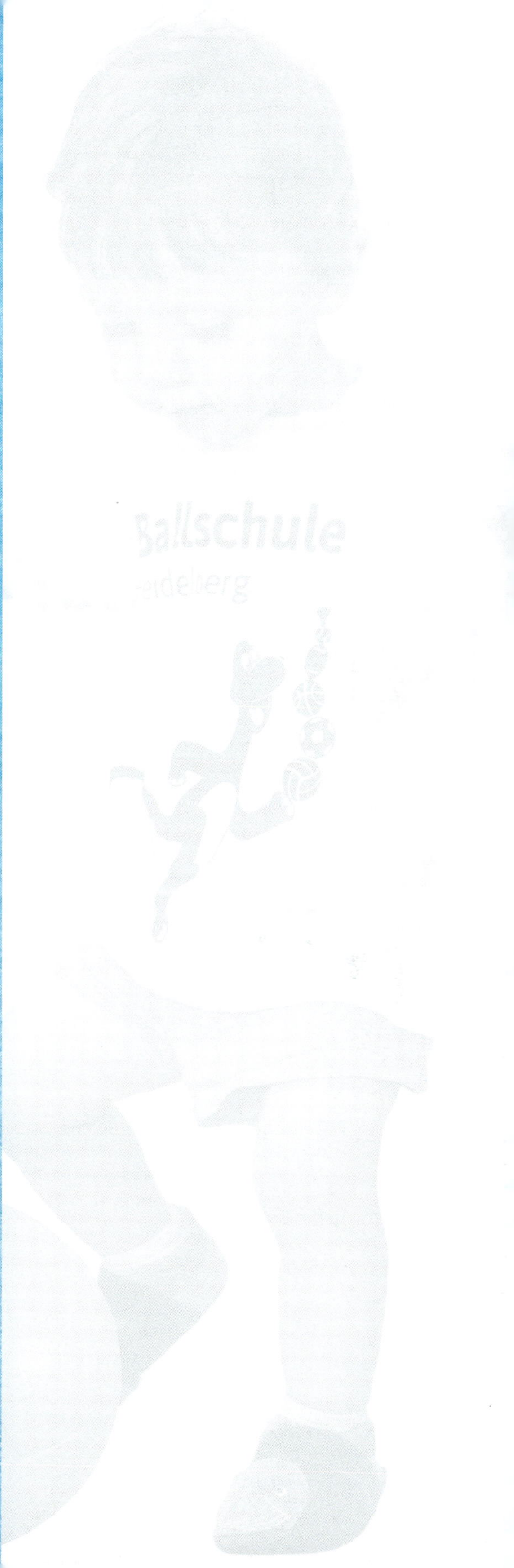

DARSTELLUNGSFORM

In diesem Kapitel werden 20 Beispiele für Bewegungslandschaften vorgestellt – zehn davon mit Erklärungen, zehn weitere (ausschließlich) über Fotos mit erprobten Zusammenstellungen von Spiel- und Sportgeräten. Sollten die benötigten – in Tabelle 9 aufgelisteten – Lernmaterialien nicht vollständig vorhanden sein, können alle Landschaften selbstverständlich auch modifiziert oder in verkleinerter Form aufgebaut werden.

Die Erläuterungen zu den zehn ausführlich beschriebenen Geräteparcours sind einheitlich gestaltet. Ganz oben auf der Seite ist der Name/das Spielmotto der Landschaft platziert. Danach folgen zwei bis drei Kopfzeilen. Sie enthalten die wichtigsten Lernziele, differenziert nach den Kategorien: Säule A ohne Ball, Säule A mit Ball und Säule C. Jede dieser Kopfzeilen startet mit der Angabe derjenigen Basiskompetenz aus dem U3-Baustein-Pool (vgl. Kapitel 3), für die die Bewegungslandschaft erfahrungsgemäß das größte Anregungs- und Verbesserungspotenzial besitzt (dunkelblau unterlegt). Daran schließen sich für jede der drei Kategorien maximal zwei weitere Bausteine an, die zusätzlich mitgeschult werden können (mit hellerem Blau unterlegt). Unter den Kopfzeilen wird der Aufbau der Parcours über ein Foto veranschaulicht.

Die zu den Bewegungslandschaften passenden Lernziel-Übersichten sind für die Eltern der Ballschulkinder gedacht. In den Tabellen sind spielerische Aktivitäten zusammengefasst, die für die Kinder aus den Entwicklungsbereichen A1, A2 und A3 in den Zonen ihrer nächsten Entwicklung liegen. Die Eltern erhalten die Tabelle „Lernziele A1“, wenn sich ihr Kind auf dem motorischen Niveau der Stufe A1 einordnet, die Tabelle „Lernziele A2“ für A2-Kinder usw. Ihre Aufgabe ist es, die Kinder – unterstützt vom ÜL – über geeignete verbale und/oder visuelle Impulse (Impulsgerüste = Scaffolding) zu diesen Lernzielen hinzuführen. Zwischen den Lernziel-Tabellen finden sich Bilder/Impressionen von spielenden U3-Ballschulkindern.

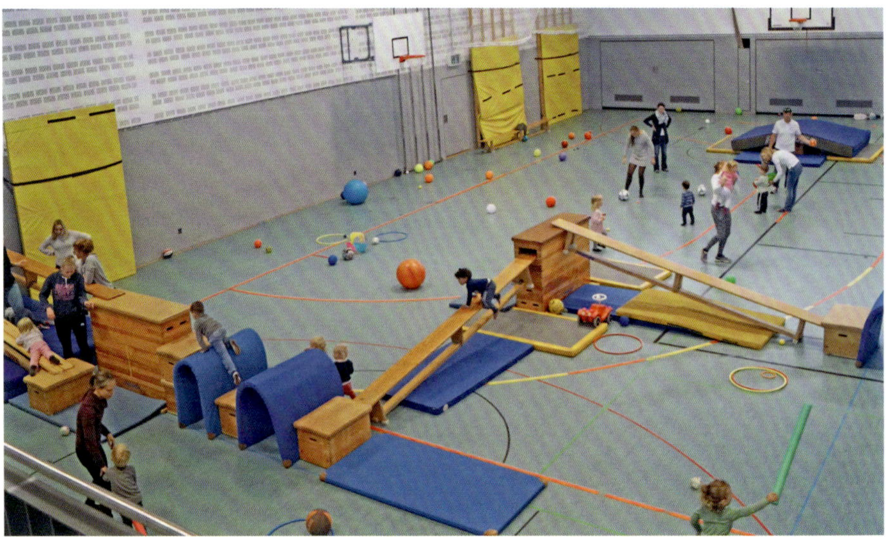

10 U3-PARCOURS

Bewegungslandschaft		Seite
1	Fensterwand	50
2	Hügellandschaft	54
3	Im Hafen	58
4	Bergspitze	62
5	Im Wellenbad	66
6	Rutsch- und Sprungturm	70
7	Gartenbeete	74
8	Im Reich der Bälle	78
9	Tunnel und Brücken	82
10	Bälle sortieren	86

Die Reihung der Bewegungslandschaften 1 bis 10 orientiert sich an der jeweiligen Einbeziehung der drei Lernzielkategorien:

Säule A ohne Ball Säule A mit Ball Säule C	Fensterwand	Säule A mit Ball Säule C	Im Reich der Bälle
Säule A ohne Ball Säule A mit Ball	Hügellandschaft Im Hafen Bergspitze Im Wellenbad Rutsch- und Sprungturm	Säule A ohne Ball	Tunnel und Brücken
Säule A ohne Ball Säule C	Gartenbeete	Säule C	Bälle sortieren

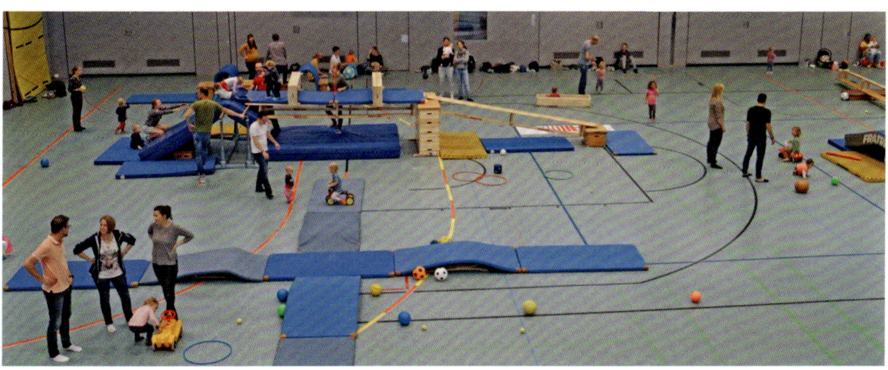

FENSTERWAND

Säule A	Durchkriechen, Steigen & Klettern	Hüpfen & Springen	
Säule A mit Ball	Werfen, Kicken & Schlagen	Tragen, Rollen & Dribbeln	
Säule C	Begriffskategorien bilden	(An-)Zahlen bestimmen	

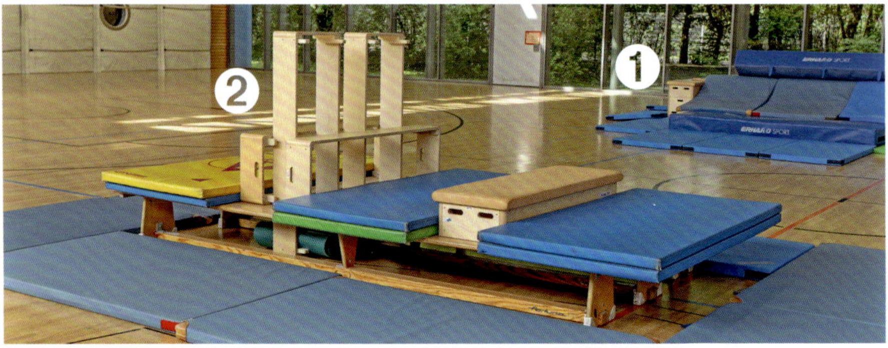

HINWEISE

- Turnmatten um die komplette Bewegungslandschaft auslegen
- Verschiedene Bälle und ein Würfel werden benötigt
- Es können fast durchgängig auch Luftballons verwendet werden

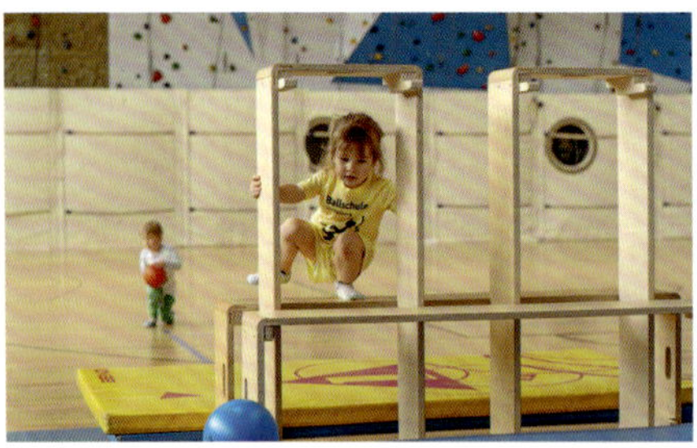

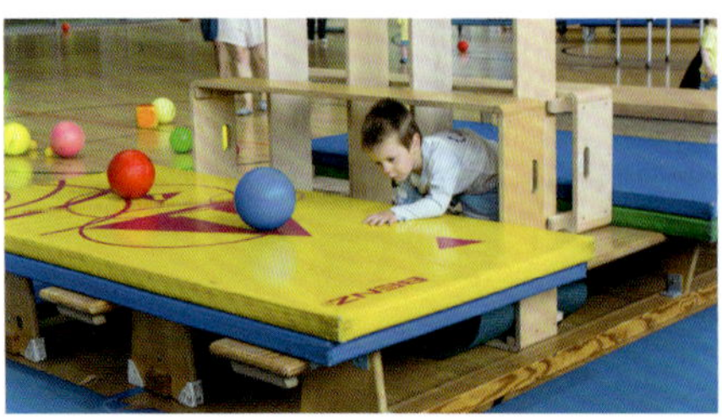

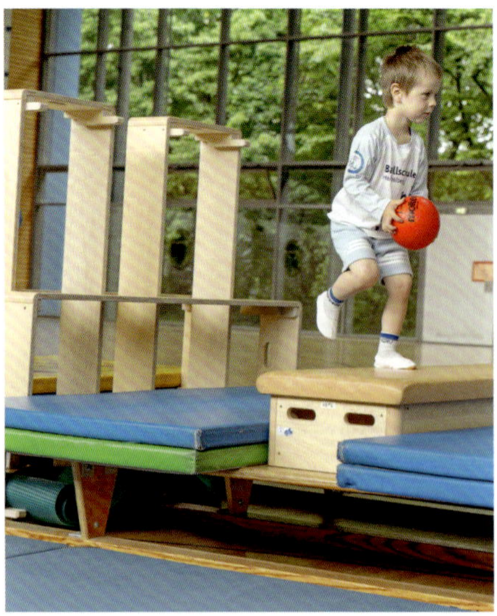

LERNZIELE A1

Säule A	Lernziel	Stationen
Durchkriechen, Steigen & Klettern	▪ auf die hochgelegten Turnmatten klettern und wieder herunterklettern	1
Hüpfen & Springen	▪ von den hochgelegten Turnmatten mit Hilfestellung beidbeinig herunterspringen ▪ von den hochgelegten Turnmatten ohne Hilfestellung beidbeinig herunterspringen	1
Tragen, Rollen & Dribbeln	▪ im Gehen einen leichten Ball/Luftballon transportieren (tragen) ▪ im Gehen einen leichten Ball mit der Hand rollen ▪ einen leichten Ball ungezielt wegrollen	Hallen-boden
Werfen, Kicken & Schlagen	▪ einen leichten Ball durch die unteren Fenster hindurchrollen ▪ einen leichten Ball durch die unteren Fenster hindurchwerfen	2

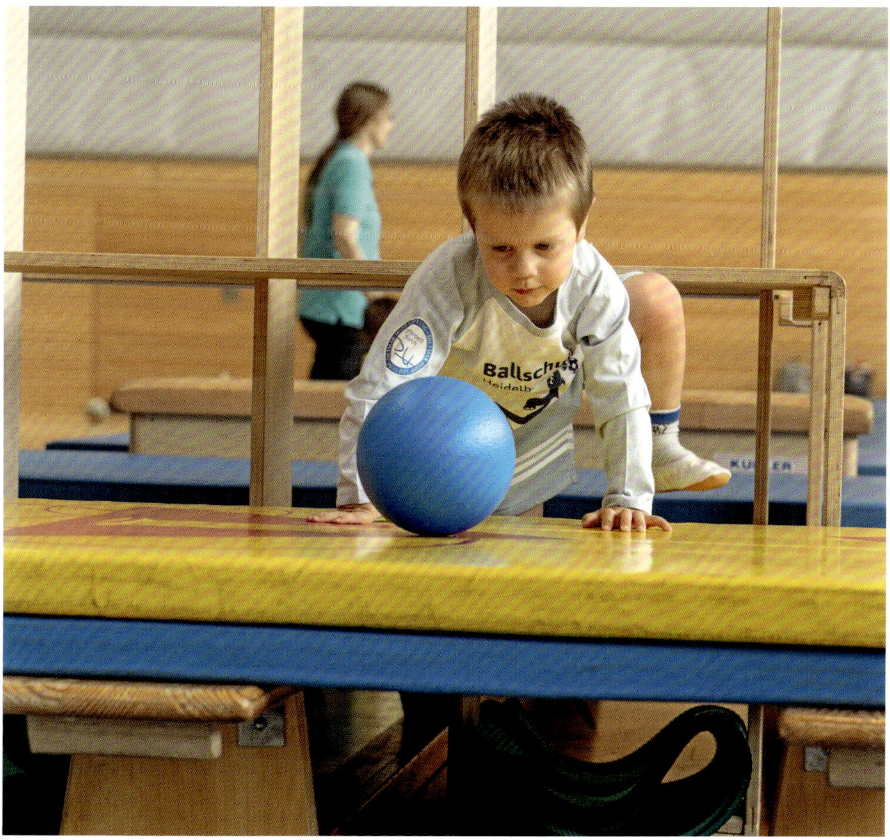

LERNZIELE A2

Säule A	Lernziel	Stationen
Durchkriechen, Steigen & Klettern	■ durch die unteren Fenster (Kastenteile) hindurchkriechen und auf der anderen Seite wieder zurückkriechen	2
Hüpfen & Springen	■ von den hochgelegten Turnmatten beidbeinig in ein (mit Klebeband oder mit einem Seil markiertes) Zielfeld herunterspringen	1
Tragen, Rollen & Dribbeln	■ einen Ball auf den hochgelegten Turnmatten rollen ■ einen Ball mit dem Fuß auf den am Boden liegenden Turnmatten „treiben“ (dribbeln)	1
Werfen, Kicken & Schlagen	■ einen leichten Ball durch die unteren Fenster kicken ■ einen leichten Ball durch die unteren Fenster mit der Hand hindurchschlagen	2

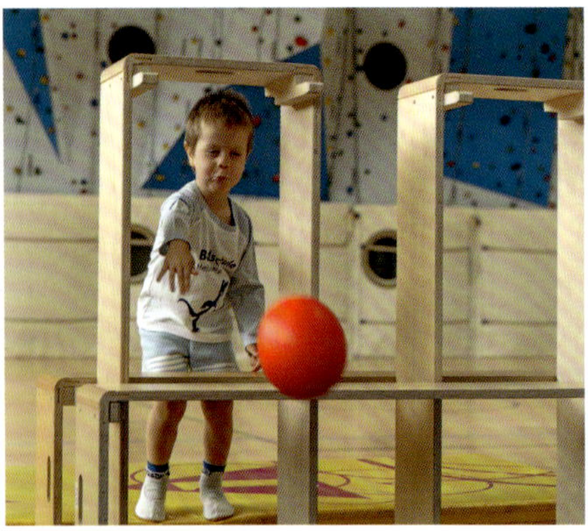

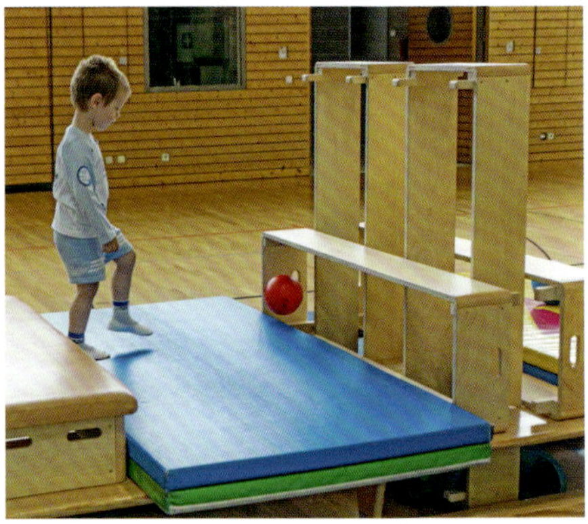

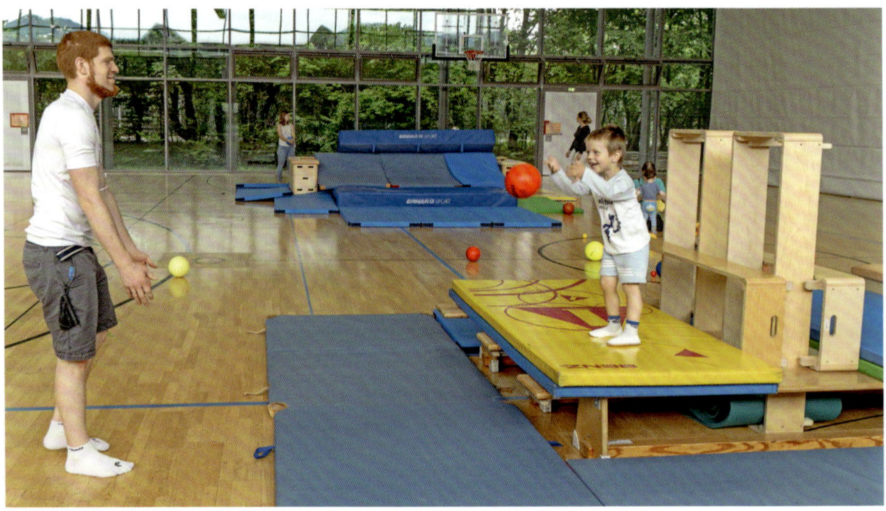

LERNZIELE A3

Säule A	Lernziel	Stationen
Durchkriechen, Steigen & Klettern	■ rückwärts durch die unteren Fenster (Kastenteile) hindurchkriechen ■ auf dem Rücken durch die unteren Fenster (Kastenteile) hindurchkriechen	2
Hüpfen & Springen	■ von der hochgelegten Turnmatte (rechts) auf den großen Kasten heraufspringen, auf die hochgelegten Turnmatte (links) herunterspringen und von dort auf die am Boden liegende Turnmatte springen ■ beidbeinig ein am Boden liegendes Hindernis (z. B. ein Seil) im Lauf- oder Schlussweitsprung überspringen	1
Tragen, Rollen & Dribbeln	■ im Laufen einen Ball um die Bewegungslandschaft rollen ■ einen Ball mit dem Fuß auf einer Linie nach vorne „treiben“ (dribbeln) ■ einen Ball mit dem Fuß den hochgelegten Turnmatten „treiben“ (dribbeln) ■ einen Ball (wiederholt) mit beiden Händen auf den großen Kasten fallen lassen und wieder fangen	1
Werfen, Kicken & Schlagen	■ einen leichten Ball durch die oberen Fenster zu den Eltern werfen ■ einen Luftballon mit der Hand durch die oberen Fenster schlagen	2
Begriffskategorien bilden	■ würfeln, Zahl erkennen (z. B. vier), genauso viele unterschiedliche Bälle holen und auf die hochgelegten Turnmatten legen	1
(An-)Zahlen bestimmen	■ würfeln, Zahl erkennen (z. B. vier) und so oft (z. B. viermal) auf den großen Kasten klettern oder einen Ball durch die Fenster werfen usw.	1 2

HÜGELLANDSCHAFT

Säule A	Steigen & Klettern	Hüpfen & Springen	Gehen (Balancieren)
Säule A mit Ball	Anhalten, Fangen & Stoppen	Tragen, Rollen & Dribbeln	Werfen, Kicken & Schlagen

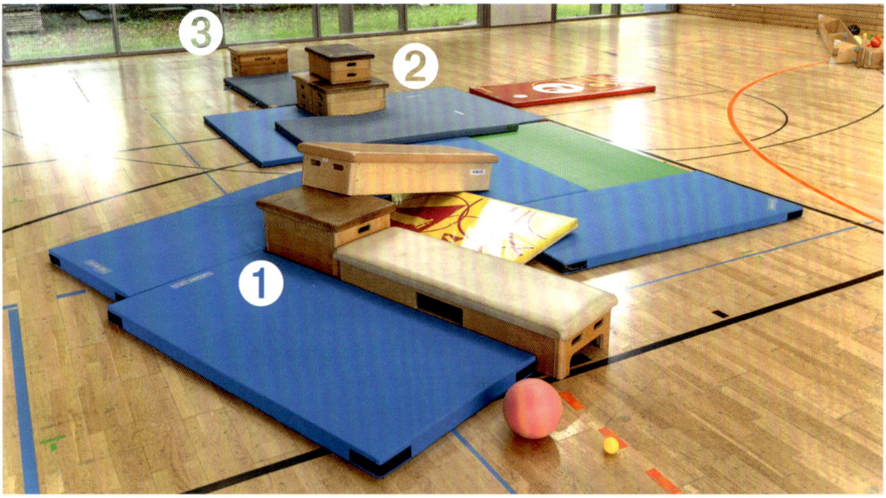

HINWEISE

- Die Teilstationen 1, 2 und 3 können je für sich als Mini-Bewegungslandschaften aufgebaut werden
- An der Station 1 kann auch eine Turnbank für die schiefe Ebene verwendet werden
- Der Raum unter der schiefen Ebene (Station 1) kann als Tunnel genutzt werden
- Die Bälle und Schlaggeräte (Holzstäbe und/oder kurze Aquasticks) liegen verteilt auf dem Boden

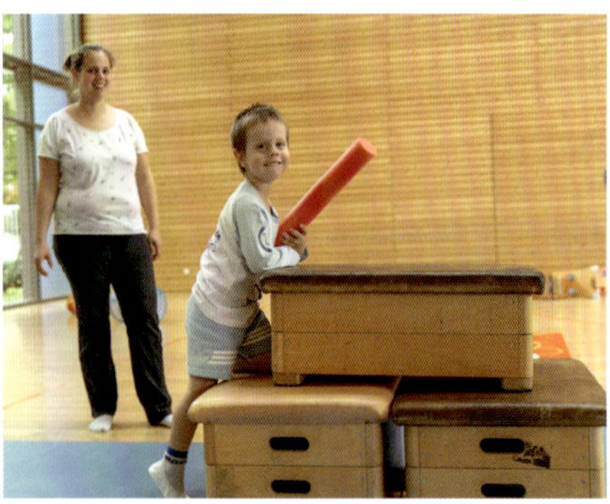

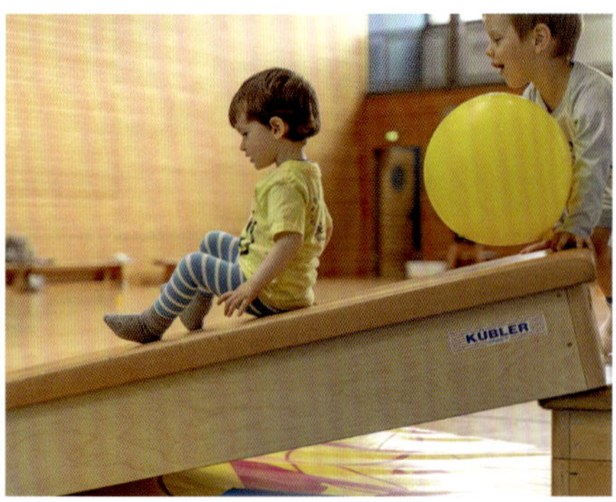

LERNZIELE A1

Säule A	Lernziel	Stationen
Steigen & Klettern	▪ den kleinen Kasten hoch- und wieder herunterklettern	3
Hüpfen & Springen	▪ vom kleinen Kasten/dem Kastenoberteil mit Hilfestellung beidbeinig herunterspringen	3 1
Gehen (Balancieren)	▪ Schräge mit Hilfestellung hinuntergehen ▪ auf Zehenspitzen über eine Turnmatte gehen	1
Anhalten, Fangen & Stoppen	▪ einen zugerollten leichten Ball mit einer Hand oder mit zwei Händen anhalten ▪ einen aus kurzer Distanz zugeworfenen oder aufspringenden leichten (Schaumstoff-)Ball „irgendwie“ fangen	
Tragen, Rollen & Dribbeln	▪ im Gehen einen leichten Ball/Luftballon transportieren (tragen) ▪ im Gehen einen leichten Ball mit der Hand rollen ▪ einen leichten (Schaumstoff-)Ball ungezielt wegrollen	
Werfen, Kicken & Schlagen	▪ über einen kleinen Kasten werfen ▪ einen leichten Ball gegen den Turm aus kleinen Kästen werfen ▪ einen leichten Ball/Luftballon gegen den Turm mit den (drei) kleinen Kästen kicken ▪ einen leichten Ball/Luftballon ungezielt mit der Hand wegschlagen	1 2 3

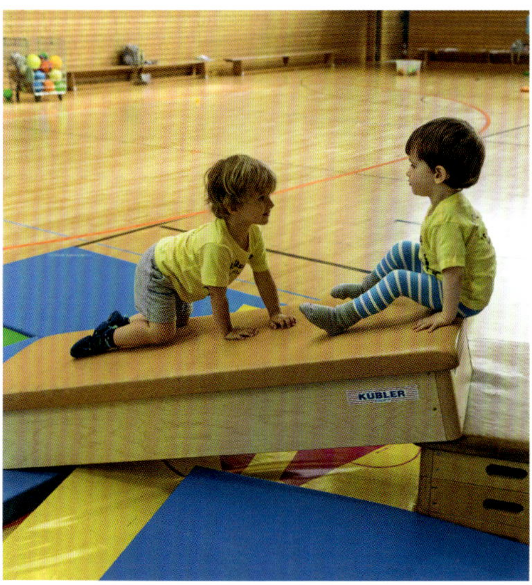

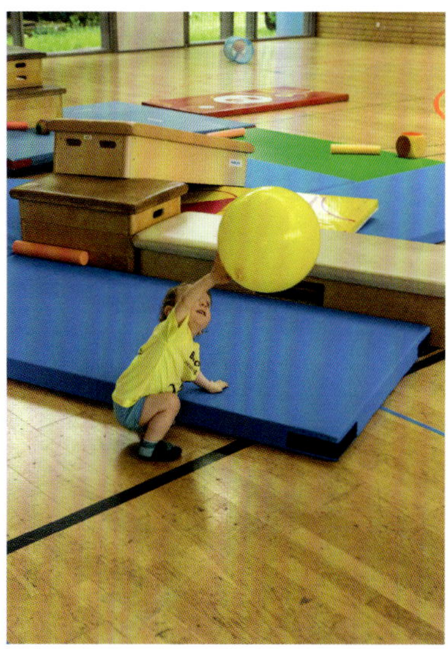

LERNZIELE A2

Säule A	Lernziel	Stationen
Steigen & Klettern	▪ die schiefe Ebene hoch- und wieder herunterklettern	1
Hüpfen & Springen	▪ vom kleinen Kasten ohne Hilfestellung auf die Matte herunterspringen	3
Gehen (Balancieren)	▪ auf dem kleinen Kasten/dem Kastenoberteil herumlaufen	3 1
Anhalten, Fangen & Stoppen	▪ einen von der schiefen Ebene herunterrollenden leichten Ball mit einer Hand oder mit zwei Händen anhalten ▪ einen aus kurzer Distanz zugeworfenen leichten (Schaumstoff-)Ball „irgendwie“ fangen ▪ einen zugerollten leichten Ball mit dem Fuß anhalten	1
Tragen, Rollen & Dribbeln	▪ einen Ball die schiefe Ebene hochrollen ▪ einen Ball durch den Tunnel rollen ▪ einen Ball mit dem Fuß oder einem kurzen Aquastick nach vorne „treiben“ (dribbeln)	1
Werfen, Kicken & Schlagen	▪ einen Ball über den kleinen Kasten zu den Eltern werfen ▪ einen langsam zugerollten Ball wegkicken ▪ einen zugeworfenen leichten Ball/Luftballon mehrmals mit der Hand nach oben schlagen (in der Luft halten)	3

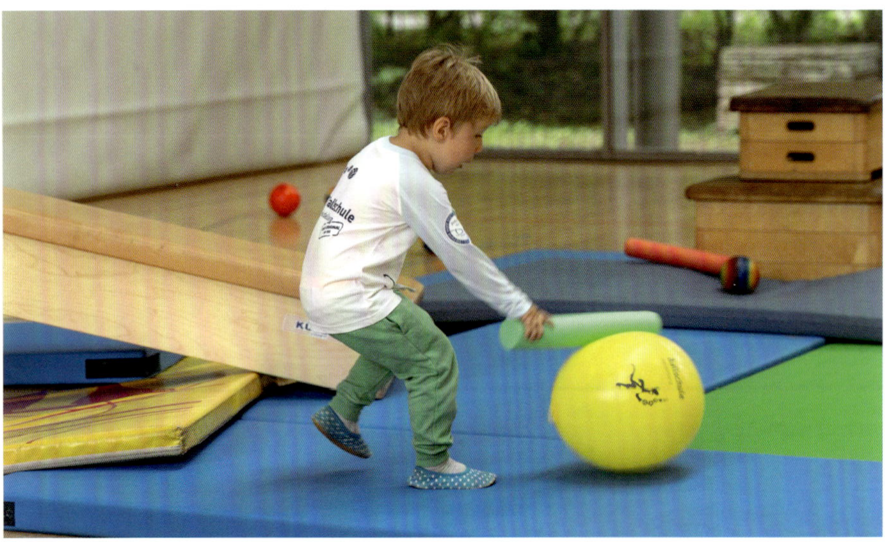

LERNZIELE A3

Säule A	Lernziel	Stationen
Steigen & Klettern	▪ den kleinen Kastenturm hoch- und wieder herunterklettern	2
Hüpfen & Springen	▪ auf das Kastenoberteil heraufspringen ▪ vom kleinen Kasten auf eine markierte Fläche herunterspringen (z. B. Zeitungspapier) ▪ beidbeinig ein am Boden liegendes Hindernis (z. B. Seil) im Lauf- oder Schlussweitsprung überspringen	3 1
Gehen (Balancieren)	▪ die Schräge rückwärts hoch und vorwärts herunter laufen	1
Anhalten, Fangen & Stoppen	▪ einen aus kurzer Distanz zugeworfenen (Schaumstoff-)Ball mit leicht gebeugten Armen fangen, indem diese den Ball mit den Händen umschließen ▪ zu einem ungenau zugerollten leichten Ball (nach rechts, nach links, nach vorne) laufen und den Ball mit dem Fuß anhalten	
Tragen, Rollen & Dribbeln	▪ im Gehen/langsamen Laufen einen Ball um Hindernisse rollen ▪ einen Ball mit dem Fuß auf einer Linie nach vorne „treiben“ (dribbeln) ▪ einen Ball (wiederholt) mit beiden Händen auf den Boden prellen und wieder fangen	
Werfen, Kicken & Schlagen	▪ einen Ball über den Kastenturm zu den Eltern werfen ▪ einen Ball durch den Tunnel kicken ▪ einen Ball mit einem Holzstab oder kurzen Aquastick durch den Tunnel schlagen ▪ einen zugeworfenen leichten Ball/Luftballon mit einem Holzstab oder kurzen Aquastick wegschlagen	1 2

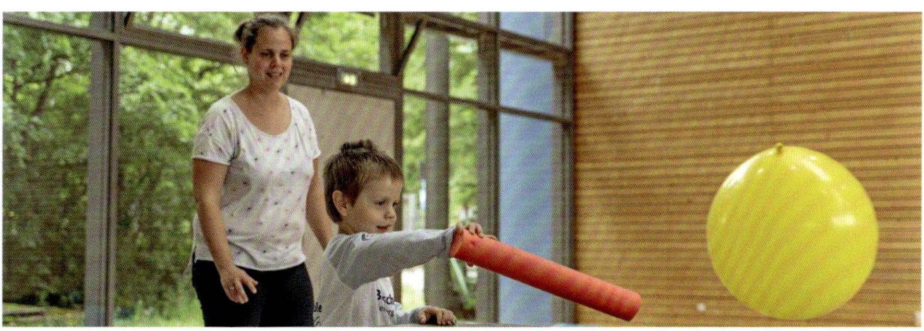

IM HAFEN

Säule A	Durchkriechen, Steigen & Klettern	Hüpfen & Springen	Gehen & Laufen (Balancieren)
Säule A mit Ball	Tragen, Rollen & Dribbeln	Werfen, Kicken & Schlagen	

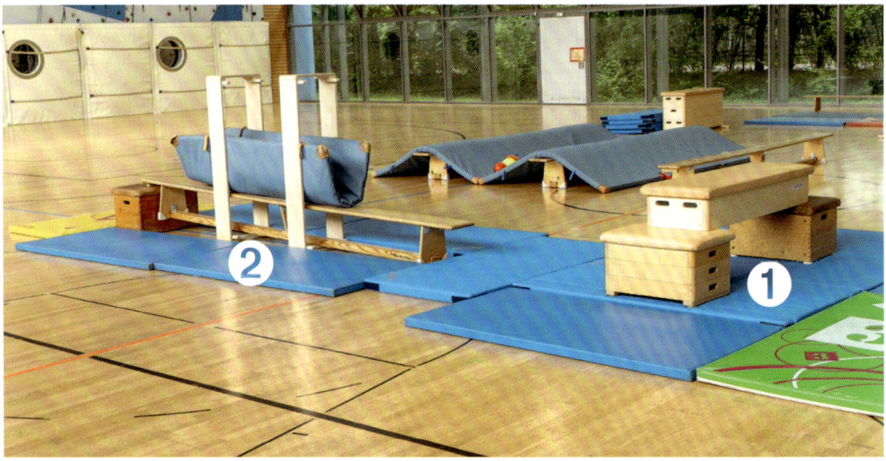

HINWEISE

- Die Kastentreppe ① ist ein kleines Lagerhaus im Hafen
- Die Turnmatte ist ein Boot, das zwischen den beiden senkrecht stehenden Kastenteilen vor Anker liegt ②
- Das Lagerhaus kann auch aus anderen Sportgeräten zum Klettern und Springen gebaut werden

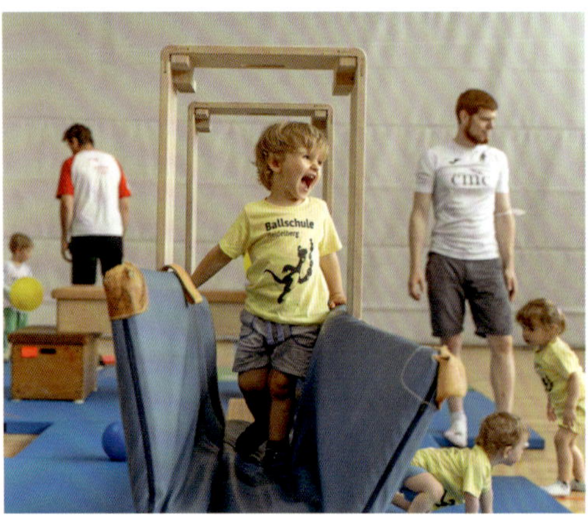

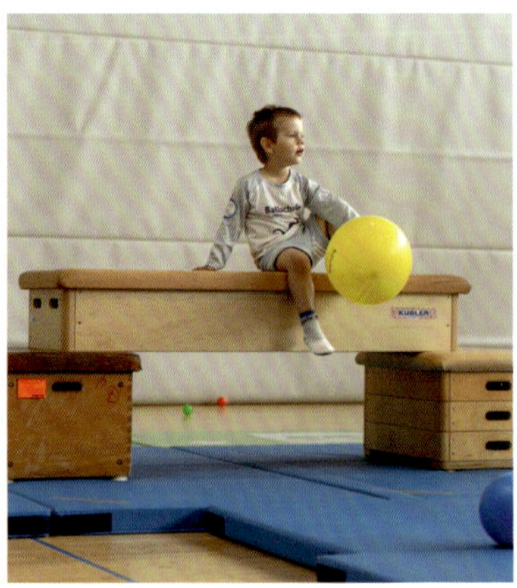

LERNZIELE A1

Säule A	Lernziel	Stationen
Durchkriechen, Steigen & Klettern	▪ den kleinen Kasten hoch- und wieder herunterklettern	1
Hüpfen & Springen	▪ vom kleinen Kasten mit Hilfestellung beidbeinig auf die Turnmatte herunterspringen	1
Gehen & Laufen (Balancieren)	▪ auf Zehenspitzen über eine Turnmatte gehen	1
Tragen, Rollen & Dribbeln	▪ auf den Turnmatten im Gehen/Laufen einen leichten Ball/Luftballon transportieren (tragen) ▪ auf den Turnmatten im Gehen/Laufen einen leichten Ball mit der Hand rollen	1 2
Werfen, Kicken & Schlagen	▪ einen leichten Ball durch den Tunnel in der Mitte des Lagerhauses hindurchrollen ▪ über einen kleinen Kasten werfen ▪ einen leichten Ball/Luftballon ungezielt mit der Hand wegschlagen	1 2

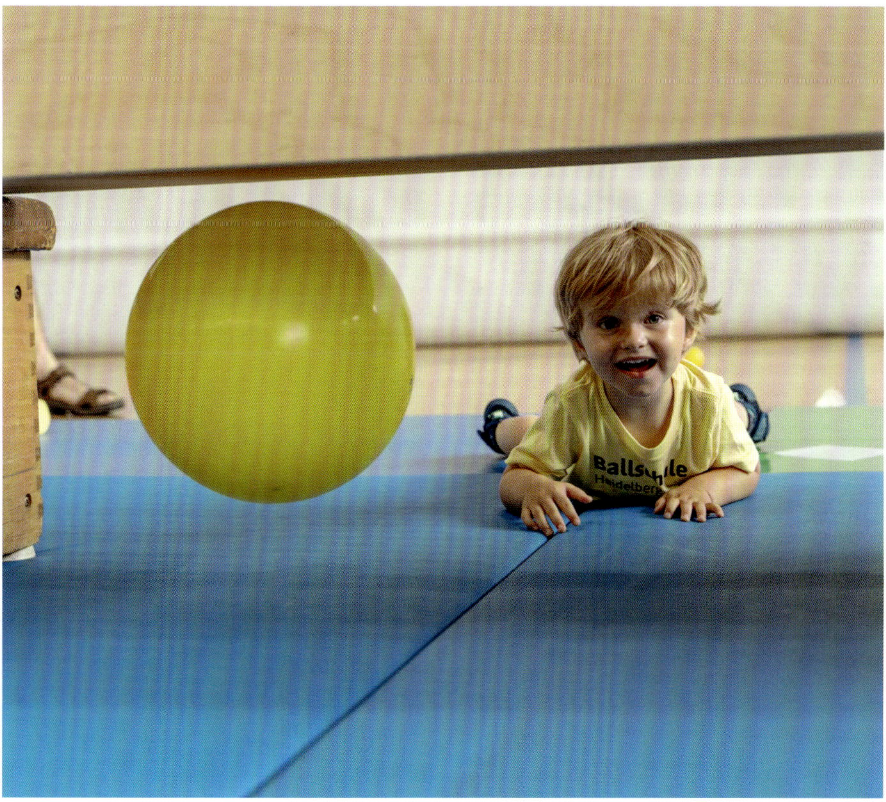

LERNZIELE A2

Säule A	Lernziel	Stationen
Durchkriechen, Steigen & Klettern	▪ über den kleinen Kasten auf das Schiff hochklettern, durch das Boot bis zum Ende der Turnbank kriechen – umdrehen, zurückkriechen und wieder herunterklettern	2
Hüpfen & Springen	▪ vom kleinen Kasten ohne Hilfestellung beidbeinig auf die Turnmatte herunterspringen ▪ auf den Turnmatten um das Lagerhaus hüpfen	1
Gehen & Laufen (Balancieren)	▪ auf dem kleinen Kasten/dem Kastenoberteil herumlaufen	1
Tragen, Rollen & Dribbeln	▪ auf den Turnmatten gehend/laufend einen Ball auf der Kastentreppe herumrollen ▪ auf der Turnbank (durch das Schiff) gehend/laufend einen leichten Ball/Luftballon transportieren (tragen) ▪ auf den Turnmatten einen Ball mit dem Fuß nach vorne „treiben“ (dribbeln)	1 2
Werfen, Kicken & Schlagen	▪ einen Ball über den kleinen Kasten zu den Eltern werfen ▪ einen langsam zugerollten Ball wegkicken ▪ einen zugeworfenen leichten Ball/Luftballon mit der Hand wegschlagen	1

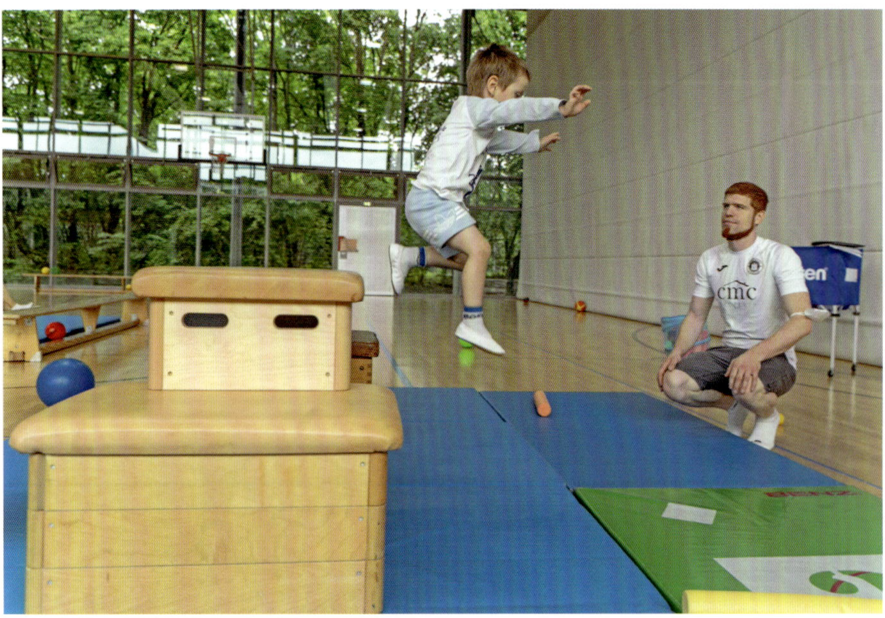

LERNZIELE A3

Säule A	Lernziel	Stationen
Durchkriechen, Steigen & Klettern	▪ die Kastentreppe hoch- und wieder herunterklettern	1
Hüpfen & Springen	▪ vom kleinen Kasten auf den zweiteiligen großen Kasten (das Kastenoberteil) heraufspringen ▪ vom zweiteiligen großen Kasten herunterspringen und mit beiden Beinen landen	1
Gehen & Laufen (Balancieren)	▪ über den kleinen Kasten auf das Schiff hochklettern, durch das Boot bis zum Ende der Turnbank gehen/laufen – umdrehen, zurückgehen/-laufen und wieder herunterklettern	2
Tragen, Rollen & Dribbeln	▪ auf der Turnbank (durch das Schiff) gehend/laufend einen leichten Ball rollen ▪ auf den Turnmatten mit einem Holzstab oder kurzen Aquastick einen Luftballon um das Lagerhaus treiben ▪ einen Ball (wiederholt) mit beiden Händen auf die Turnbank fallen lassen und wieder fangen	2
Werfen, Kicken & Schlagen	▪ einen Ball über das Schiff zu den Eltern werfen ▪ einen leichten Ball/Luftballon durch die Mitte des Lagerhauses kicken ▪ einen kleinen Ball mit einem Holzstab oder kurzen Aquastick durch den Tunnel in der Mitte des Lagerhauses hindurchschlagen ▪ einen zugeworfenen leichten Ball/Luftballon mit einem Holzstab oder kurzem Aquastick wegschlagen	1 2

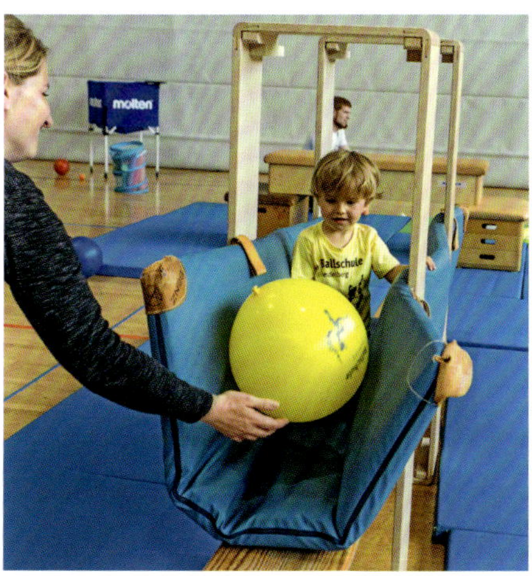

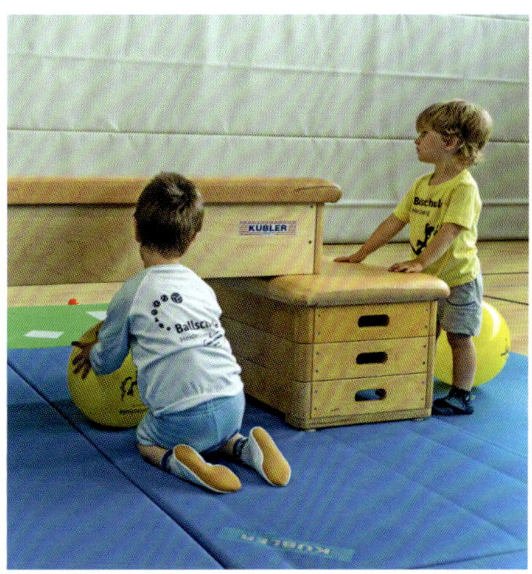

BERGSPITZE

Säule A	Durchkriechen, Steigen & Klettern	Gehen (Balancieren)	Purzeln & Wälzen
Säule A mit Ball	Rollen & Werfen		

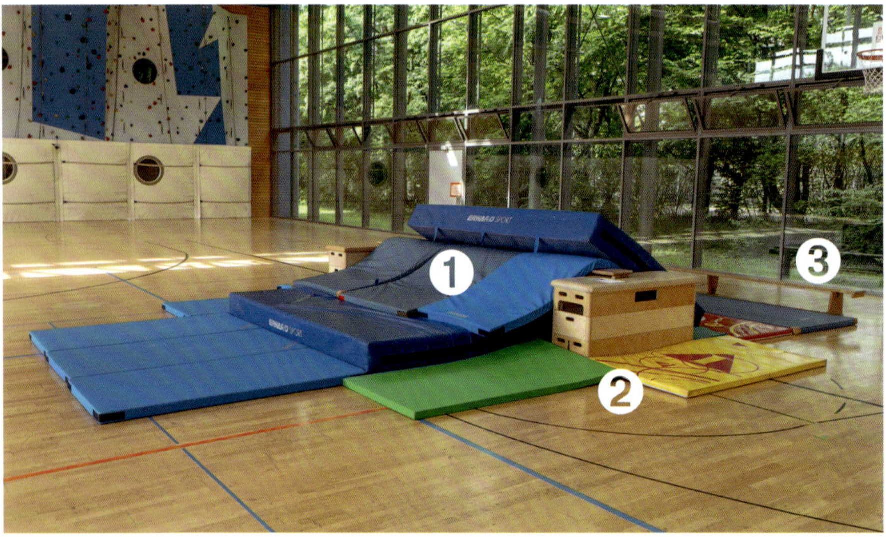

HINWEISE

- Das Grundgerüst bildet eine eingeklemmte Turnbank zwischen zwei großen Kästen
- Die zweite Turnbank 3 kann auch umgedreht genutzt werden
- Die zweite Turnbank 3 kann auch zu einem großen Kasten hinaufführen

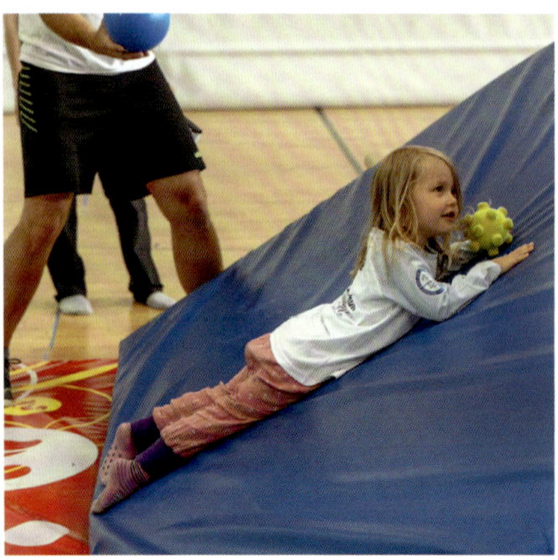

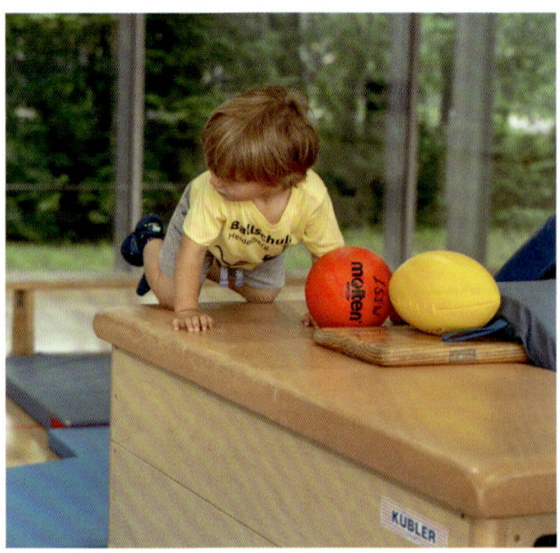

LERNZIELE A1

Säule A	Lernziel	Stationen
Durchkriechen, Steigen & Klettern	▪ unter der Turnbank durchkriechen (von links)	3
Gehen (Balancieren)	▪ Schräge mit Hilfestellung hinuntergehen ▪ auf Zehenspitzen über eine Turn-/Weichbodenmatte gehen	2 3
Purzeln & Wälzen	▪ auf den Turnmatten kleine Drehbewegungen durchführen	3
Rollen & Werfen	▪ im Gehen einen leichten Ball mit der Hand rollen ▪ einen leichten (Schaumstoff-)Ball ungezielt wegrollen ▪ einen von der schiefen Ebene herunterrollenden leichten Ball mit einer Hand oder mit zwei Händen anhalten ▪ einen leichten Ball/Luftballon ungezielt wegwerfen	2

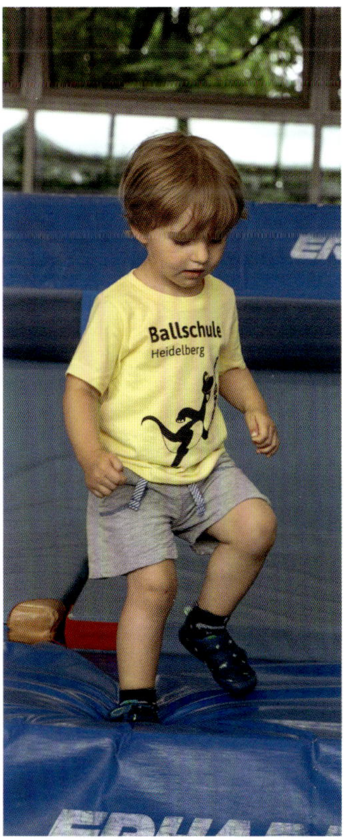

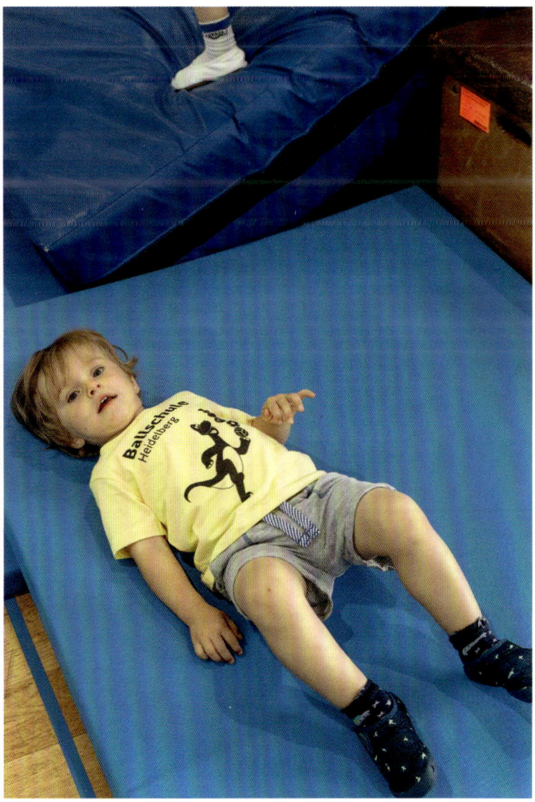

LERNZIELE A2

Säule A	Lernziel	Stationen
Durchkriechen, Steigen & Klettern	▪ die schiefe Ebene hoch- und wieder herunterklettern	2
Gehen (Balancieren)	▪ über die Turnbank balancieren und herunterspringen	3
Purzeln & Wälzen	▪ von der Bergspitze nach unten purzeln und wälzen	2
Rollen & Werfen	▪ einen Ball die schiefe Ebene hochrollen ▪ einen leichten Ball gegen großen Kasten werfen ▪ einen Ball auf der Turnbank entlang rollen	1 2

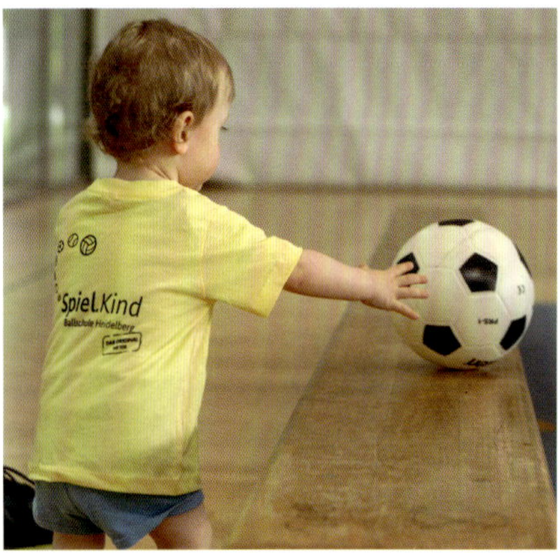

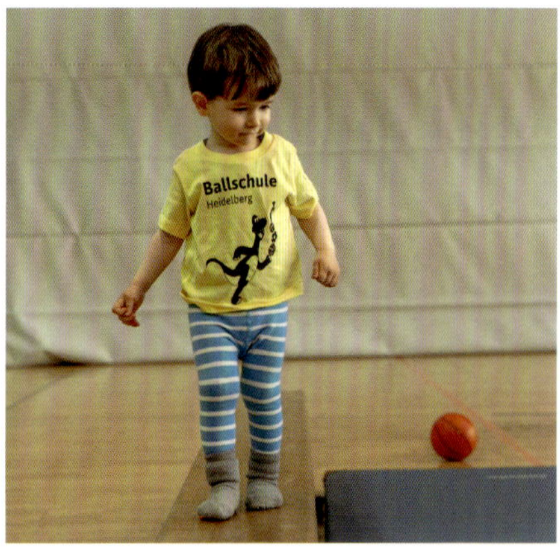

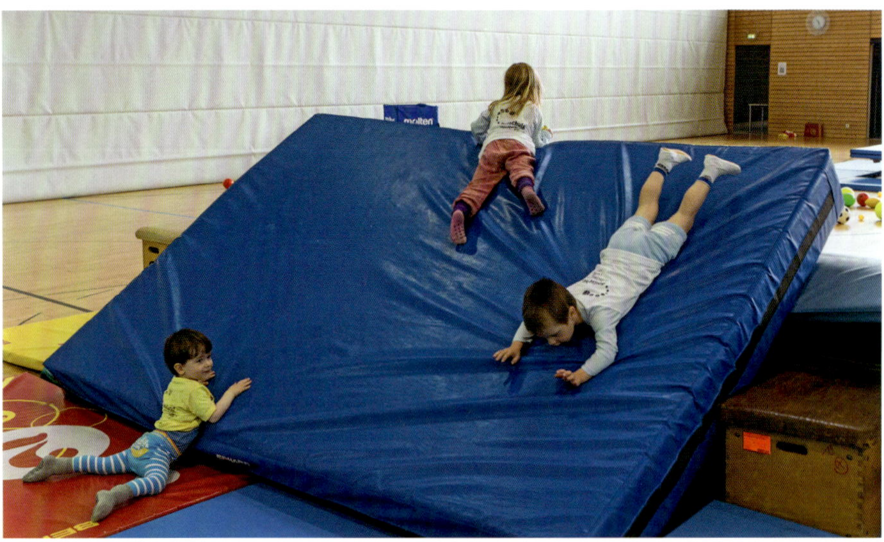

LERNZIELE A3

Säule A	Lernziel	Stationen
Durchkriechen, Steigen & Klettern	▪ den großen Kasten mit Hilfe der Löcher an der Stirnseite hochklettern	1
Gehen (Balancieren)	▪ über die umgedrehte Turnbank balancieren und herunterspringen	3
Purzeln & Wälzen	▪ auf den Turnmatten, sich mehrmals um die Körperlängsachse wälzen (360°) ▪ auf den Turnmatten, sich um die Körperbreitenachse in den Sitz drehen	3
Rollen & Werfen	▪ einen Ball um die Turnbank herumrollen ▪ einen Ball über die Turnbank zu den Eltern werfen	3

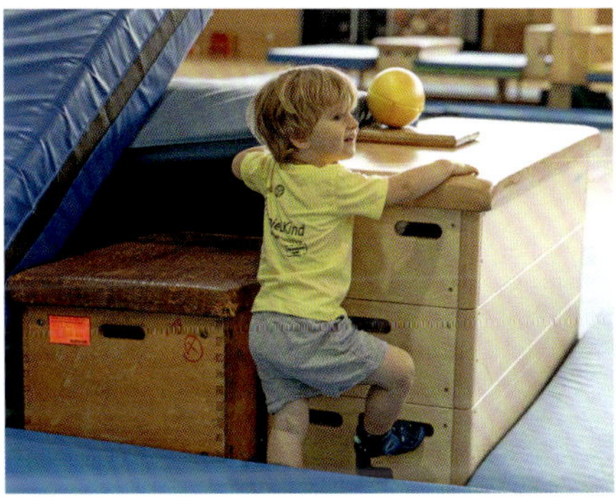

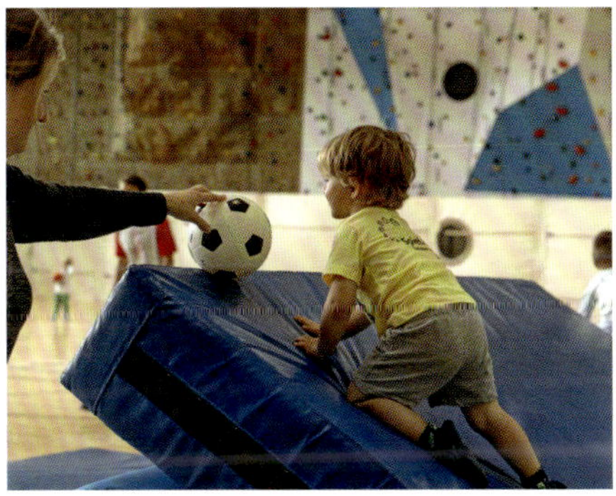

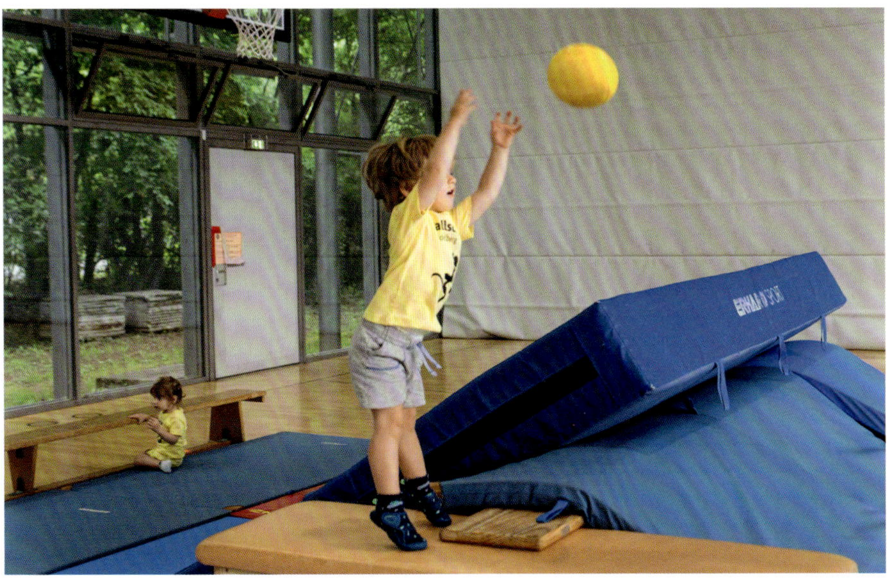

IM WELLENBAD

Säule A	Gehen & Laufen	Durchkriechen, Steigen & Klettern	Purzeln & Wälzen
Säule A mit Ball	Anhalten, Fangen & Stoppen	Tragen, Rollen & Dribbeln	Werfen, Kicken & Schlagen

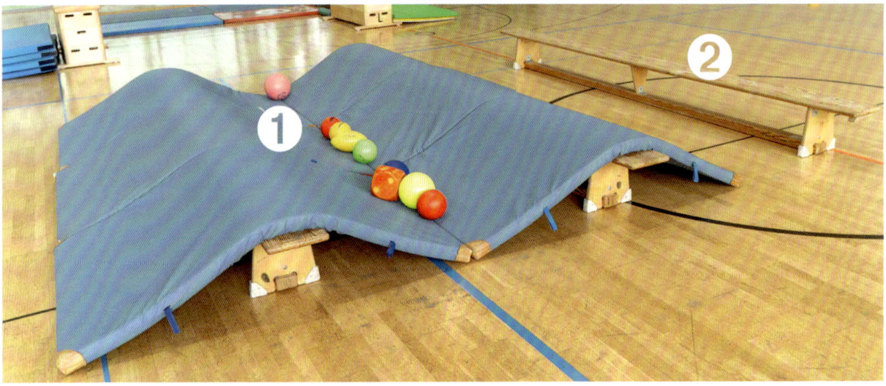

HINWEISE

- Turnmatten in Wellenform über zwei (oder mehrere) Turnbänke auslegen
- Es können auch verschiedene Schläger in das Wellental gelegt werden (z. B. Holzstäbe oder kurze Aquasticks)
- Die Turnbank 2 kann umgedreht oder auf die Seite gedreht werden
- Statt der frei stehenden Turnbank können drei kleine Kästen in einer Reihe hintereinander aufgestellt werden

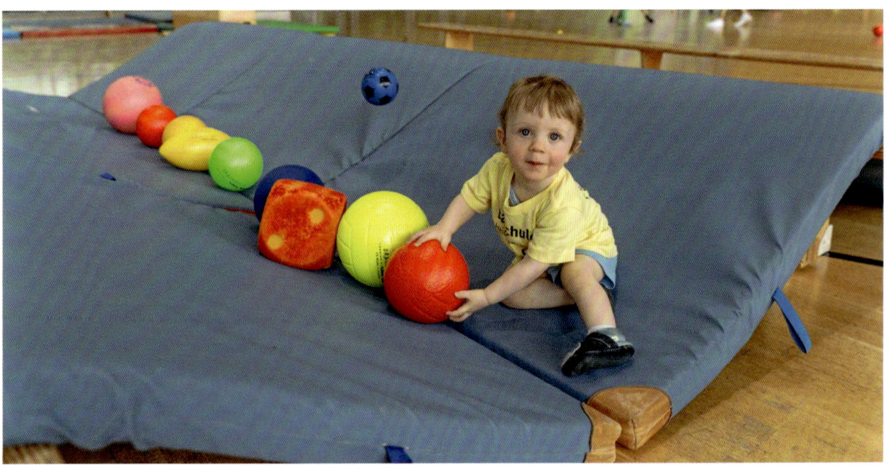

LERNZIELE A1

Säule A	Lernziel	Stationen
Gehen & Laufen	▪ über die Wellen (Turnmatten) gehen	1
Durchkriechen, Steigen & Klettern	▪ unter der Turnbank durchkriechen	2
Purzeln & Wälzen	▪ auf den Turnmatten kleine Drehbewegungen ausführen	1
Anhalten, Fangen & Stoppen	▪ einen durch das Wellental zugerollten Ball mit einer Hand oder mit zwei Händen anhalten ▪ einen durch das Wellental zugerollten leichten Ball mit dem Fuß abstoppen	1
Tragen, Rollen & Dribbeln	▪ einen leichten Ball/Luftballon durch das Wellenbad tragen ▪ im Gehen einen Ball mit der Hand durch das Wellenbad rollen ▪ Bälle im Wellental mit dem Fuß herumkicken	1
Werfen, Kicken & Schlagen	▪ einen leichten Ball gegen die Turnbank kicken ▪ einen leichten Ball ungezielt mit der Hand wegschlagen	2

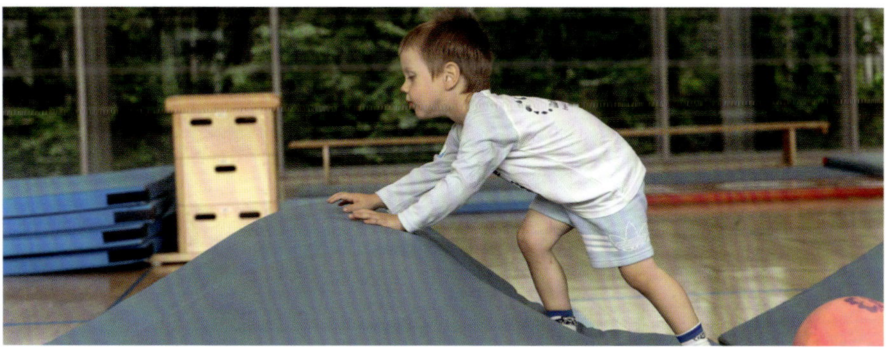

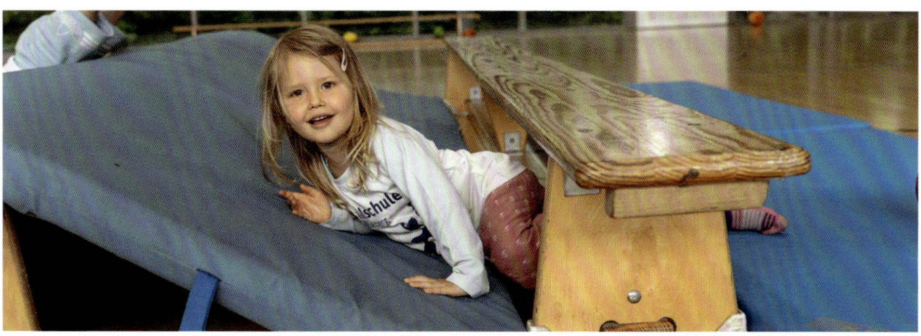

LERNZIELE A2

Säule A	Lernziel	Stationen
Gehen & Laufen	▪ auf der Turnbank herumlaufen und herunterspringen ▪ drei Schritte rückwärts über die Turnbank balancieren (mit Hilfestellung) ▪ über die Wellen (Turnmatten) laufen	1 2
Durchkriechen, Steigen & Klettern	▪ die Wellenberge hoch- und wieder herunterklettern	1
Purzeln & Wälzen	▪ vom Wellenberg ins Wellental herunterpurzeln	1
Anhalten, Fangen & Stoppen	▪ einen vom Wellenberg herunterrollenden Ball mit einer Hand oder mit zwei Händen anhalten ▪ einen vom Wellenberg zugeworfenen leichten Ball „irgendwie“ fangen ▪ einen vom Wellenberg herunterrollenden Ball mit dem Fuß abstoppen	1
Tragen, Rollen & Dribbeln	▪ im Gehen einen leichten Ball/Luftballon durch das Wellenbad tragen ▪ im Laufen einen Ball mit der Hand durch das Wellenbad rollen ▪ Bälle mit dem Fuß seitlich durch das Wellenbad „treiben“ (im Foto von unten nach oben)	1
Werfen, Kicken & Schlagen	▪ einen Ball über die Turnbank zu den Eltern werfen ▪ einen langsam zugerollten Ball wegkicken ▪ einen zugeworfenen leichten Ball/Luftballon mit der Hand zurückschlagen	3

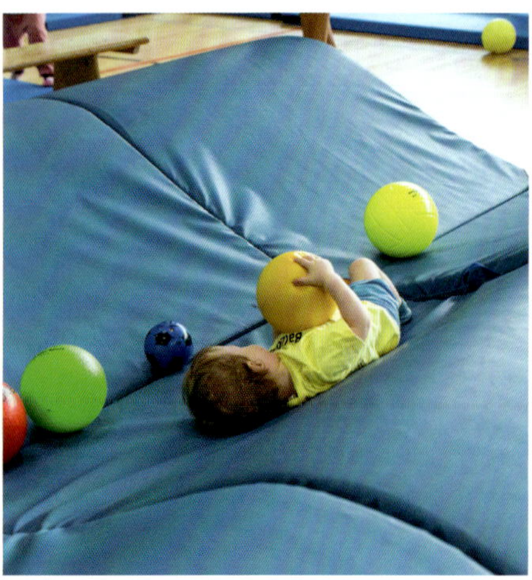

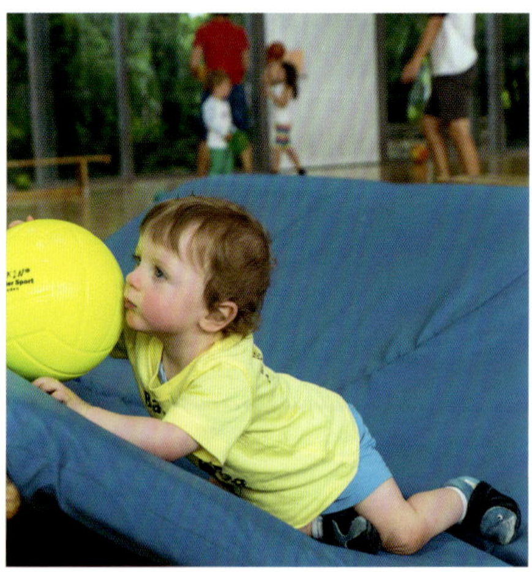

LERNZIELE A3

Säule A	Lernziel	Stationen
Gehen & Laufen	▪ über die umgedrehte Turnbank balancieren und herunterspringen ▪ drei Schritte rückwärts über die umgedrehte Turnbank balancieren (mit Hilfestellung)	2
Durchkriechen, Steigen & Klettern	▪ mit Ball unter der Turnbank durchkriechen und kriechend den Ball durch das Wellenbad rollen	1 2
Purzeln & Wälzen	▪ im Wellenbad sich wälzen und purzeln ▪ vom Wellenberg sich um die Körperbreitenachse in den Sitz drehen	1
Anhalten, Fangen & Stoppen	▪ einen über die Turnbank zugeworfenen Ball mit leicht gebeugten Armen fangen, indem diese den Ball mit den Händen umschließen ▪ einen von der Turnbank herunterrollenden Ball mit dem Fuß abstoppen	2
Tragen, Rollen & Dribbeln	▪ mit einem Ball in der Hand über die umgedrehte Turnbank gehen/laufen ▪ einen Ball mit der Hand über die (umgedrehte) Turnbank rollen ▪ einen Ball (wiederholt) mit beiden Händen auf die Turnbank prellen und wieder fangen	2
Werfen, Kicken & Schlagen	▪ einen Ball gegen die seitlich gelegte Turnbank kicken und versuchen, den zurückprallenden Ball wieder zu treffen ▪ leichte Bälle aus dem Wellental herauskicken ▪ einen zugeworfenen leichten Ball/Luftballon mit einem Holzstab oder kurzen Aquastick wegschlagen	1 2

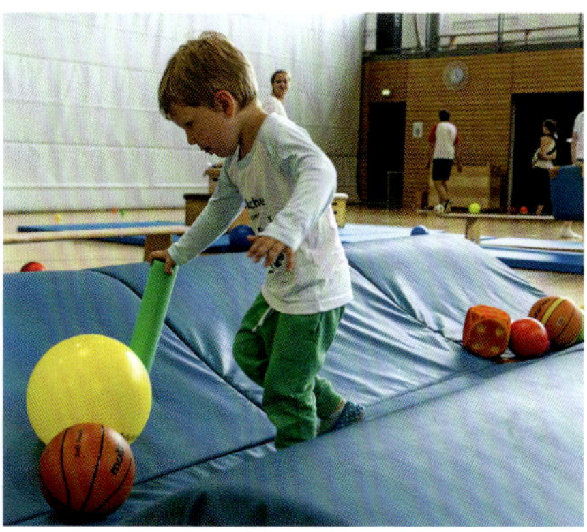

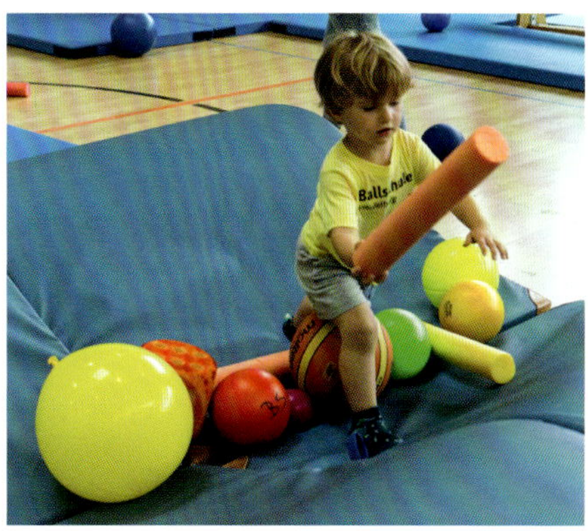

RUTSCH- UND SPRUNGTURM

Säule A	Gehen & Klettern	Springen	
Säule A mit Ball	Werfen & Schlagen	Rollen	

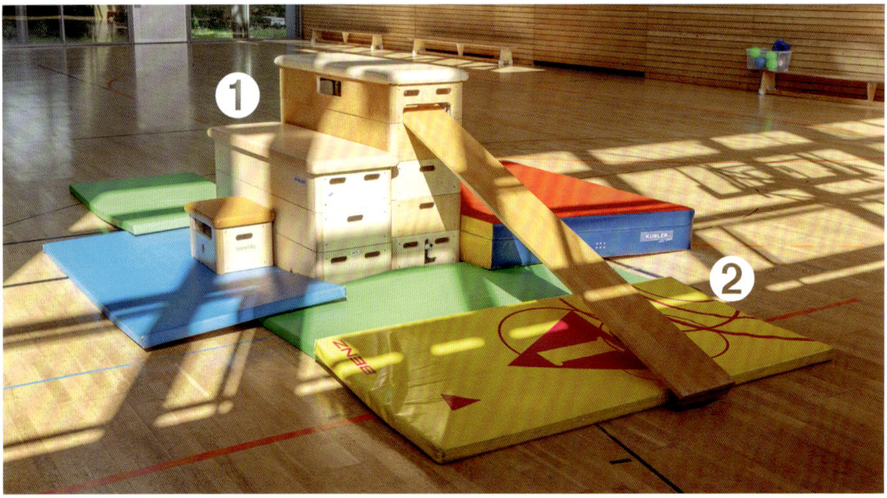

HINWEISE

Wichtig für den Aufbau ist eine Weichbodenmatte, auf die die Kinder springen können

- Es ist darauf zu achten, dass sich nicht zu viele Kinder gleichzeitig auf dem Turm (dem großen Kasten) befinden
- Die Zugänge zu dem Turm können kreativ und mit unterschiedlichen Schwierigkeitsstufen aufgebaut werden

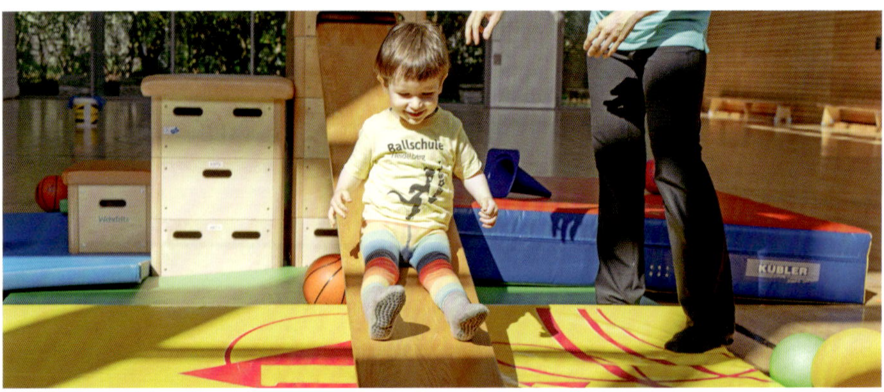

LERNZIELE A1

Säule A	Lernziel	Stationen
Gehen & Klettern	▪ mit Elternhilfe auf den kleinen Kasten hinauf- und herunterklettern	1
Springen	▪ vom kleinen Kasten herunterspringen mit beidbeiniger Landung oder Landung in Schrittstellung	1
Werfen & Schlagen	▪ auf den verschiedenen Kästen stehend (sitzend) einen leichten Ball ungezielt wegwerfen ▪ auf den verschiedenen Kästen stehend (sitzend) einen leichten Ball ungezielt wegschlagen	1
Rollen	▪ einen Ball über die Turnbank vom großen Kasten herunterrollen lassen	1

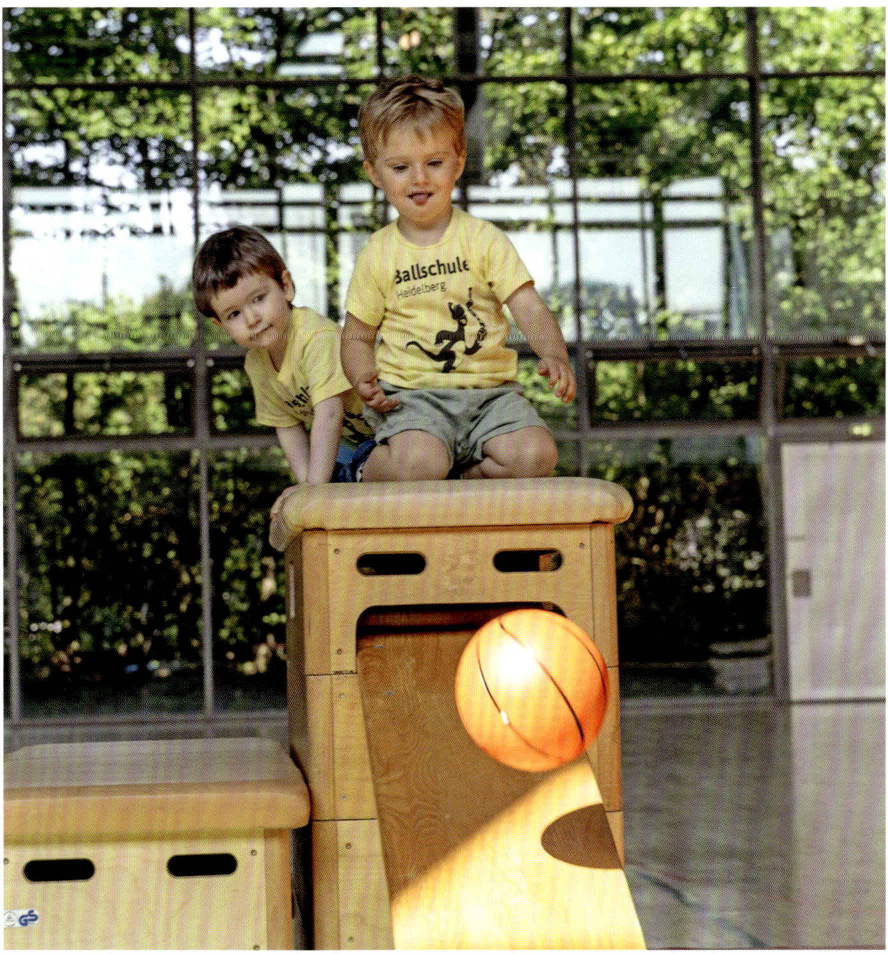

LERNZIELE A2

Säule A	Lernziel	Stationen
Gehen & Klettern	▪ mit Elternhilfe über die schiefe Ebene balancieren (hinauf und herunter) ▪ ohne Elternhilfe auf den kleinen Kasten hinauf- und herunterklettern ▪ mit Elternhilfe auf den Turm hinaufklettern	2 1
Springen	▪ vom Boden auf die Weichbodenmatte springen und wieder herunterspringen	1
Werfen & Schlagen	▪ auf den verschiedenen Kästen stehend (sitzend) einen leichten Ball gezielt den Eltern zuwerfen ▪ auf den verschiedenen Kästen stehend (sitzend) einen leichten Ball gezielt den Eltern zuschlagen	1

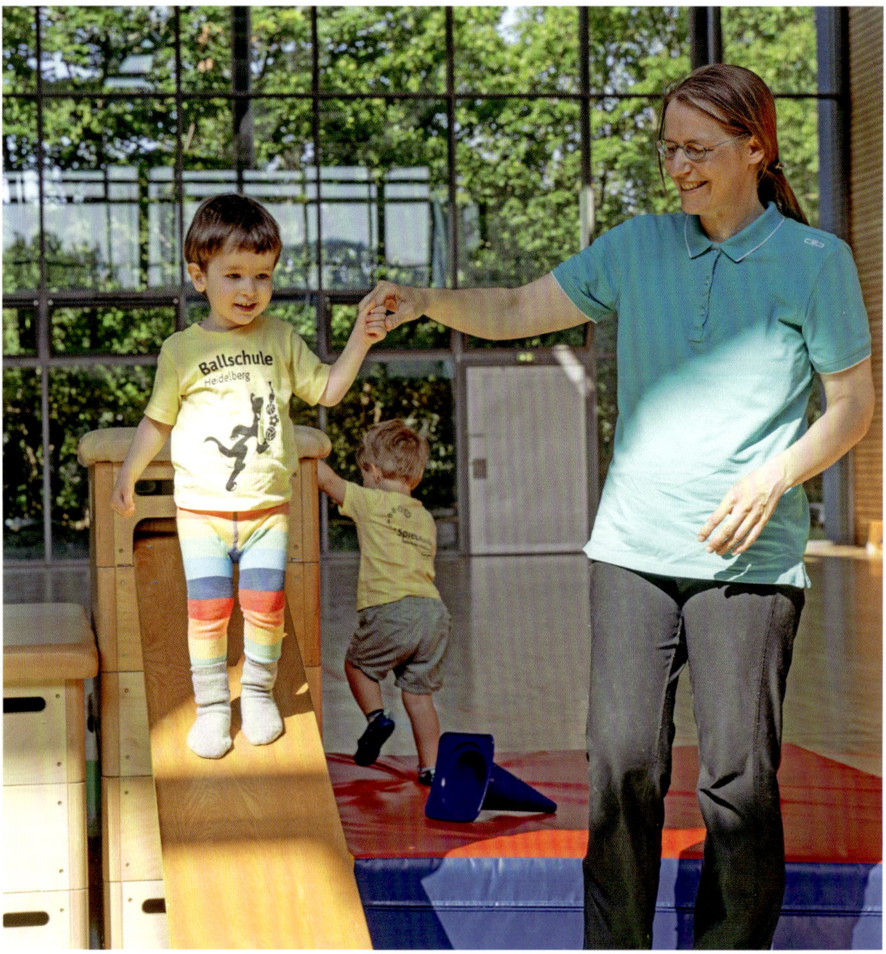

LERNZIELE A3

Säule A	Lernziel	Stationen
Gehen & Klettern	▪ ohne Elternhilfe auf den kleinen Kasten und den Turm hinauf- und herunterklettern	1
Springen	▪ mit Elternhilfe vom mittleren Kasten herunterspringen ▪ ohne Elternhilfe vom großen Kasten auf die Weichbodenmatte herunterspringen	1
Werfen & Schlagen	▪ beim Sprung vom großen Kasten auf die Weichbodenmatte einen zugeworfenen Luftballon wegschlagen ▪ im Sprung vom großen Kasten auf die Weichbodenmatte einen zugeworfenen Luftballon fangen	1

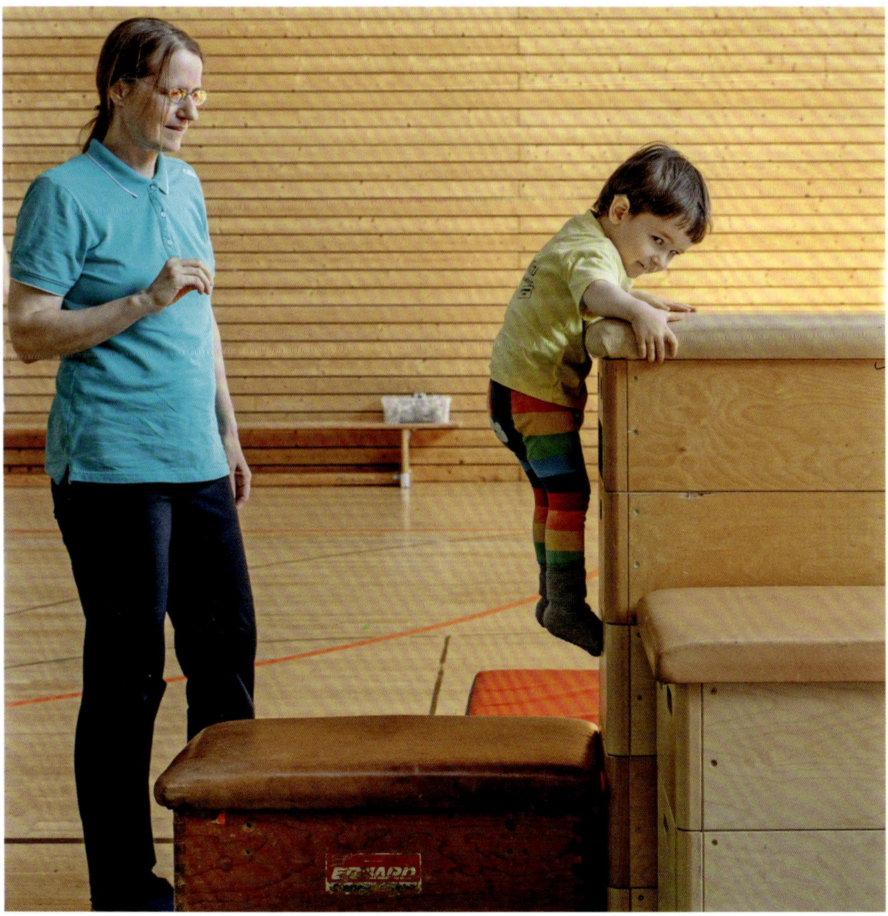

GARTENBEETE

Säule A	Anhalten, Fangen & Stoppen	Tragen, Rollen & Dribbeln	Werfen, Kicken & Schlagen
Säule C	Begriffskategorien bilden & Inhibition	(An-)Zahlen bestimmen	

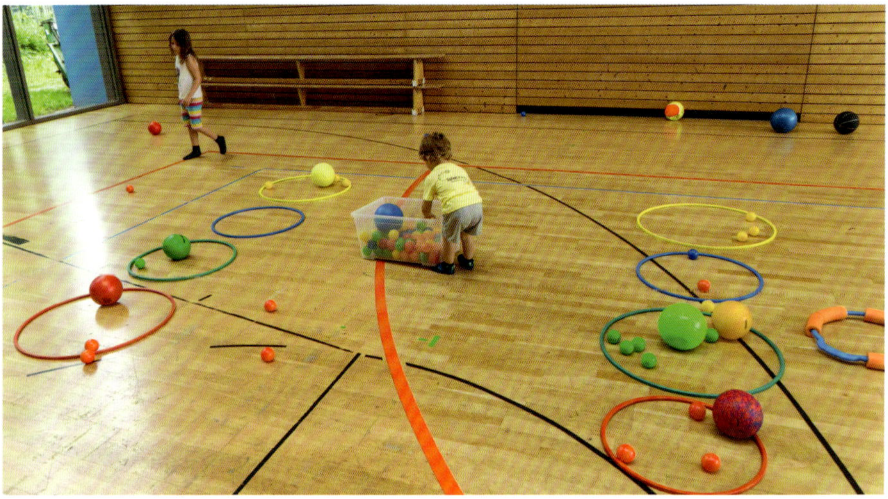

HINWEISE

- Es werden vier verschiedenfarbige Reifen ausgelegt. Das sind die Beete im Garten
- Die Bälle in den Reifen haben jeweils die gleiche Farbe wie die Reifen. Die Bälle stehen für ein bestimmtes Obst/Gemüse (Bildkarten)
- Es können auch andersfarbige Reifen und Bälle (z. B. blaue = Trauben; braune = Kartoffeln usw.) verwendet werden
- Etwa fünf Meter entfernt liegen nochmals vier Reifen in den gleichen Farben

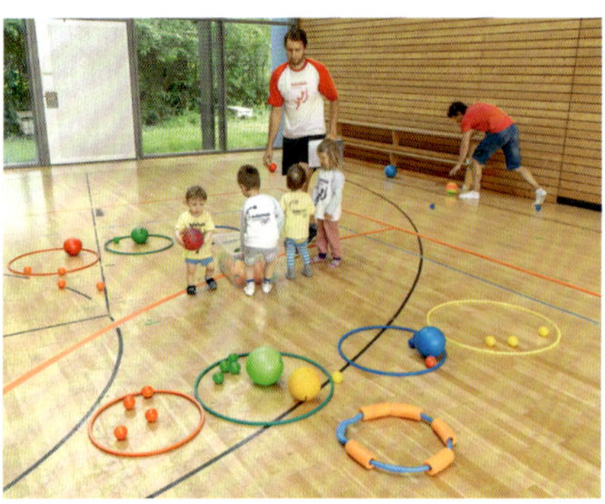

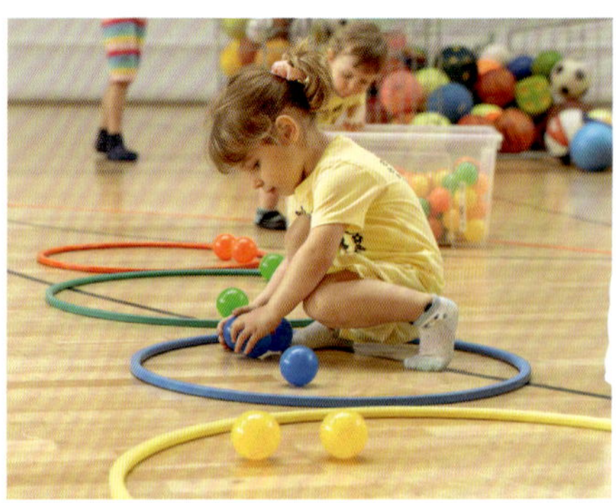

LERNZIELE A1

Säule A	Lernziel
Anhalten, Fangen & Stoppen	Die Kinder stehen in der Mitte zwischen den beiden Reifenbahnen: ▪ einen zugerollten Ball mit einer Hand oder mit zwei Händen anhalten und in einen beliebigen Reifen (auf der anderen Seite) legen ▪ einen aus kurzer Distanz indirekt zugeworfenen (aufspringenden) Ball „irgendwie" fangen und in einen beliebigen Reifen (auf der anderen Seite) legen ▪ einen zugerollten Ball mit dem Fuß abstoppen und in einen beliebigen Reifen (auf der anderen Seite) legen
Tragen, Rollen & Dribbeln	Die Kinder stehen an der Reifenbahn mit den Bällen: ▪ im Gehen/Laufen einen Ball zur anderen Reifenbahn transportieren (tragen) und ablegen ▪ im Gehen einen Ball mit der Hand rollen ▪ einen Ball ungezielt wegrollen
Werfen, Kicken & Schlagen	Die Kinder stehen an der Reifenbahn mit den Bällen: ▪ die Bälle über die Reifen hinwegwerfen ▪ die Bälle ungezielt wegkicken ▪ die Bälle ungezielt mit der Hand wegschlagen
Begriffskategorien bilden & Inhibition	▪ nur mit Bällen einer Farbe spielen ▪ Bälle nach Farben sortieren
(An-)Zahlen bestimmen	▪ Würfelzahl = Anzahl der Übungswiederholungen

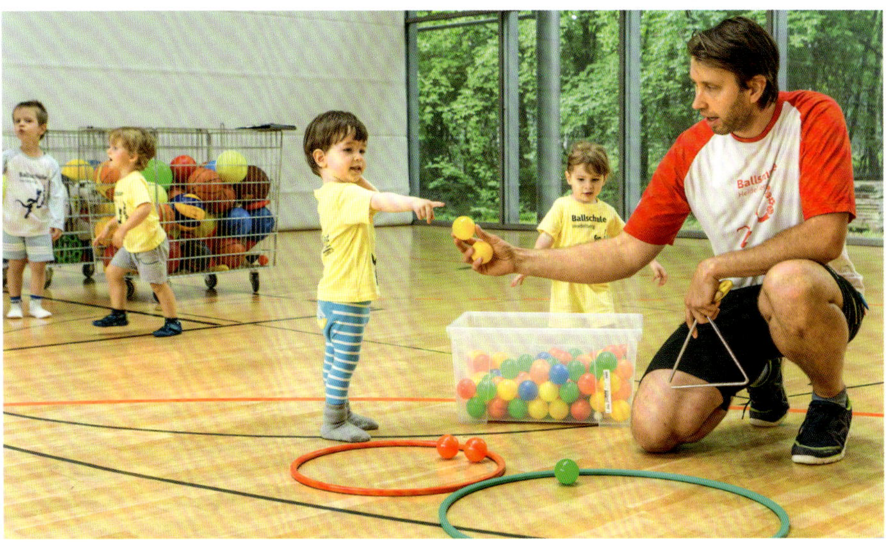

LERNZIELE A2

Säule A	Lernziel
Anhalten, Fangen & Stoppen	Die Kinder stehen in der Mitte zwischen den beiden Reifenbahnen: ▪ einen aus kurzer Distanz direkt zugeworfenen Ball „irgendwie“ fangen und in einen beliebigen Reifen (auf der anderen Seite) legen ▪ einen ungenau zugerollten Ball mit dem Fuß abstoppen und in einen beliebigen Reifen (auf der anderen Seite) legen
Tragen, Rollen & Dribbeln	Die Kinder stehen an der Reifenbahn mit den Bällen: ▪ im Laufen einen Ball mit der Hand rollen ▪ einen Ball gezielt zu den Eltern rollen ▪ einen Ball mit dem Fuß nach vorne „treiben“ (dribbeln)
Werfen, Kicken & Schlagen	Die Kinder stehen an der Reifenbahn mit den Bällen: ▪ die Bälle über die Reifen zu den Eltern werfen ▪ die Bälle in Richtung der anderen Reifenbahn wegkicken ▪ zugeworfene Bälle mit der Hand wegschlagen
Begriffskategorien bilden & Inhibition	▪ nur mit großen oder kleinen Bällen spielen ▪ Bälle nach Größe sortieren
(An-)Zahlen bestimmen	▪ Würfelzahl = Anzahl der Übungswiederholungen

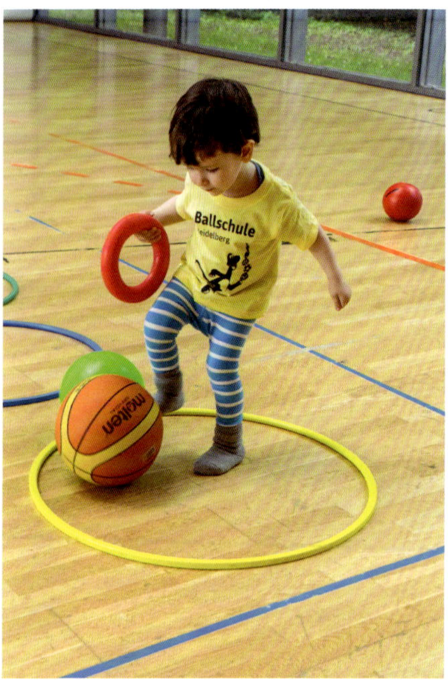

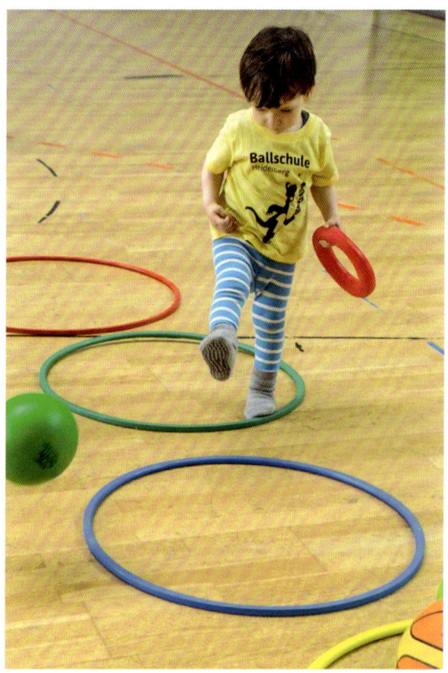

LERNZIELE A3

Säule A	Lernziel
Anhalten, Fangen & Stoppen	Die Kinder stehen in der Mitte zwischen den beiden Reifenbahnen: ▪ einen aus kurzer Distanz direkt zugeworfenen Ball mit leicht gebeugten Armen fangen, indem diese den Ball mit den Händen umschließen und in einen beliebigen Reifen (auf der anderen Seite) legen
Tragen, Rollen & Dribbeln	Die Kinder stehen an der Reifenbahn mit den Bällen: ▪ im Laufen einen Ball mit der Hand auf einer Hallenlinie rollen ▪ einen Ball mit dem Fuß auf einer Linie nach vorne „treiben" (dribbeln) ▪ einen Ball (wiederholt) mit beiden Händen auf den Boden prellen und wieder fangen
Werfen, Kicken & Schlagen	Die Kinder stehen an der Reifenbahn mit den Bällen: ▪ die Bälle den Eltern zuwerfen, die nach jedem Versuch ihre Position ändern ▪ die Bälle den Eltern mit dem Fuß zukicken, die nach jedem Versuch ihre Position ändern ▪ zugeworfene Bälle mit der Hand in Richtung der Eltern schlagen
Begriffskategorien bilden & Inhibition	▪ nur mit dunkle oder hellen Bällen spielen ▪ nur mit leichten oder schweren Bällen spielen ▪ Bälle nach „Gewicht" (leicht/schwer) sortieren
(An-)Zahlen bestimmen	▪ Würfelzahl = Anzahl der Übungswiederholungen

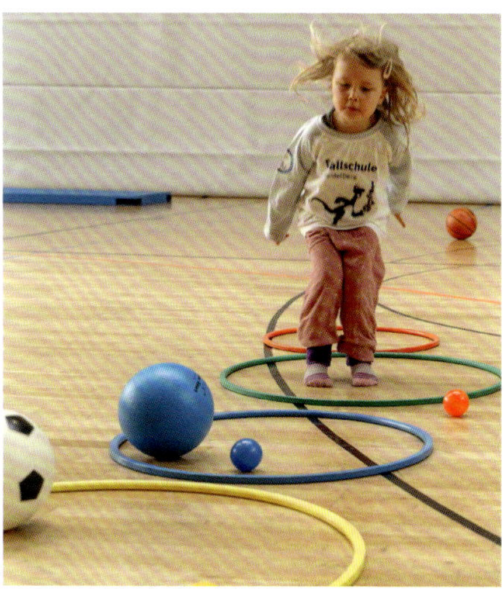

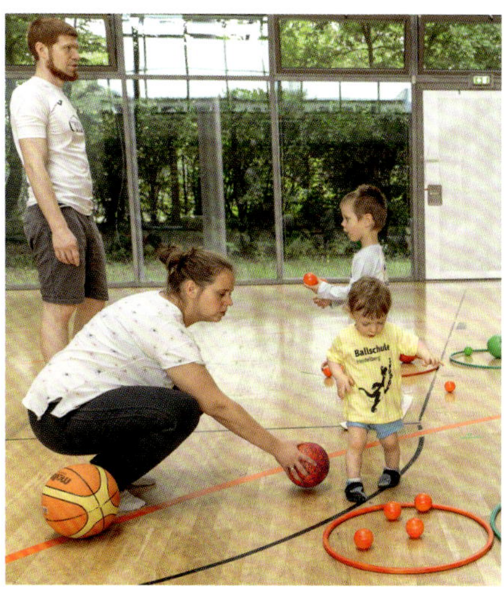

IM REICH DER BÄLLE

Säule A mit Ball	Anhalten, Fangen & Stoppen	Tragen, Rollen & Dribbeln	Werfen, Kicken & Schlagen
Säule C	Begriffskategorien bilden	(An-)Zahlen bestimmen	

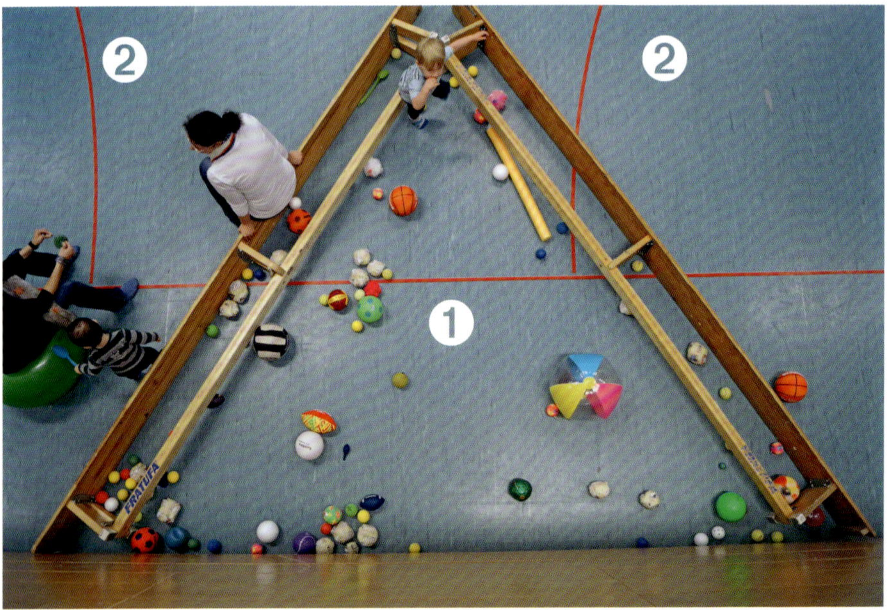

HINWEISE

- Mit Turnbänken ein Dreieck abstecken
- Die Bänke können auch mit der großen Fläche nach innen ausgerichtet sein
- Ideal für Spielideen geeignet. Alle Bälle werden hinein- oder herausgeworfen
- Es können auch verschiedene Schläger hineingelegt werden (z. B. Holzstäbe oder kurze Aquasticks)
- Statt des Dreiecks kann auch eine andere geometrische Form aufgebaut werden, z. B. ein Quadrat oder Trapez

LERNZIELE A1

Säule A	Lernziel	Stationen
Anhalten, Fangen & Stoppen	▪ einen zugerollten leichten Ball mit einer Hand oder mit zwei Händen anhalten ▪ einen aus kurzer Distanz indirekt zugeworfenen (aufspringenden) leichten Ball „irgendwie“ fangen ▪ einen zugerollten leichten Ball mit dem Fuß abstoppen	2
Tragen, Rollen & Dribbeln	▪ im Gehen einen Ball/Luftballon transportieren (tragen) ▪ Bälle im Dreieck mit der Hand herumrollen ▪ einen leichten Ball mit der rechten und linken Hand gegen eine Turnbank rollen ▪ Bälle im Dreieck mit dem Fuß herumkicken	2
Werfen, Kicken & Schlagen	▪ einen leichten Ball gegen die Turnbank kicken ▪ einen leichten Ball ungezielt mit der Hand wegschlagen	2

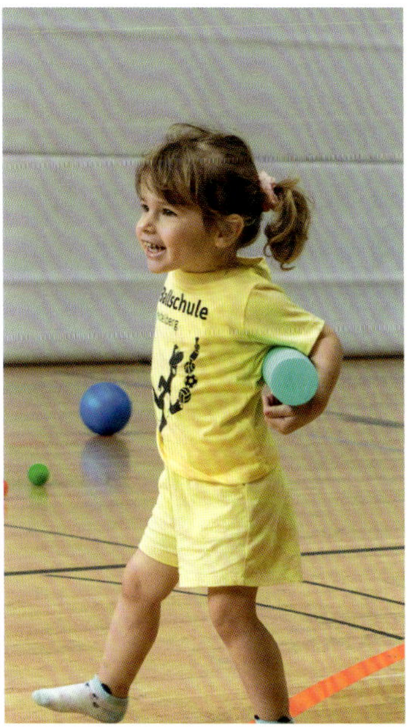

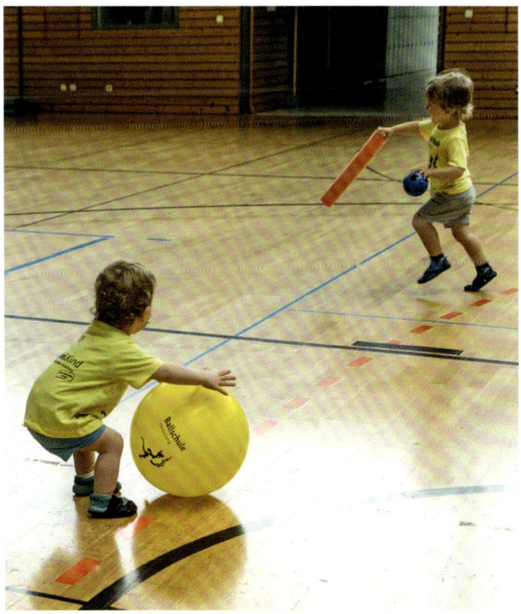

LERNZIELE A2

Säule A	Lernziel	Stationen
Anhalten, Fangen & Stoppen	▪ einen ungenau zugerollten leichten Ball mit einer Hand oder mit zwei Händen anhalten ▪ einen aufspringenden leichten Ball mit ausgestreckten Armen und den Handflächen nach oben vor dem Körper fangen (Körbchenhaltung) ▪ einen ungenau zugerollten Ball mit dem Fuß abstoppen	2
Tragen, Rollen & Dribbeln	▪ im langsamen Laufen einen Ball auf einer (Hallen-)Linie rollen ▪ einen Ball mit dem Fuß nach vorne „treiben" (dribbeln)	2
Werfen, Kicken & Schlagen	▪ die Bälle aus dem Dreieck über die Turnbank zu den Eltern werfen ▪ einen langsam zugerollten Ball wegkicken ▪ einen zugeworfenen leichten Ball/Luftballon mit der Hand zurückschlagen	1 2
Begriffskategorien bilden	▪ Bälle nach Farben aus dem Dreieck herauswerfen (erst rote, dann grüne, dann gelbe usw.)	1
(An-)Zahlen bestimmen	▪ nach Zuruf den Eltern einen, zwei oder drei Bälle bringen	1

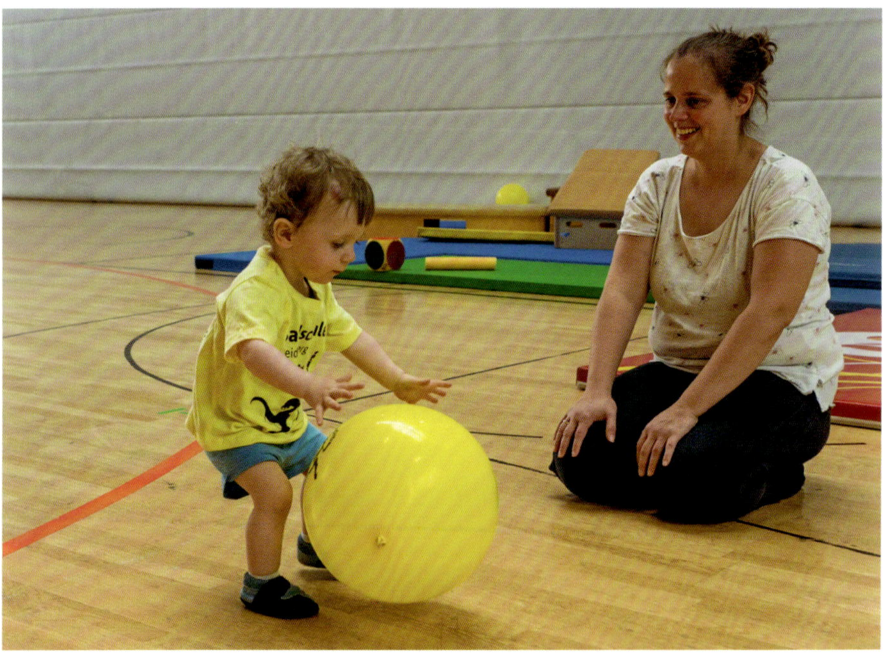

LERNZIELE A3

Säule A	Lernziel	Stationen
Anhalten, Fangen & Stoppen	■ einen aus kurzer Distanz zugeworfenen Ball mit leicht gebeugten Armen fangen, indem diese den Ball mit den Händen umschließen ■ zu einem ungenau zugekickten leichten Ball (nach rechts, nach links, nach vorne) laufen und den Ball mit dem Fuß abstoppen ■ einen zugerollten Ball mit einem Holzstab oder kurzen Aquastick anhalten	2
Tragen, Rollen & Dribbeln	■ im langsamen Laufen einen Ball um Hindernisse rollen ■ einen Ball gegen die Turnbank rollen und versuchen, den zurückprallenden Ball wieder einzufangen ■ einen Ball mit dem Fuß oder einem kurzen Aquastick auf einer Linie nach vorne „treiben" ■ einen Ball/Luftballon (wiederholt) mit beiden Händen auf den Boden fallen lassen und wieder (ein-)fangen	2
Werfen, Kicken & Schlagen	■ einen Ball gegen die Turnbank kicken und versuchen, den zurückprallenden Ball wieder zu treffen ■ leichte Bälle aus dem Dreieck herauskicken ■ einen zugeworfenen leichten Ball/Luftballon mit einem Holzstab oder kurzen Aquastick wegschlagen	1 2
Begriffskategorien bilden	■ nur die großen oder kleinen Bälle ins Dreieck hinein- und herauswerfen	1
(An-)Zahlen bestimmen	■ nach Zuruf den Eltern z. B. einen großen und einen kleinen Ball bringen	1

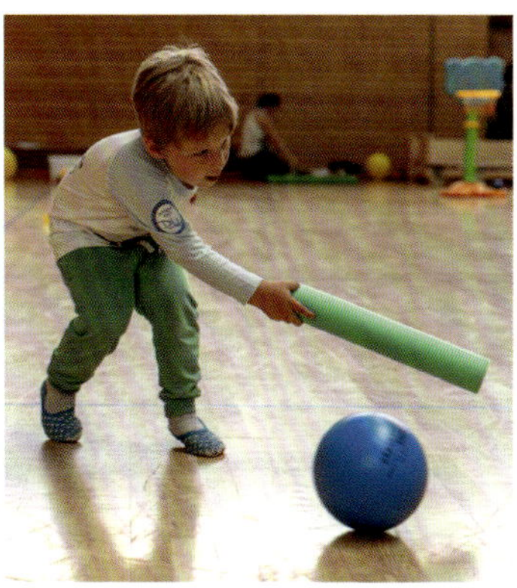

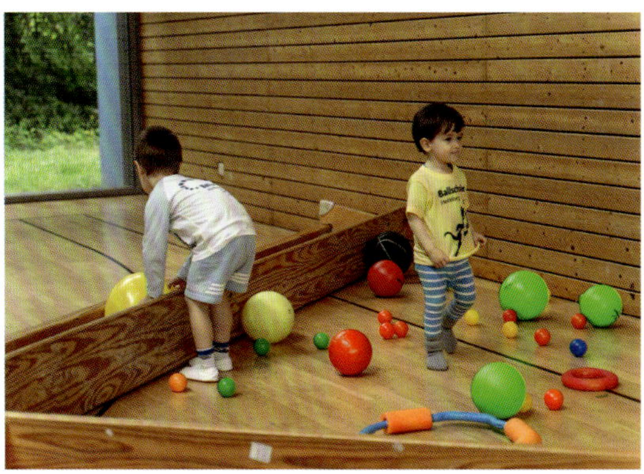

TUNNEL UND BRÜCKEN

Säule A	Gehen & Laufen	Durchkriechen, Steigen & Klettern	Hüpfen & Springen
Säule A	Stehen (Balance)	Purzeln & Wälzen	

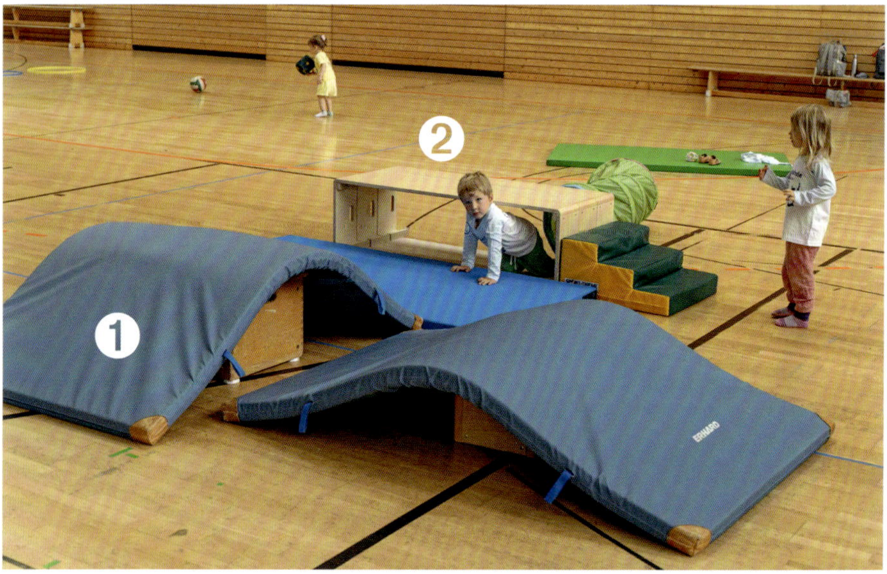

HINWEISE

- Die Hauptstraße beginnt mit einer Brücke ① und führt dann geradeaus in einen Tunnel ②
- Der Berg über dem Tunnel (Kastenteil) kann von beiden Seiten bestiegen werden
- Die Kinder können auch gerne Bälle mit an die Bewegungslandschaft bringen

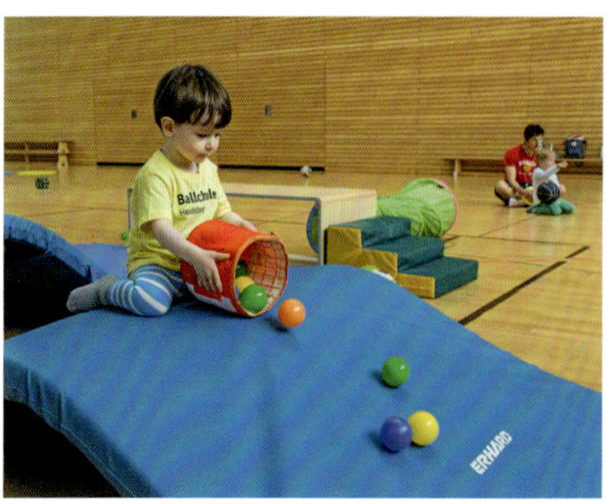

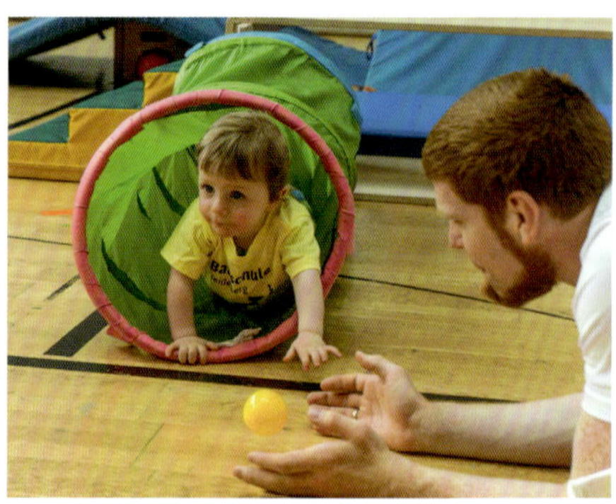

LERNZIELE A1

Säule A	Lernziel	Stationen
Gehen & Laufen	▪ über die Treppe den Berg besteigen, über das seitlich liegende Kastenteil und das Kastenoberteil gehen	2
Durchkriechen, Steigen & Klettern	▪ durch den Tunnel und das Kastenteil kriechen	2
Hüpfen & Springen	▪ vom Kastenoberteil mit Hilfestellung beidbeinig herunterspringen	2
Stehen (Balance)	▪ auf der untersten Treppenstufe kurz frei auf einem Bein stehen	2
Purzeln & Wälzen	▪ auf der flach liegenden Turnmatte zwischen der Brücke und dem Tunnel kleine Drehbewegungen ausführen	1

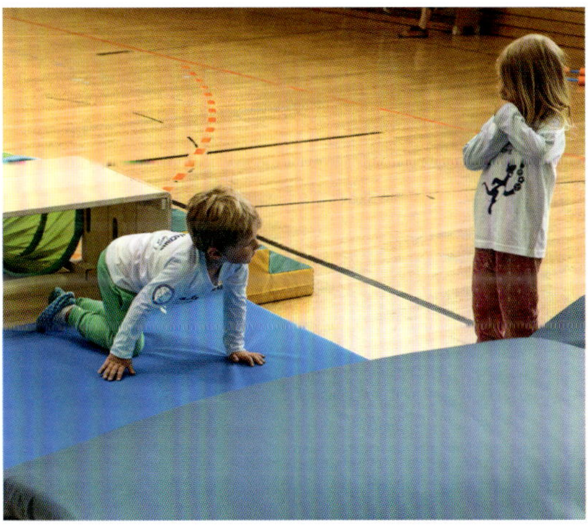

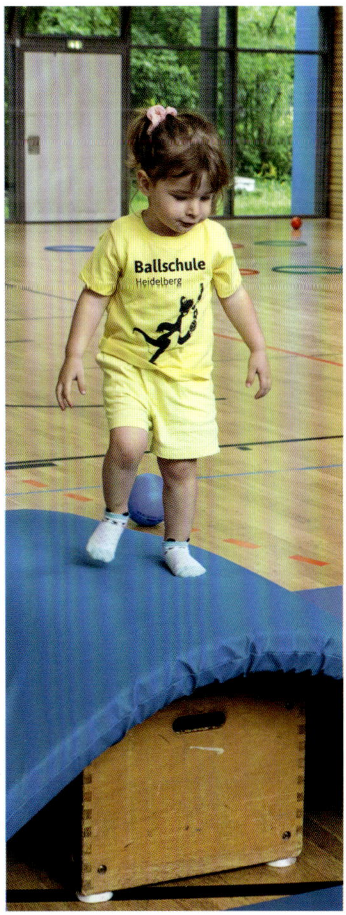

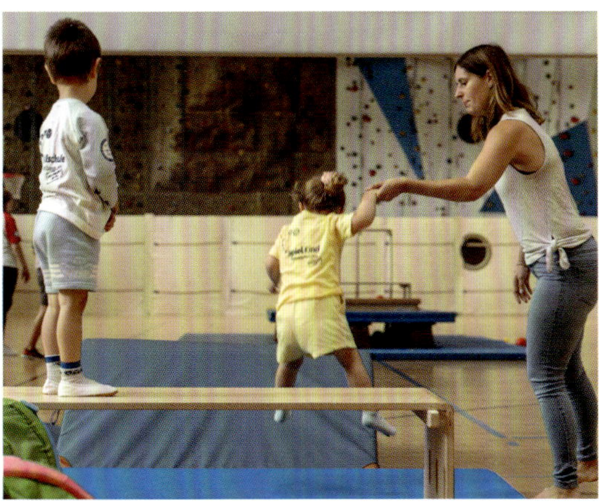

LERNZIELE A2

Säule A	Lernziel	Stationen
Gehen & Laufen	▪ über die Treppe den Berg besteigen, über das seitlich liegende Kastenteil und das Kastenoberteil laufen	2
Durchkriechen, Steigen & Klettern	▪ die Brücke, die über die „Nebenstraße" (rechts) führt, hoch- und wieder herunterklettern/-steigen	1
Hüpfen & Springen	▪ vom Kastenoberteil ohne Hilfestellung beidbeinig herunterspringen	2
Stehen (Balance)	▪ frei auf einem Bein stehend in die Hocke gehen und sich wieder aufrichten (unterste Treppenstufe)	2
Purzeln & Wälzen	▪ von der Brücke, die über die „Hauptstraße" (links) führt, nach unten purzeln und wälzen	1

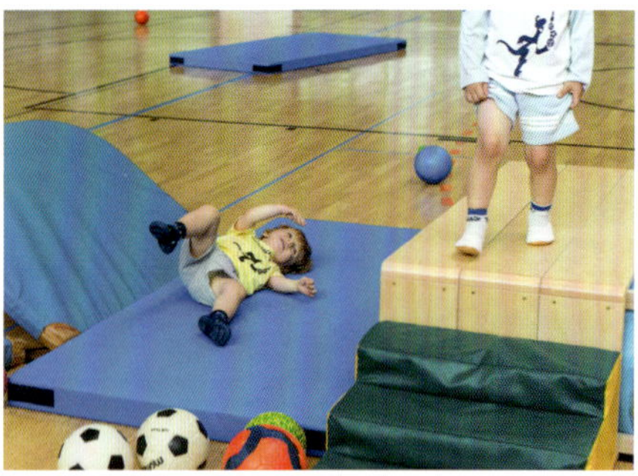

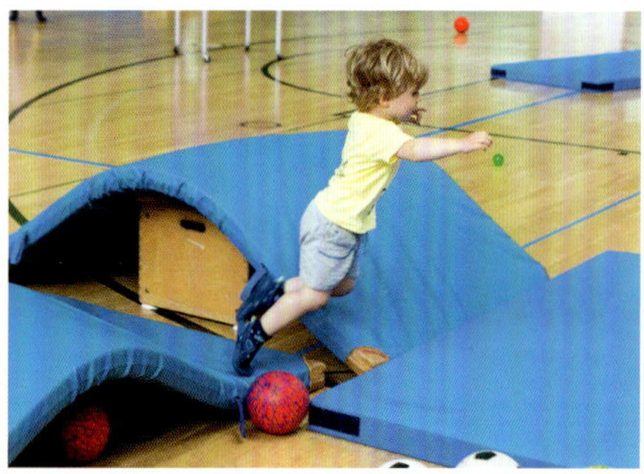

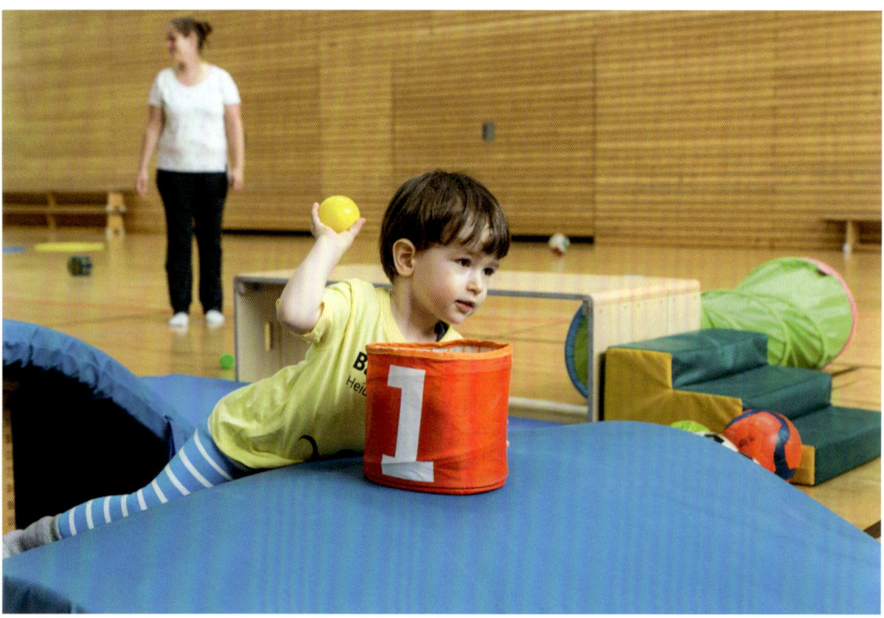

LERNZIELE A3

Säule A	Lernziel	Stationen
Gehen & Laufen	▪ auf der flach liegenden Turnmatte zwischen der Brücke und dem Tunnel rückwärtsgehen	1
Durchkriechen, Steigen & Klettern	▪ die Brücke, die über die „Hauptstraße“ (links) führt, hoch- und wieder herunterklettern/-steigen	1
Hüpfen & Springen	▪ auf die beiden Treppenstufen heraufspringen ▪ vom Kastenoberteil auf eine markierte Fläche herunterspringen (z. B. Zeitungspapier) ▪ beidbeinig ein am Boden liegendes Hindernis (z. B. Seil) im Lauf- oder Schlussweitsprung überspringen	2
Purzeln & Wälzen	▪ auf der flach liegende Turnmatte zwischen der Brücke und dem Tunnel, sich um die Körperbreitenachse in den Sitz drehen	1

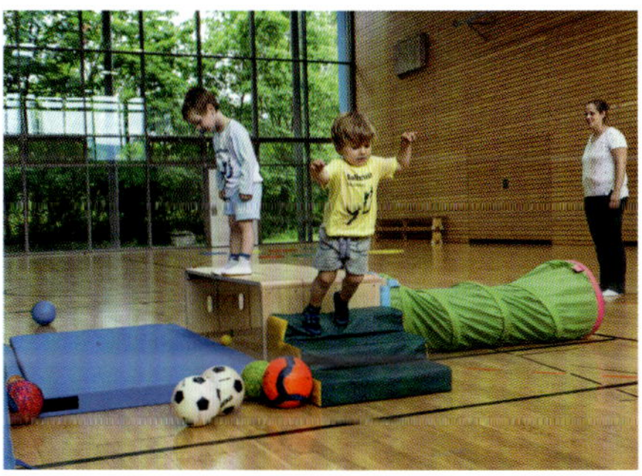

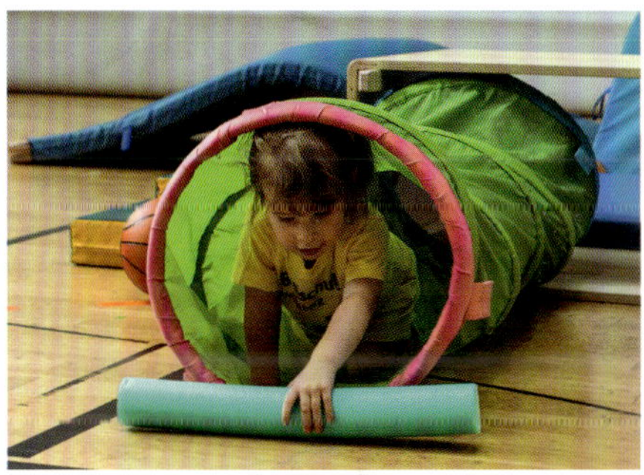

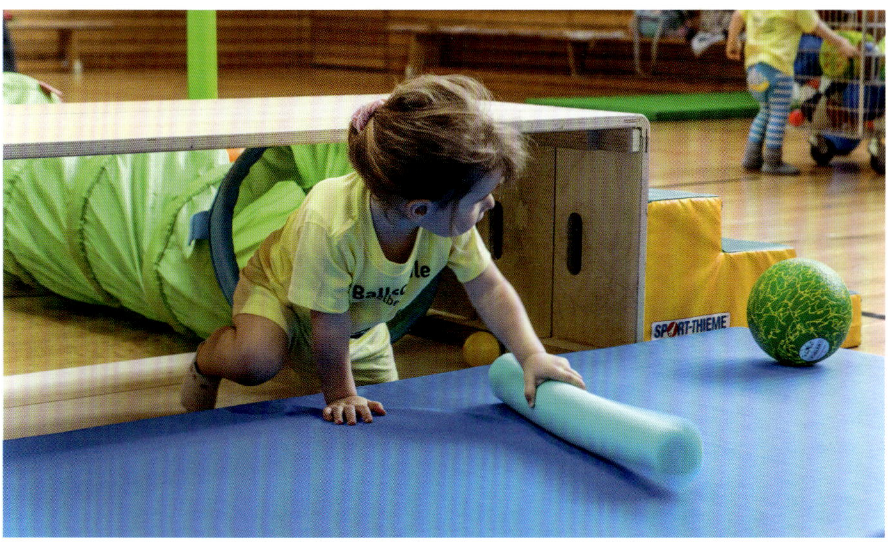

BÄLLE SORTIEREN

Säule C	Begriffskategorien bilden	(An-)Zahlen bestimmen & Mengenvorstellungen entwickeln	Arbeitsgedächtnis & Inhibition

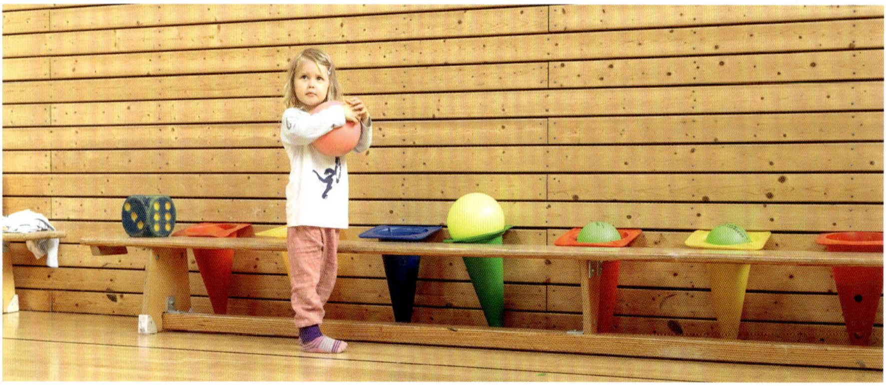

HINWEISE

- Die umgedrehten Hütchen sind die Ballkörbe, in die verschiedene Bälle einsortiert werden
- In den nachfolgenden Tabellen sind die Bälle nach ihrer Farbe zu sortieren.
- Es können stattdessen auch andere Kriterien vorgegeben werden, z. B. das Gewicht (leicht – schwer), die Größe (klein – groß), die Oberfläche (weich – hart) usw.

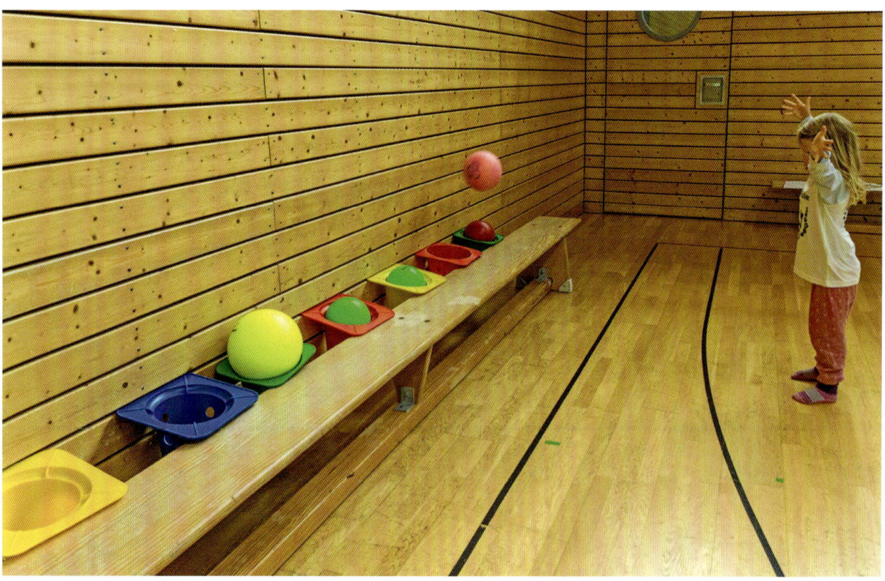

LERNZIELE A1	
Säule C	Lernziel
Begriffskategorien bilden	▪ Bälle nach Farben in den Hütchen ablegen (rotes Hütchen – rote Bälle; grünes Hütchen – grüne Bälle usw.)
(An-)Zahlen bestimmen & Ordinalzahlen entdecken	▪ nach Zuruf den Eltern in jedes Hütchen einen, zwei oder drei Bälle ablegen
Arbeitsgedächtnis, Inhibition & Kognitive Flexibilität	▪ alle Bälle in den Hütchen ablegen – außer einer Farbe (z. B. gelb oder rot)

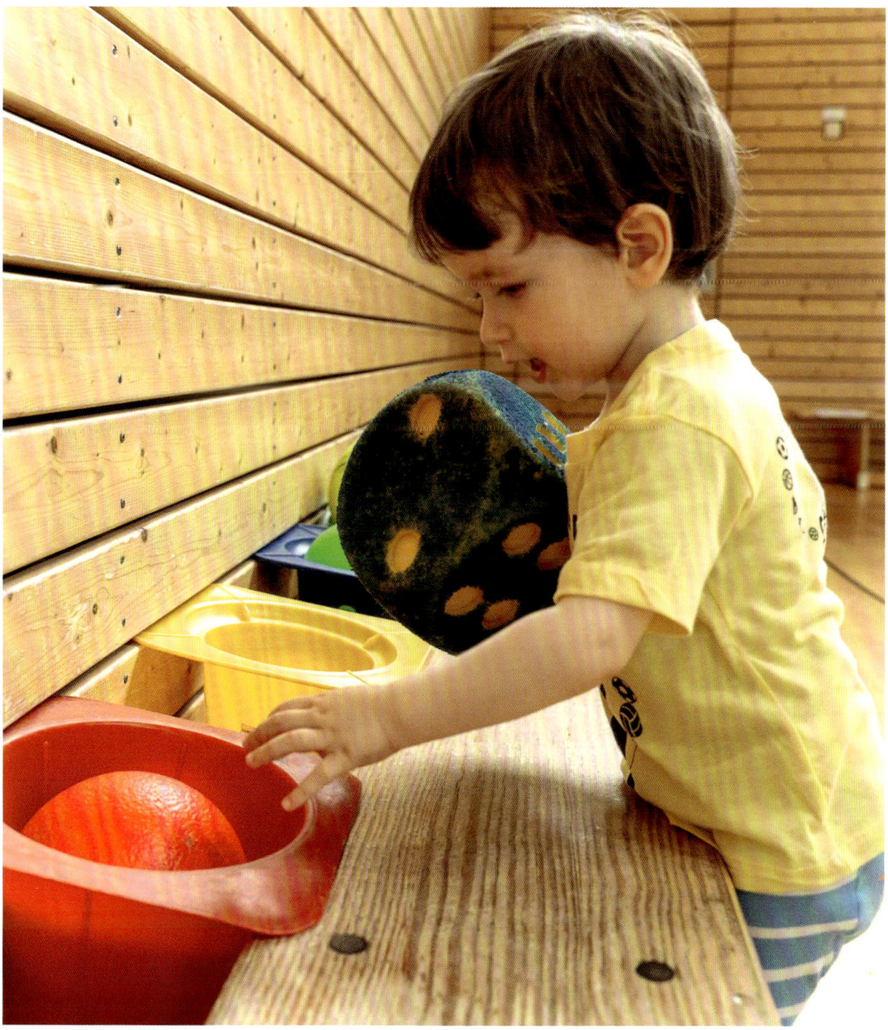

LERNZIELE A2

Säule C	Lernziel
Begriffskategorien bilden	■ nur kleine Bälle verwenden: zwei verschiedenfarbige Hütchen werden übereinander gesteckt. Bälle beider Farben in den Hütchen ablegen (z. B. blau und rot)
(An-)Zahlen bestimmen & Ordinalzahlen entdecken	■ Bälle nach Farben ordnen und nacheinander in den Hütchen ablegen (erst die roten, dann die grünen, dann die gelben usw.)
Arbeitsgedächtnis, Inhibition & Kognitive Flexibilität	■ alle Bälle ablegen. Es darf kein Ball in ein Hütchen mit gleicher Farbe

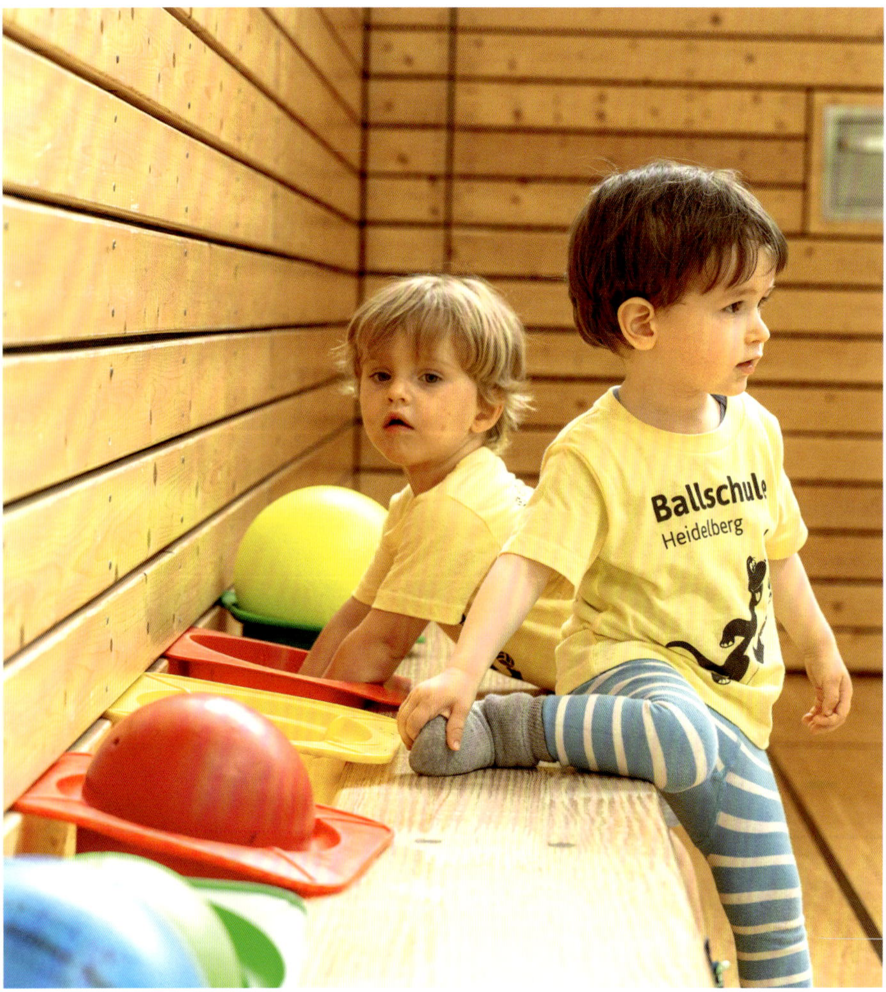

LERNZIELE A3

Säule C	Lernziel
Begriffskategorien bilden	▪ nur kleine Bälle verwenden: in jedes Hütchen drei Bälle mit drei verschiedenen Farben ablegen
(An-)Zahlen bestimmen & Ordinalzahlen entdecken	▪ nur kleine Bälle verwenden: in das erste Hütchen einen Ball ablegen, in das zweite zwei, das dritte drei usw.
Arbeitsgedächtnis, Inhibition & Kognitive Flexibilität	▪ nur helle (gelbe, orange) oder nur dunkle Bälle (rote, blaue) verwenden

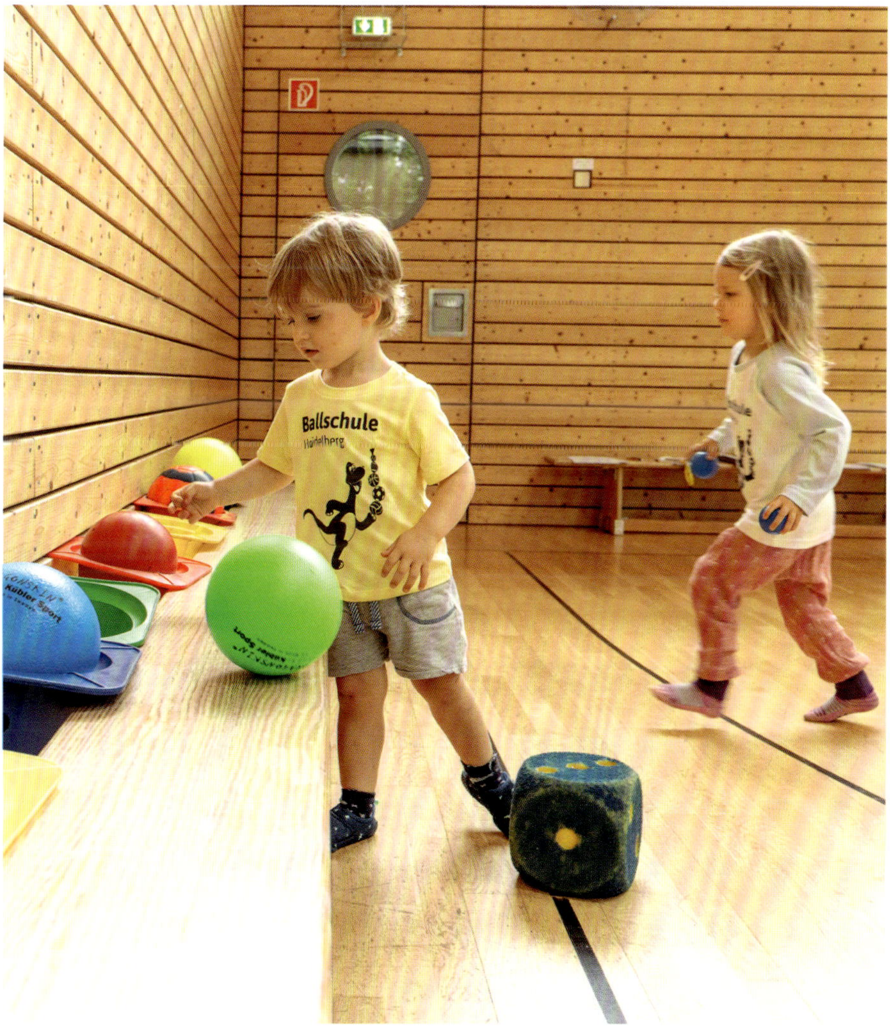

10 WEITERE ERPROBTE U3-PARCOURS

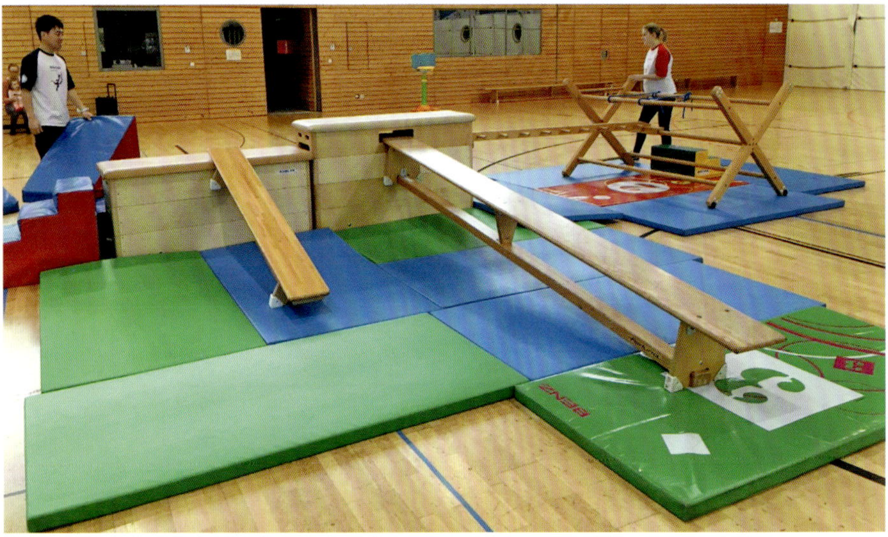

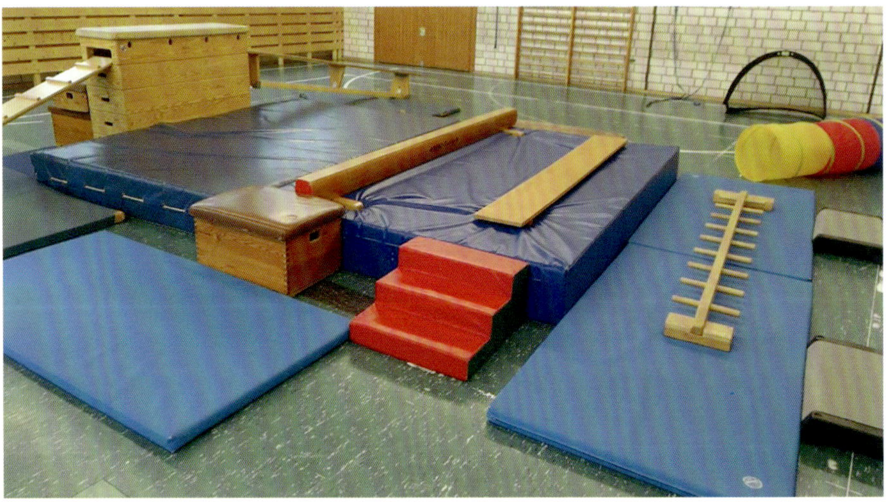

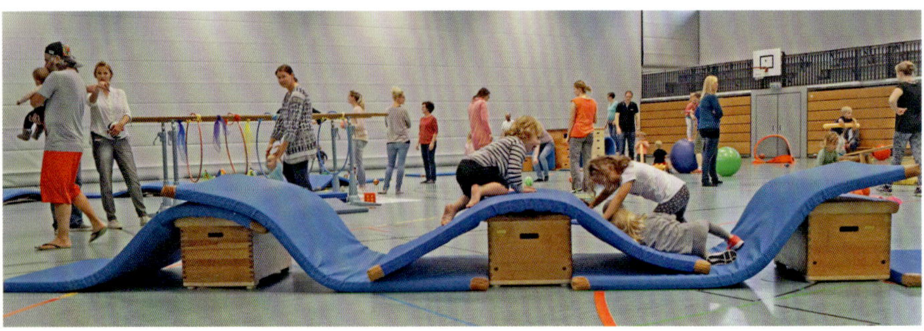

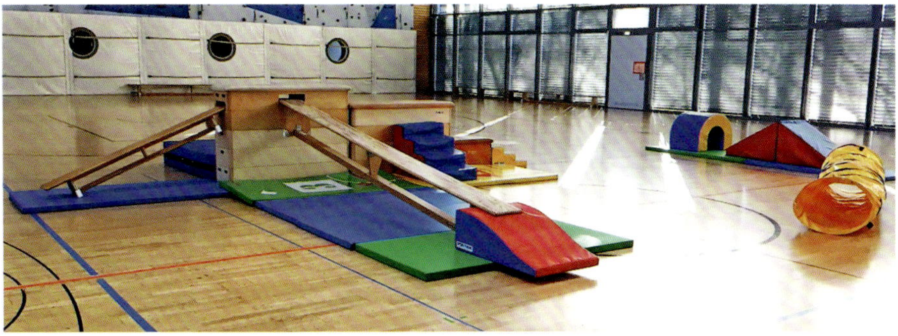

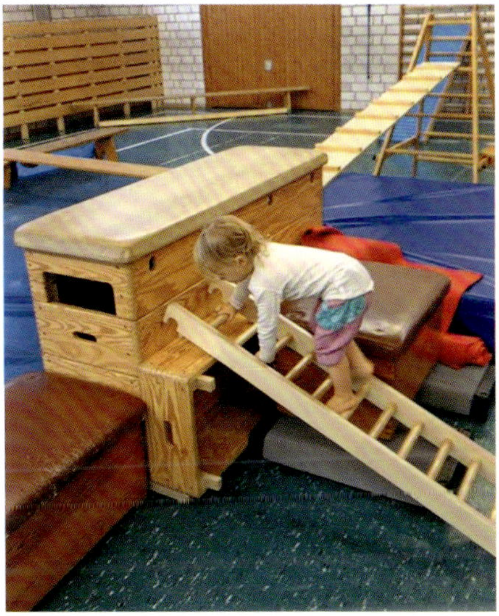

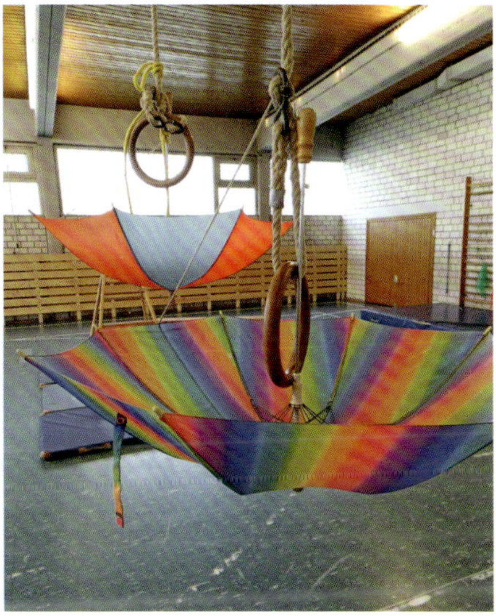

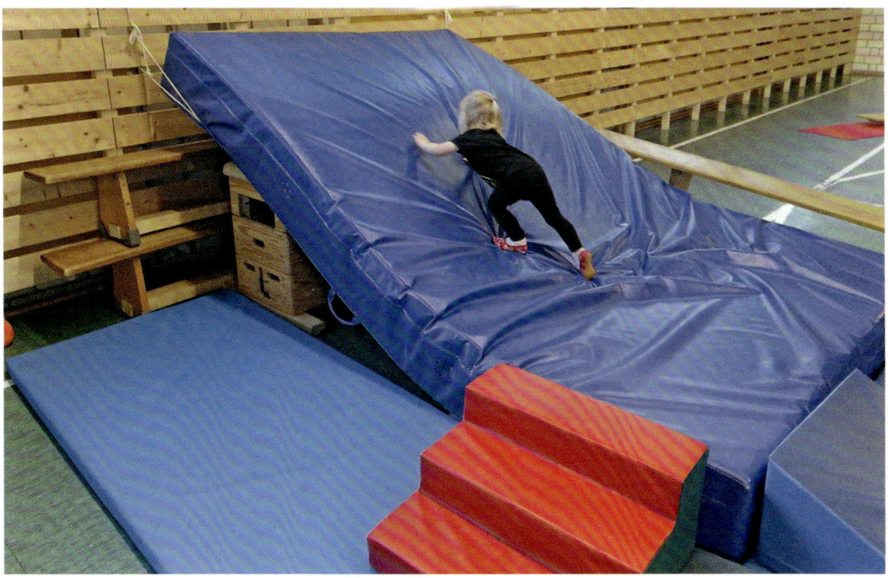

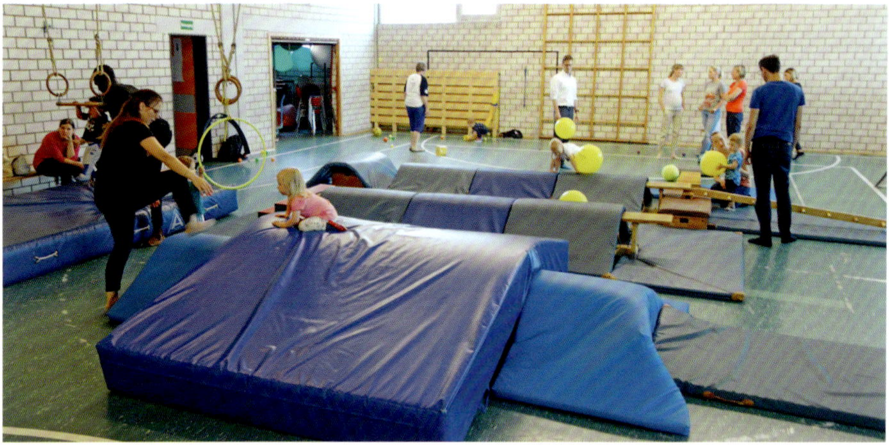

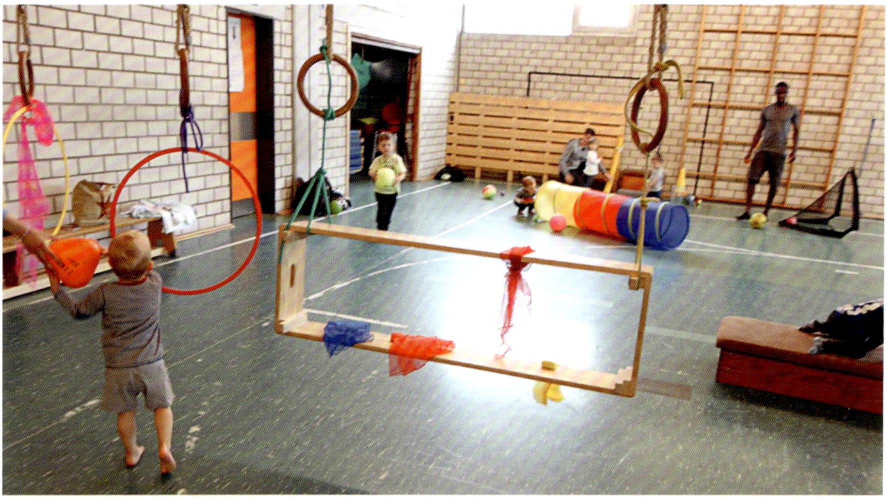

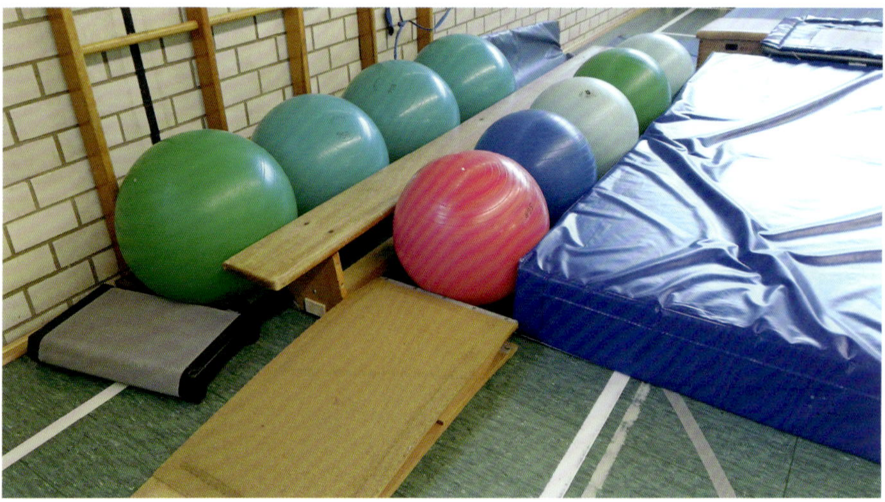

7 U3-BALLSCHULE

PRAKTISCHE BEISPIEL-SAMMLUNG

SPIEL-STATIONEN

Gregor Bennek

Darstellungsform 94

Spielstationen 1–30 95

DARSTELLUNGSFORM

In diesem Kapitel werden 30 Spielstationen vorgestellt. Ihre Beschreibungen sind einheitlich gestaltet. Ganz oben auf der Seite ist der Name der Station platziert. Danach folgen zwei Kopfzeilen. In der ersten werden die benötigten **Bälle, Spielmaterialien** und **Sportgeräte** mit den Fotos aus Tabelle 5 veranschaulicht. Die zweite untergliedert sich in drei „Unterzeilen" zu den Lernzielen aus den Säulen A, B und C. Diese starten jeweils mit der Angabe derjenigen **Basiskompetenz** aus dem U3-Baustein-Pool (vgl. Kapitel 3), für die die Spielstation erfahrungsgemäß das größte Anregungs- und Verbesserungspotenzial besitzt (dunkelblau unterlegt). Daran schließen sich für jede der drei Säulen maximal zwei weitere Bausteine an, die an der Spielstation mitgeschult werden können (mit hellerem Blau unterlegt). Unter den Kopfzeilen werden der Spielaufbau, der Einstieg (die Impulse der ÜL) und der Spielablauf in Textform erläutert. Zur Illustration finden sich bei vielen Stationen die Bildkarten, die der ÜL den Kindern zeigen kann, sowie Fotos/Impressionen von spielenden U3-Ballschulkindern.

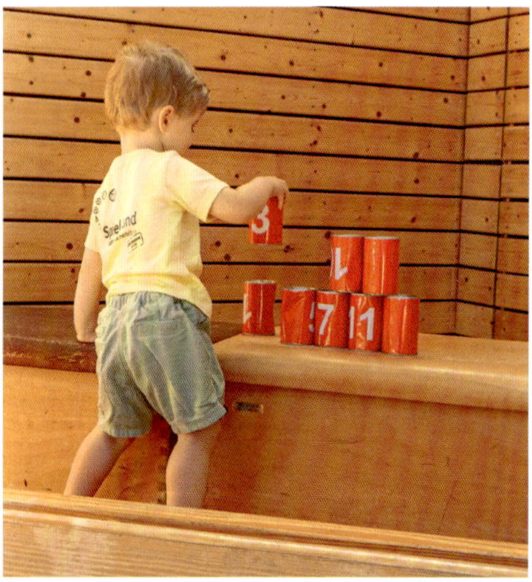

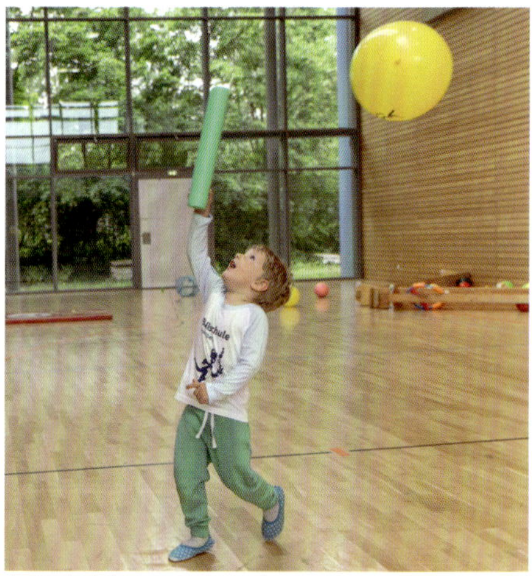

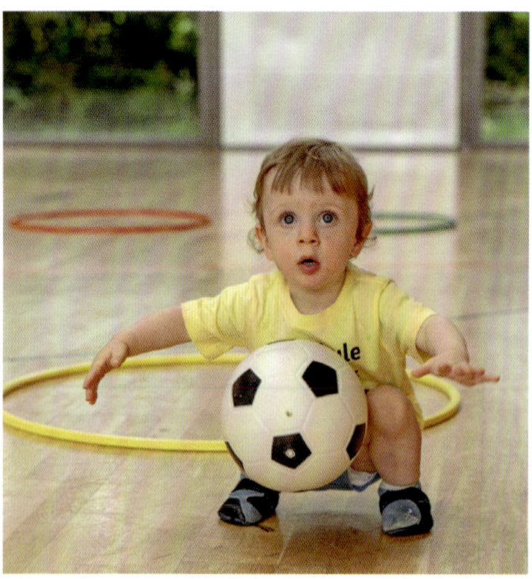

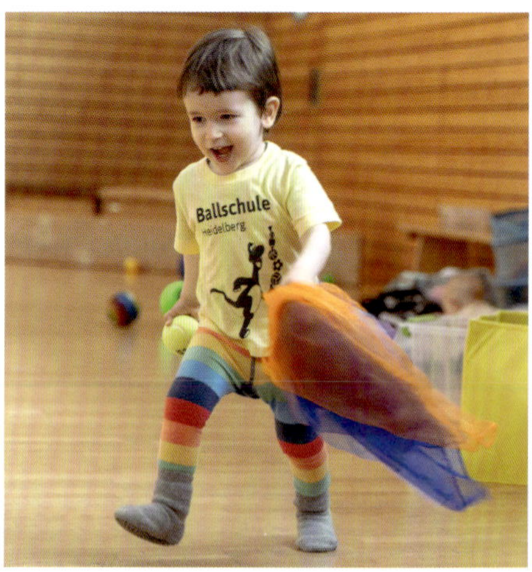

SPIELSTATIONEN 1 BIS 30

Station		Seite
1	Tiere	96
2	Indianer	100
3	Fußballtrainer	102
4	Regenwurm	104
5	Maus und Käse	106
6	Nüsse sortieren	108
7	Affentanz	110
8	Enten füttern	112
9	Clown 1	114
10	Fische fangen	116
11	Im Obst- und Gemüsegarten	118
12	Tigerfütterung	120
13	Delfin	122
14	Flugzeug	124
15	Clown 2	126
16	Blumen	128
17	Ameisen	130
18	Vögelchen flieg!	132
19	Gespensterstunde	134
20	Laub kehren	136
21	Eistransport	138
22	Hundehütte	140
23	Kleiner Schmetterling	142
24	Rummelplatz	144
25	Weihnachtsbäckerei	145
26	Schneeballschlacht	146
27	Ballonspiel	147
28	Küken	148
29	Kirschen pflücken	149
30	Im Schwimmbad	150

TIERE

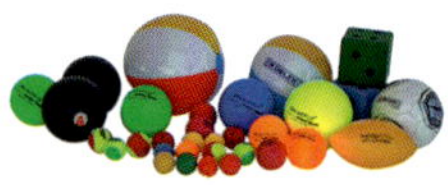 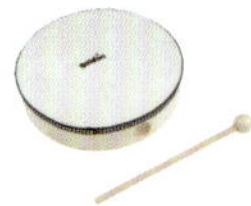

Säule A	Laufen	Hüpfen & Springen	Tragen, Rollen & Dribbeln
Säule B	Krafteinsatz regulieren		
Säule C	Kognitive Flexibilität	Wortschatz erweitern	

EINSTIEG

Der ÜL hält nacheinander verschiedene Tierkarten hoch, z. B. mit einem Bären, einem Pferd oder einem Elefanten. „Kennt ihr dieses Tier?“, „Wie macht das Tier?"

SPIELABLAUF

1. Der ÜL klopft auf das Tamburin und gibt einen Takt vor
2. Die Kinder laufen dem ÜL hinterher und bewegen sich wie das gezeigte Tier
3. Die Kinder bewegen sich (z. B. krabbeln) wie das gezeigte Tier und transportieren (z. B. schieben, rollen) einen Ball

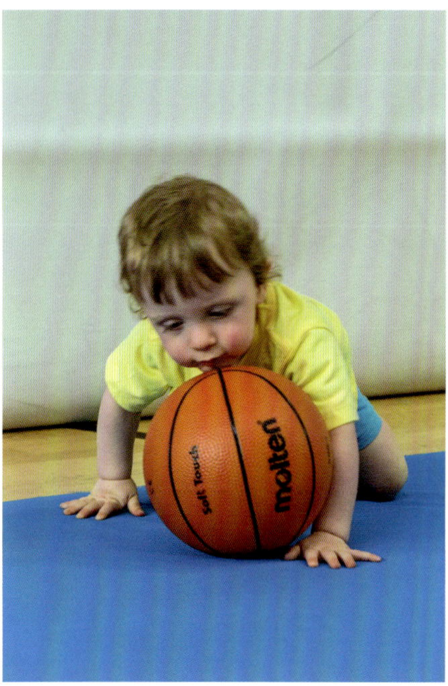

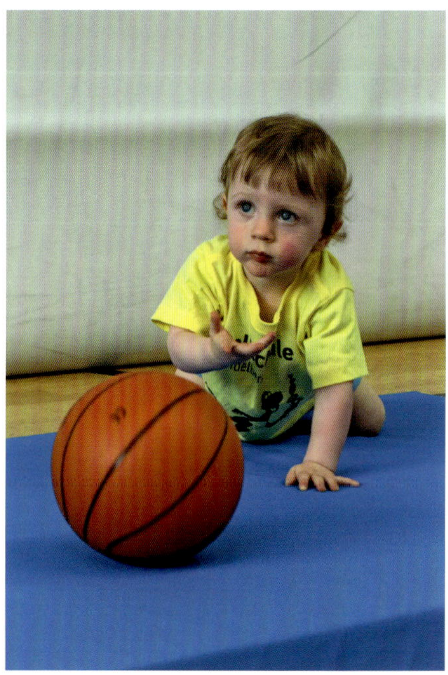

Bär

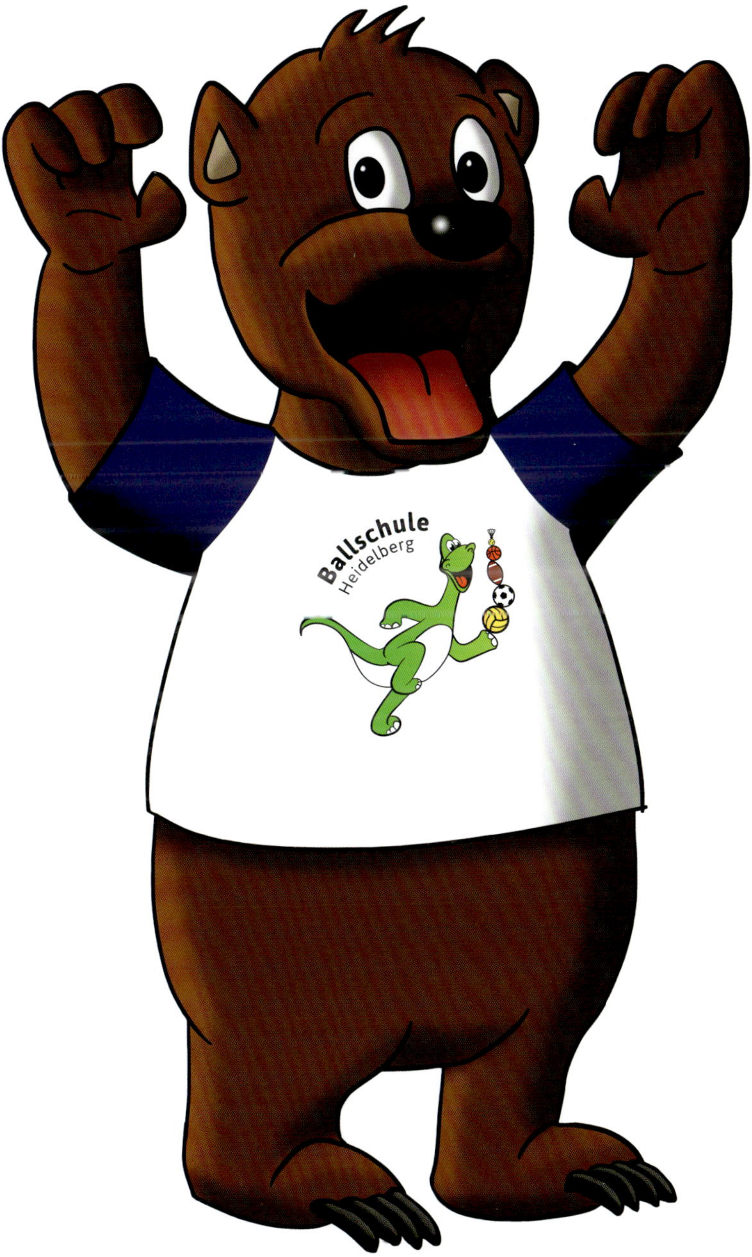

Pferd

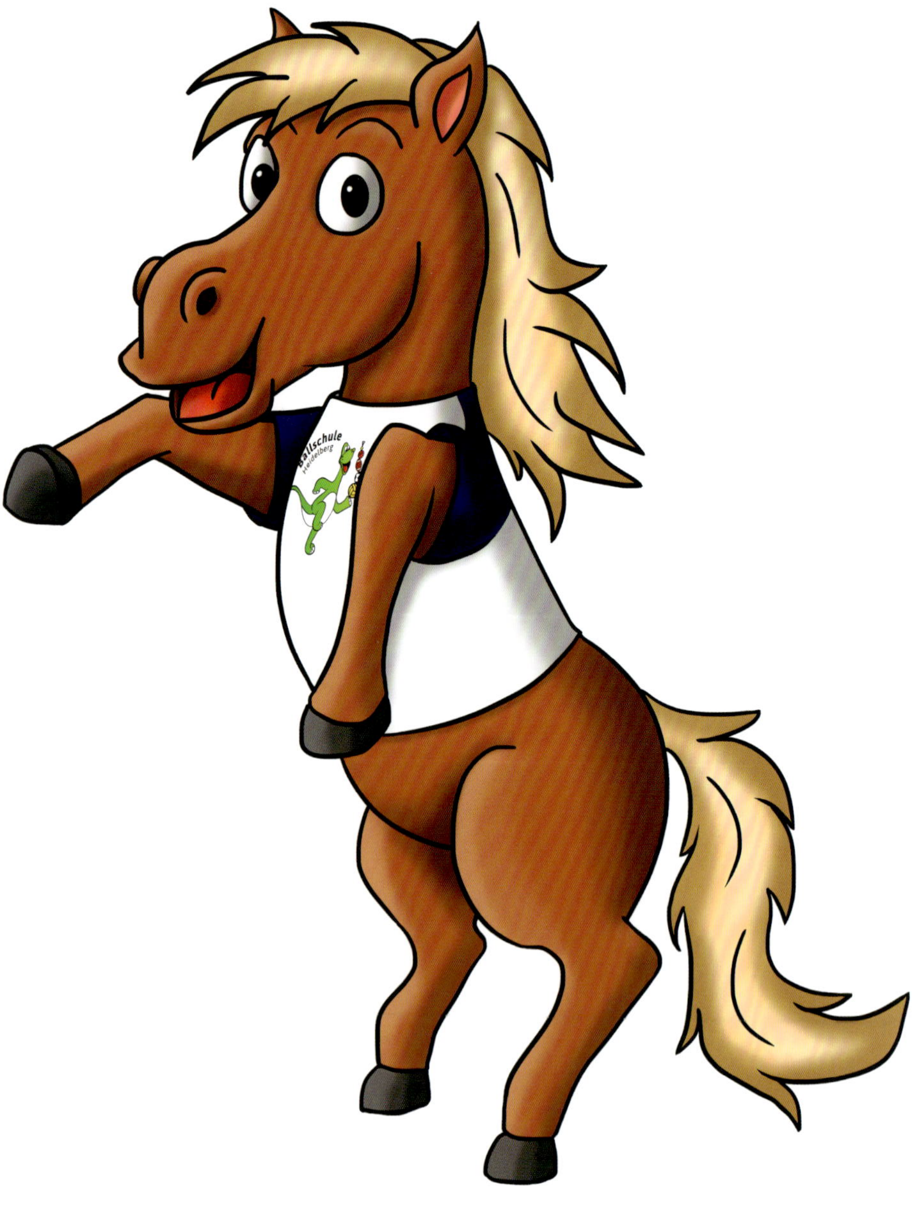

Elefant

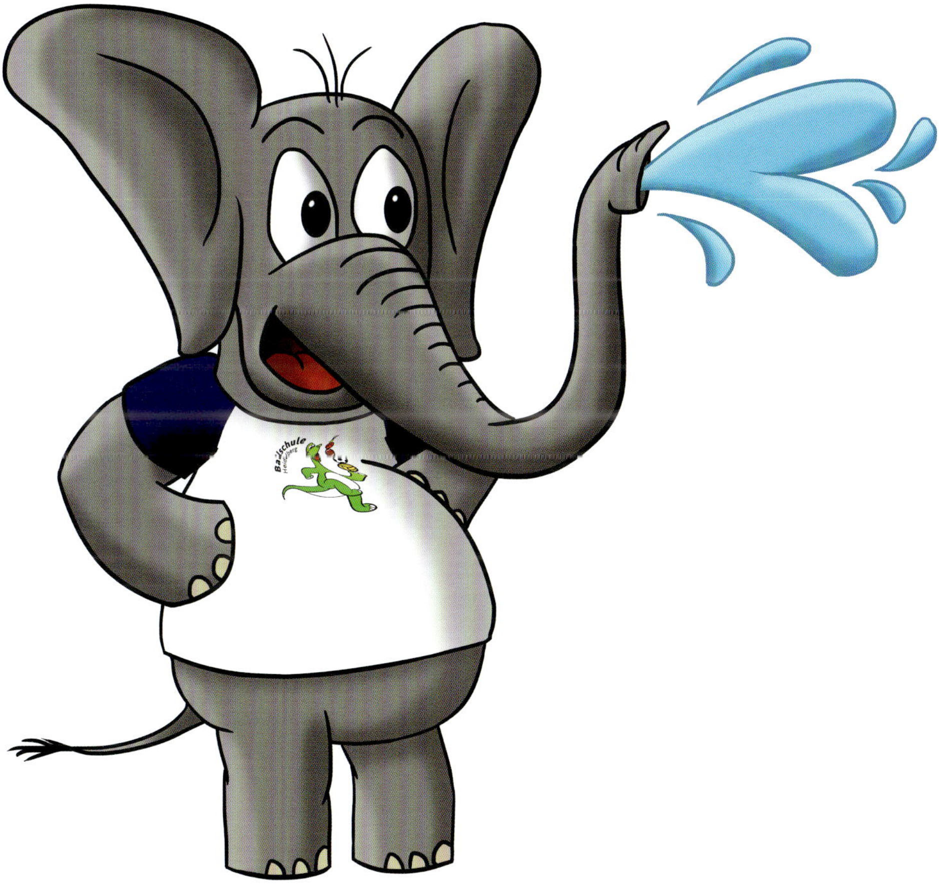

INDIANER

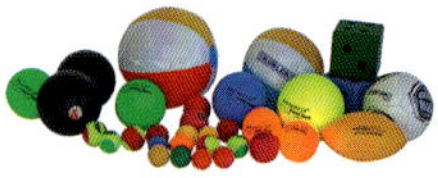 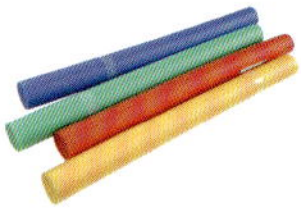 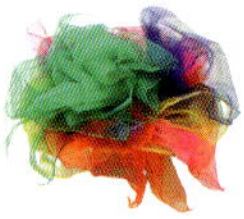 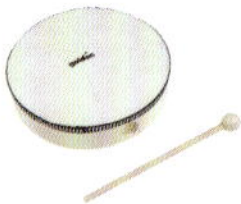 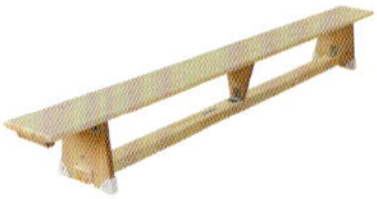

Säule A	Laufen	Werfen	Tragen, Rollen & Dribbeln
Säule B	Körperposition und -bewegung sichern		
Säule C	Wortbedeutung erschließen	Arbeitsgedächtnis	

SPIELAUFBAU

Es wird ein Feld für Bälle markiert, z. B. ein mit einer Turnbank abgegrenztes Dreieck in einer Hallenecke.

EINSTIEG

Der ÜL zeigt ein Indianerbild. „Schaut mal, was der Indianer für einen tollen Schmuck trägt. Heute wollen wir auch Indianer sein!" Die Kinder schmücken sich – mit Hilfe ihrer Eltern – mit Federn (Tüchern), wie der Indianer.

SPIELABLAUF

„Da wir uns alle so schön mit Federn geschmückt haben, wollen wir nun das Gelände erkunden!" Gemeinsam mit den Eltern und dem Übungsleiter rennen die Kinder durch die Halle und überqueren verschiedene Hindernisse. Der ÜL kann vorweg laufen und den Takt mit einem Tamburin vorgeben. Dann verteilt er kleine bunte Bälle auf dem Boden. „Oh schaut mal, die Pferde haben Mist gemacht! Lasst uns zusammen den Mist aufsammeln, zum Misthaufen transportieren (tragen, rollen, mit dem Fuß dribbeln) und dann in den Misthaufen (Dreieck hinter einer Bank/kleiner Kasten) hineinwerfen!"

VARIATION

Die Kinder reiten mit einem Pferd umher (Poolnudel zwischen den Beinen).

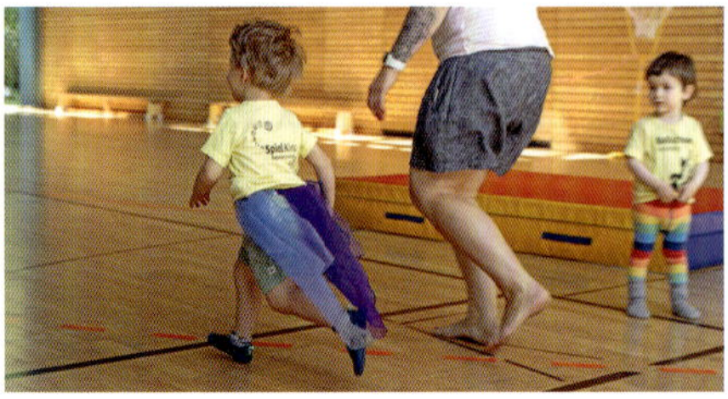 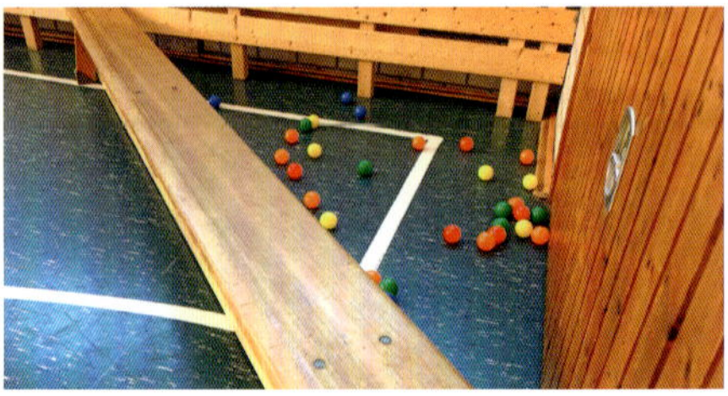

Indianer

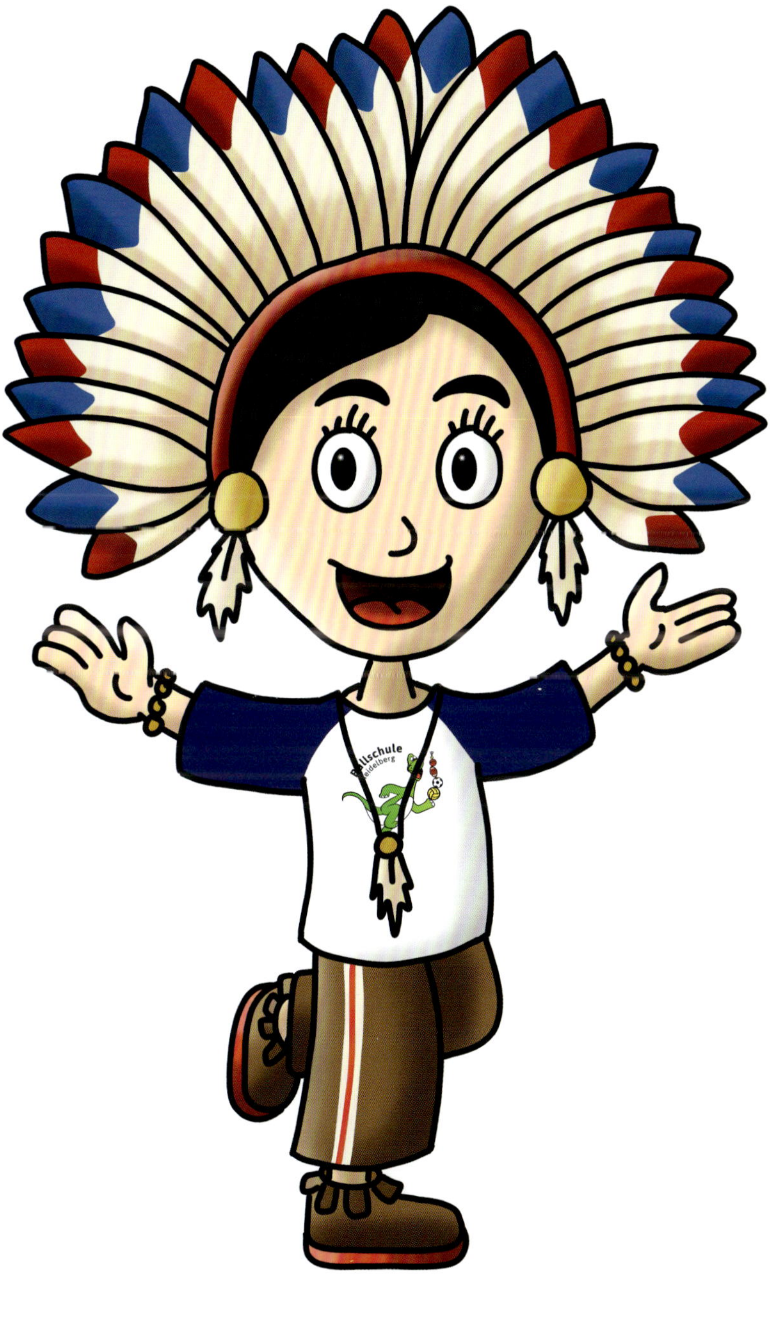

FUSSBALLTRAINER

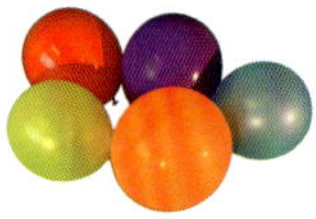 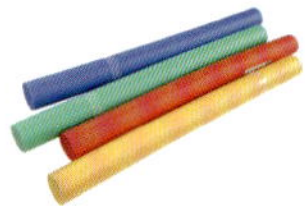 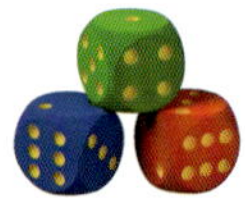

Säule A	Hüpfen & Springen	Werfen, Kicken & Schlagen	Tragen, Rollen & Dribbeln
Säule B	Körperposition und -bewegung sichern	Ballweg einschätzen	Treffpunkt des Balles bestimmen
Säule C	(An-)Zahlen bestimmen	Arbeitsgedächtnis	

EINSTIEG

Der ÜL zeigt ein Bild von einem Fußballer. „Heute sind wir alle Fußballspieler. Ich bin der Trainer und mache euch verschiedene Übungen vor, die ihr versucht, nachzumachen!“ „Mit diesem Ballwürfel dürft ihr gleich alle einmal würfeln. Die Würfelzahl entscheidet, wie oft wir gemeinsam diese Übung ausführen. Als erstes wollen wir uns gleich im Kreis drehen. Melina, fang doch mal an zu würfeln. Oh, eine 3! Los geht's! Drehen wir uns alle dreimal im Kreis!"

SPIELABLAUF

Die Kinder würfeln die Anzahl der Übungen, die gemacht werden sollen:

1. Im Kreis drehen
2. Setzen und wieder aufstehen
3. Auf der Stelle laufen
4. Bücken und strecken
5. Springen ...

Jetzt spielen die Kinder mit ihren Eltern zusammen:

6. Luftballon zuwerfen und fangen
7. Luftballon mit der Hand oder einem Aquastick gegenseitig zuschlagen
8. Ball oder Luftballon mit dem Fuß kicken und mit dem Fuß anhalten ...

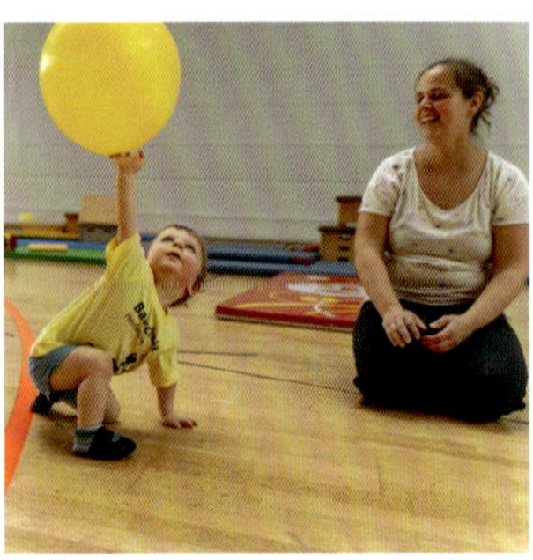 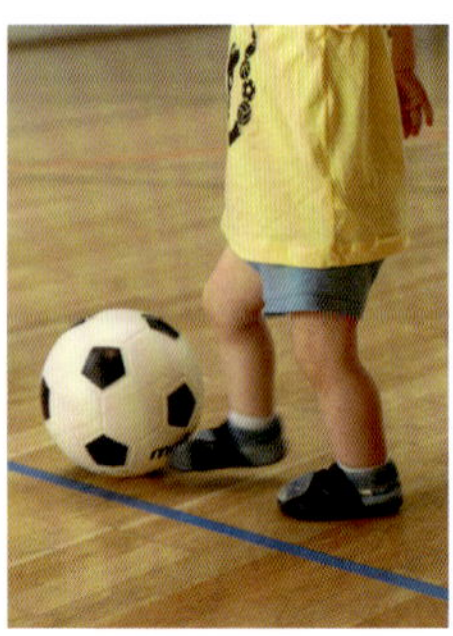 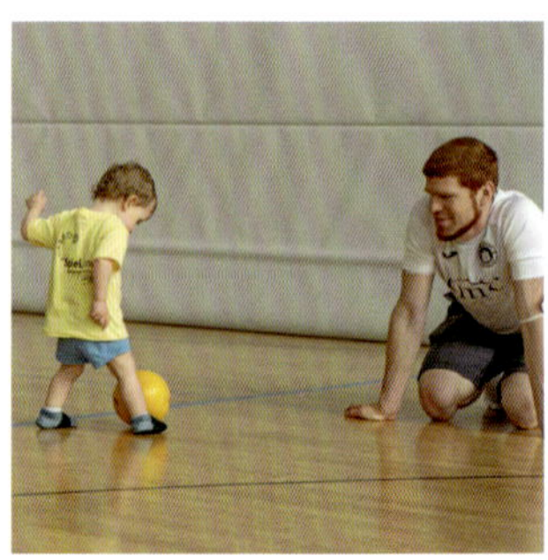

Fußballspieler

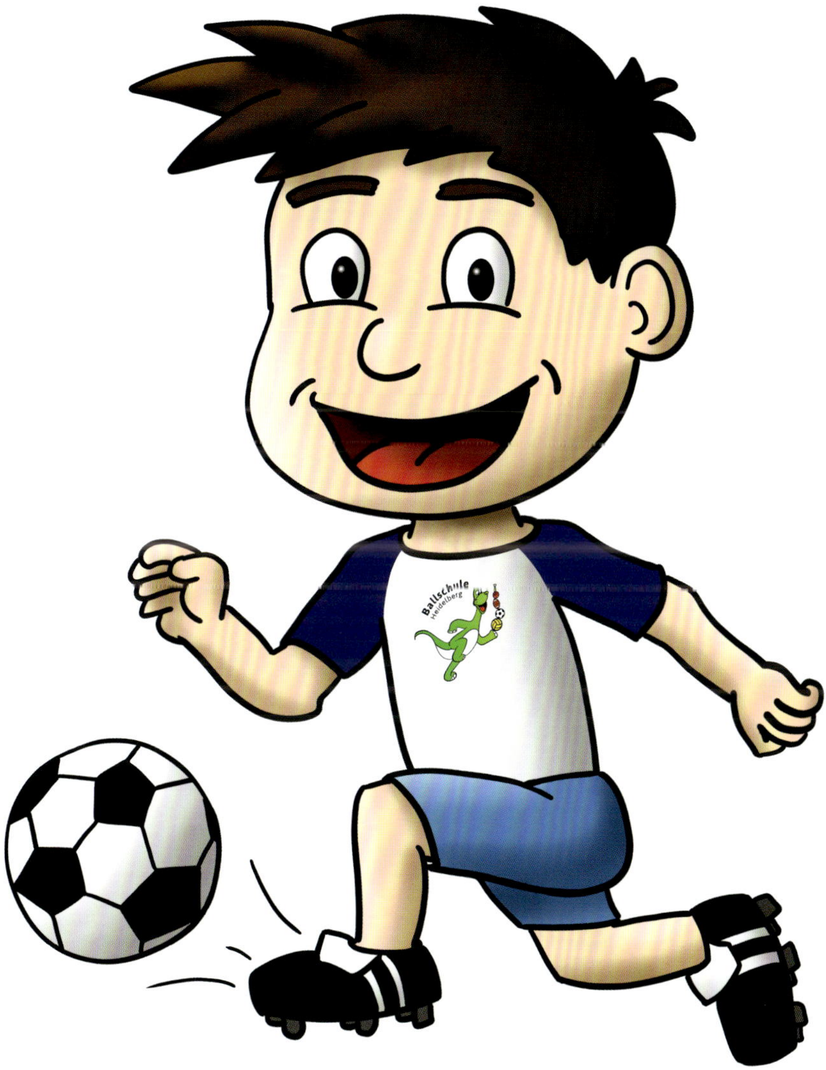

REGENWURM

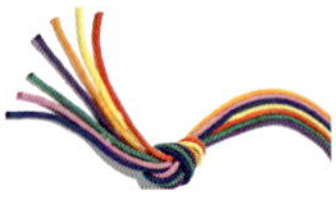 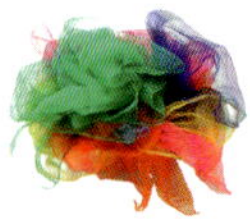 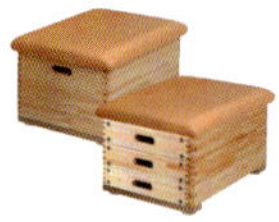 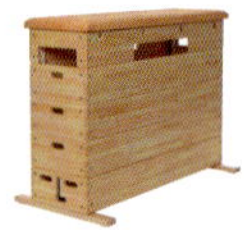 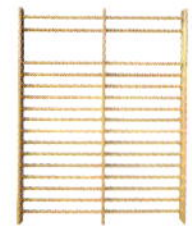

Säule A	Durchkriechen, Steigen & Klettern	Laufen	
Säule B	Körperposition und -bewegung sichern		
Säule C	(An-)Zahlen bestimmen	Arbeitsgedächtnis	

SPIELAUFBAU

Ein Baum mit Blättern wird aufgebaut. Dazu werden Wäscheklammern an ein Seil gehängt. Das Seil kann z. B. an der Hallenwand, einer Sprossenwand oder Stange befestigt werden. In der anderen Hallenhälfte werden Tücher als Wurmlöcher ausgelegt. Auf dem Weg vom Baum zu den Wurmlöchern stehen ein kleiner Kasten und ein Kasteninnenteil.

EINSTIEG

Der ÜL zeigt ein Bild von einem Regenwurm. „Regenwürmer leben in Wurmlöchern. Wenn es im Herbst regnet, kommen sie heraus und man kann viele Regenwürmer auf dem Boden finden. Habt ihr schon einmal einen Regenwurm gesehen oder sogar schon in der Hand gehabt?“

SPIELABLAUF

„Heute wollen wir die Regenwürmer füttern. Regenwürmer lieben Blätter, besonders die, die noch am Baum hängen. Schaut mal, hier an dem Baum hängen die leckersten Blätter (Wäscheklammern) für die Regenwürmer. Wollen wir sie abpflücken und zu den Wurmlöchern bringen? Auf dem Weg zu den Löchern müsst ihr einen kleinen Hügel (einen kleinen Kasten) überklettern oder durch eine Grube (ein Kastenteil) krabbeln!“ Jedes Kind füttert einen Regenwurm (ein Tuch) mit z. B. drei Blättern!

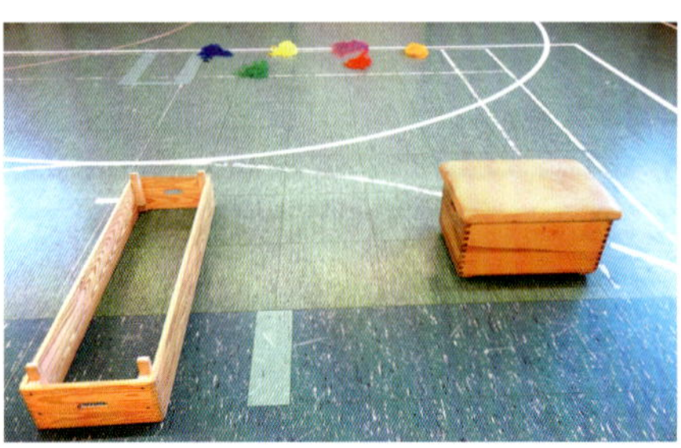 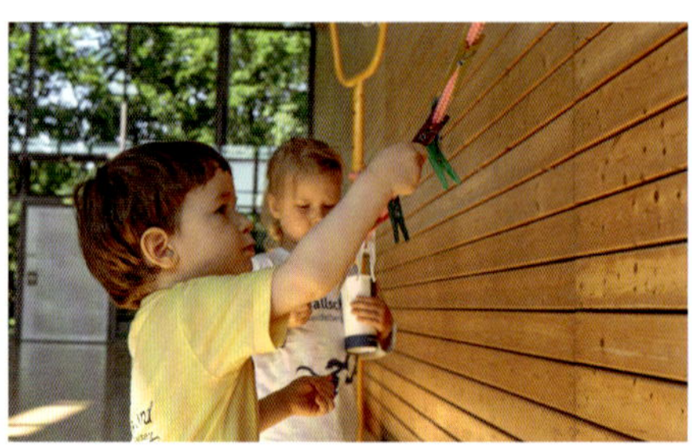

Regenwurm

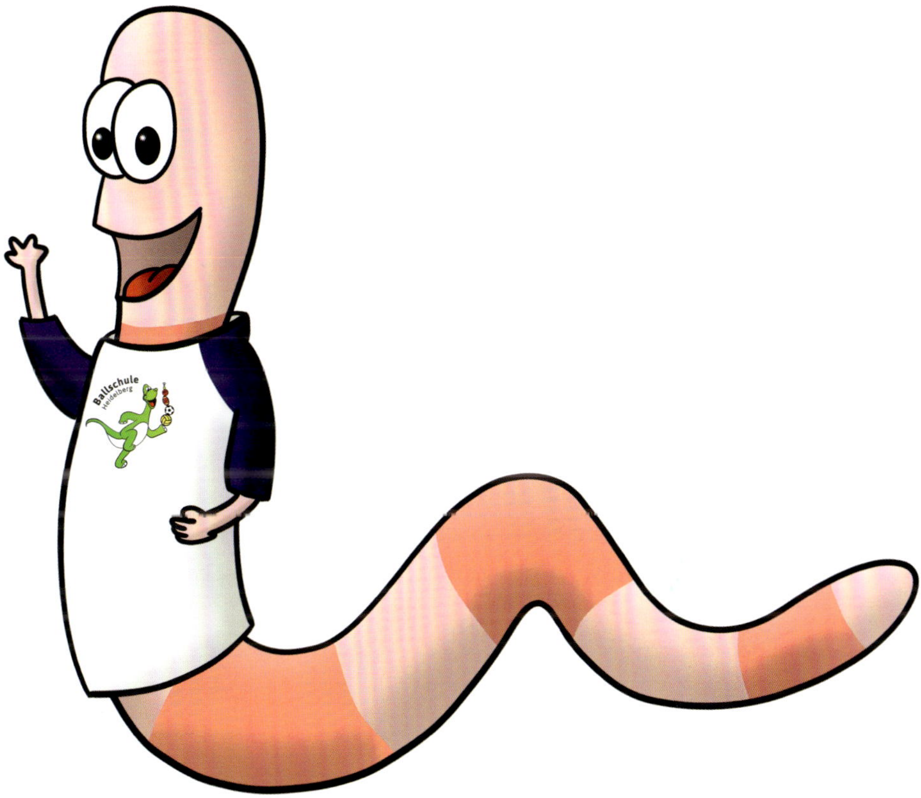

MAUS UND KÄSE

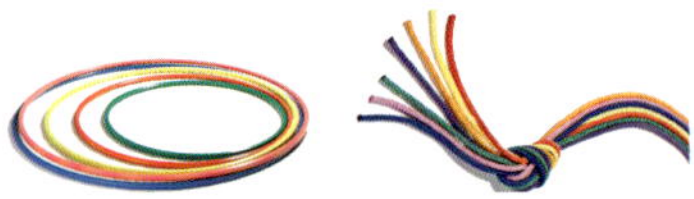

Säule A	Laufen		
Säule B	Objekt balancieren	Geh-/Laufweg festlegen	
Säule C	Arbeitsgedächtnis	Geometrische Muster erkennen	(An-)Zahlen bestimmen

SPIELAUFBAU

In einen Reifen und/oder in ein Dreieck (ausgelegte Seile) wird ein Bild von einer Maus gelegt. Das sind die Mausehöhlen. Auf dem Hallenboden werden Käsestücke (z. B. Korken) verteilt.

EINSTIEG

„Schaut mal, kennt ihr das Tier? Genau, das ist eine Maus! Und was hat die Maus in ihren Pfoten? Käse! Den liebt die Maus. Doch schaut euch mal um, der leckere Käse (Korken zeigen) ist ja in der ganzen Halle verteilt!"

SPIELABLAUF

„Lasst uns der Maus beim Käsesammeln helfen. Die Maus wohnt in ihrer Mausehöhle, dort bringen wir den ganzen Käse hin. Auf geht's!" Die Kinder nehmen dabei immer nur ein Käsestück (Korken) und balancieren es auf der Handinnenseite oder auf dem Handrücken, damit der Käse nicht zerdrückt wird. Wer es schafft, kann auch zwei Käsestücke (eins auf jeder Hand) balancieren. Die Korken sollen kreisförmig von innen direkt an den Rand der Mausehöhle gelegt werden.

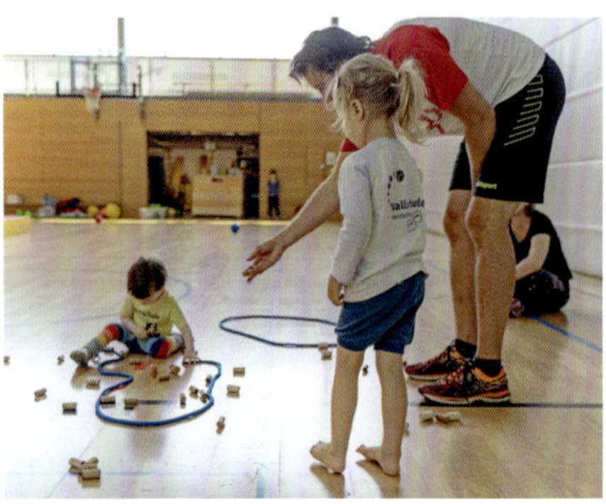

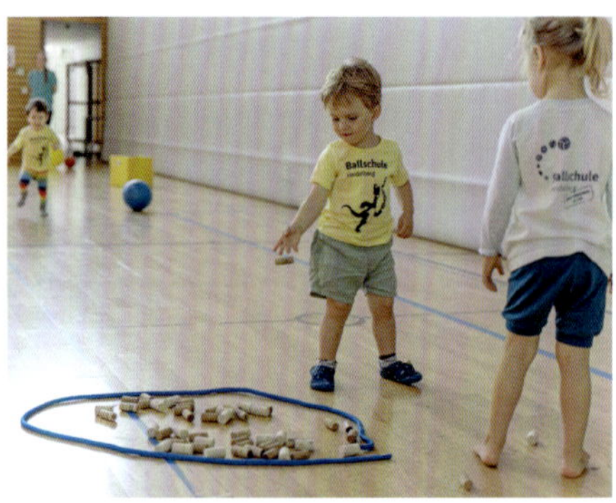

Maus

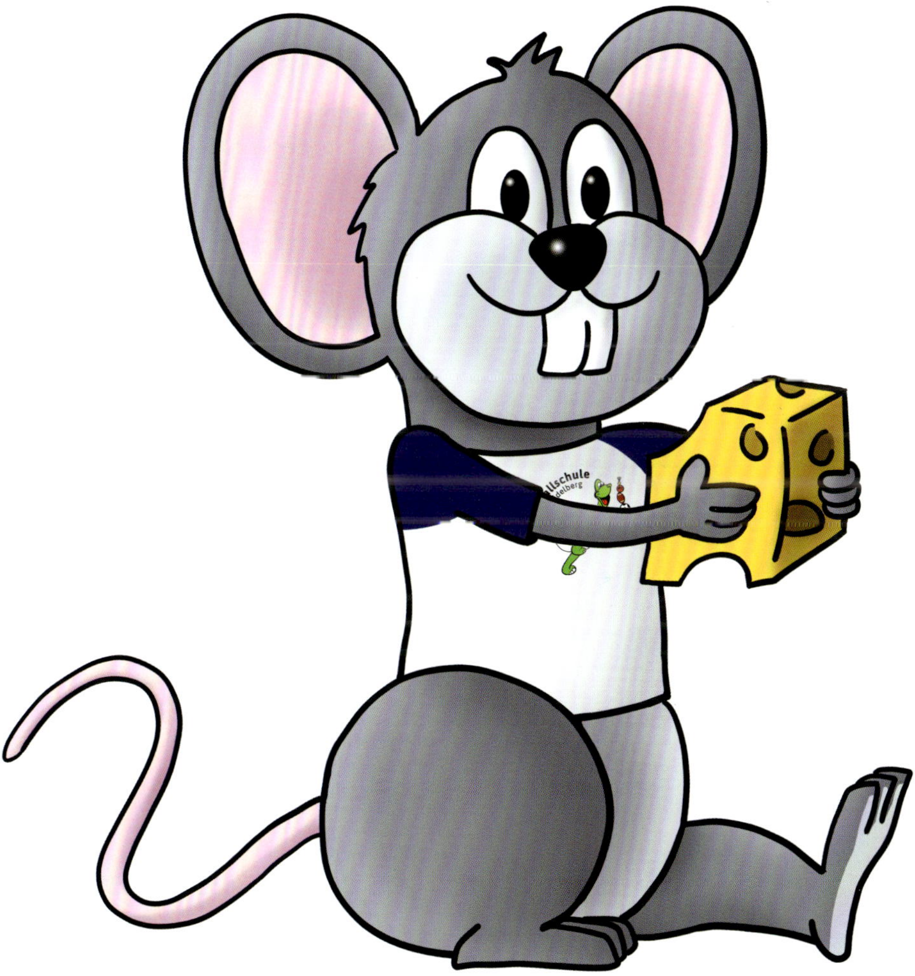

NÜSSE SORTIEREN

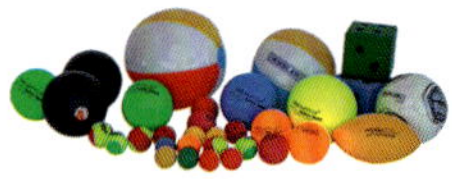

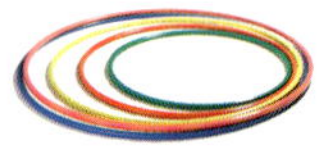

Säule A	Laufen	Balance	
Säule B	Objektarten unterscheiden	Geh-/Laufweg festlegen	
Säule C	Begriffskategorien bilden	Inhibition	(An-)Zahlen bestimmen

SPIELAUFBAU

In verschiedenfarbige Reifen (rote, grüne, blaue, gelbe) wird jeweils ein Eichhörnchen-Bild gelegt. Das sind die Nester der Eichhörnchen. Man nennt sie Kobel. Der ÜL verteilt außerdem in der gesamten Halle viele verschiedene Nüsse (rote, gelbe, grüne, blaue Bälle) oder schüttet sie vor den Kindern aus.

EINSTIEG

Der ÜL zeigt ein Bild von einem Eichhörnchen. „Kennt ihr dieses Tier? Wisst ihr auch, was das Eichhörnchen gerne isst? Richtig, Nüsse! Jetzt im Herbst müssen die Eichhörnchen viel Vorrat für den Winter sammeln. Wir haben hier verschiedene Nester und Nüsse in vier Farben. Das Eichhörnchen aus dem roten Nest mag nur die roten Nüsse, das aus dem blauen Nest nur die blauen usw.!"

SPIELABLAUF

„Wollen wir den Eichhörnchen helfen, die Nüsse zu sammeln? Denkt an die unterschiedlichen Farben. Die roten Bälle müssen in den roten Reifen, die gelben in den gelben usw.!"

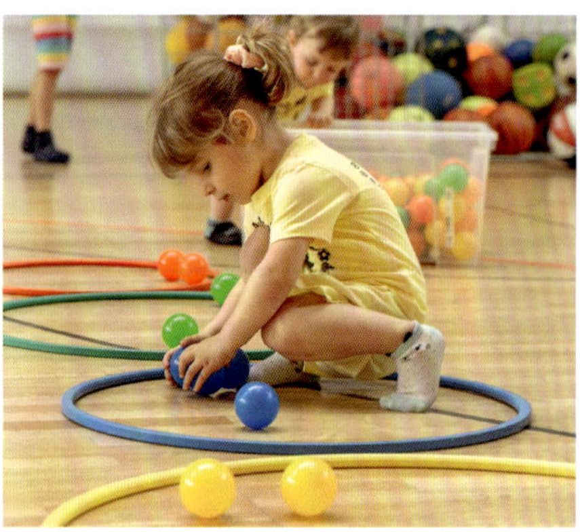

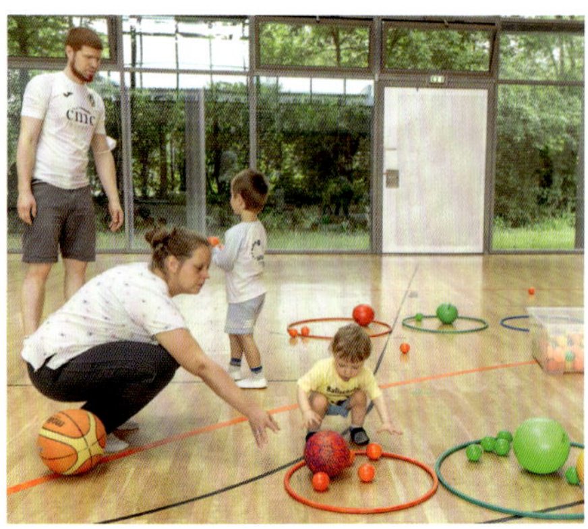

Eichhörnchen

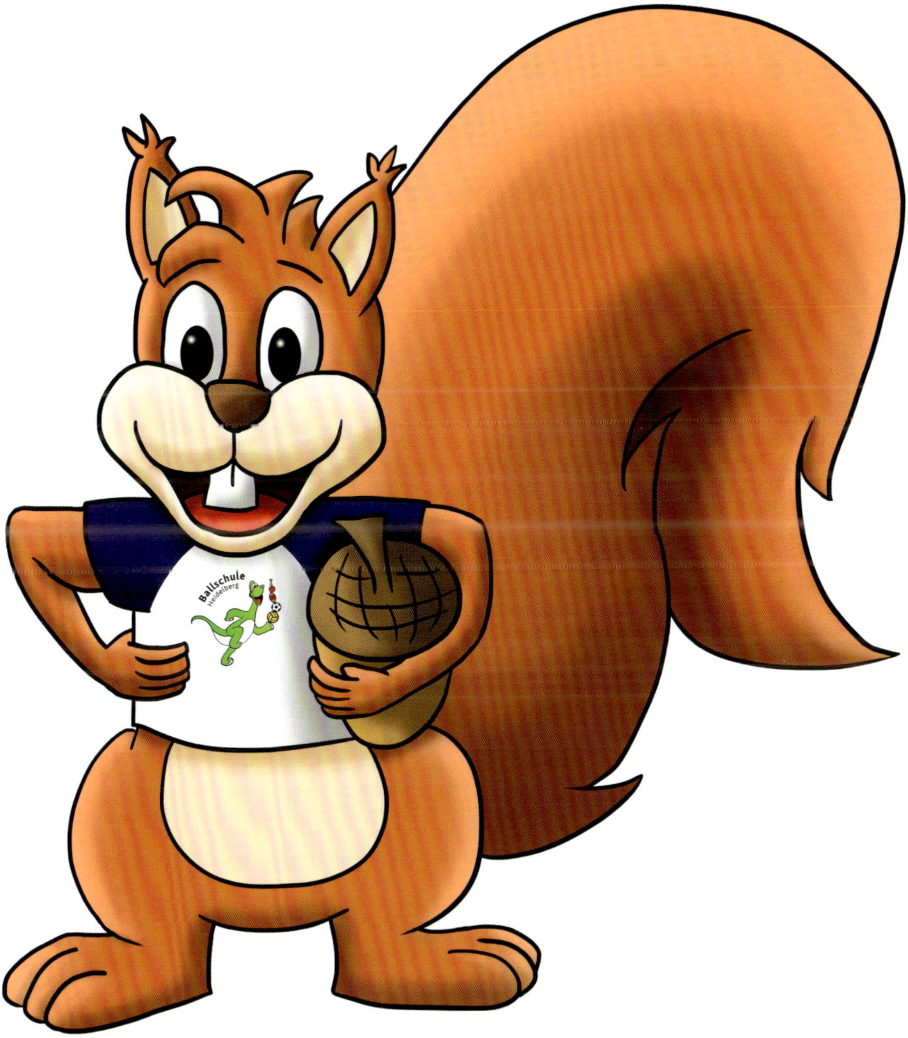

AFFENTANZ

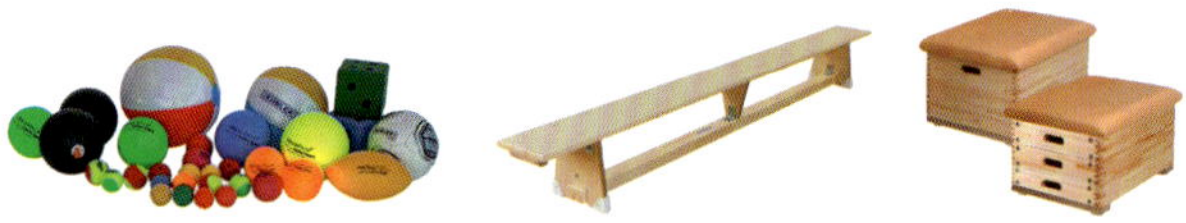

Säule A	Werfen	Purzeln & Wälzen	Hüpfen & Springen
Säule B	Körperposition und -bewegung sichern	Krafteinsatz regulieren	
Säule C	Arbeitsgedächtnis	Inhibition	Kognitive Flexibilität

SPIELAUFBAU

Mehrere Dosen und/oder Becher stehen zum Abwerfen auf zwei kleinen Kästen. Der Kasten muss dabei hinter einer Absperrung stehen (z. B. einer Turnbank), damit die Kinder die Dosen/Becher nicht mit der Hand umstoßen können.

EINSTIEG

Der ÜL zeigt ein Bild von einem Affen. „Heute sind wir alle Affen. Könnt ihr mir zeigen, wie sich die Affen bewegen? Lasst uns zusammen einen Affentanz machen!"

SPIELABLAUF

Der ÜL macht verschiedene „Übungen" vor:

- mit den Füßen stampfen
- auf allen Vieren gehen
- auf dem Boden rollen, sich wälzen
- springen ...

„Schaut mal Kinder, da vorne wachsen leckere Bananen. Lasst uns die Bananen vom Baum holen!" (aufgestellte Dosen/Becher auf einer Turnbank). Die Kinder werfen die Dosen/Becher mit Bällen herunter.

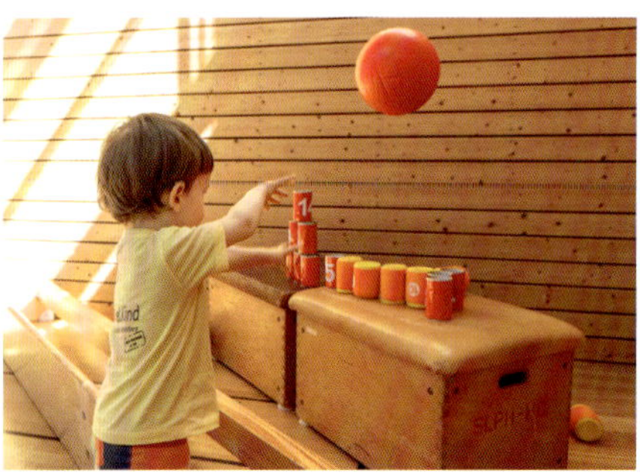

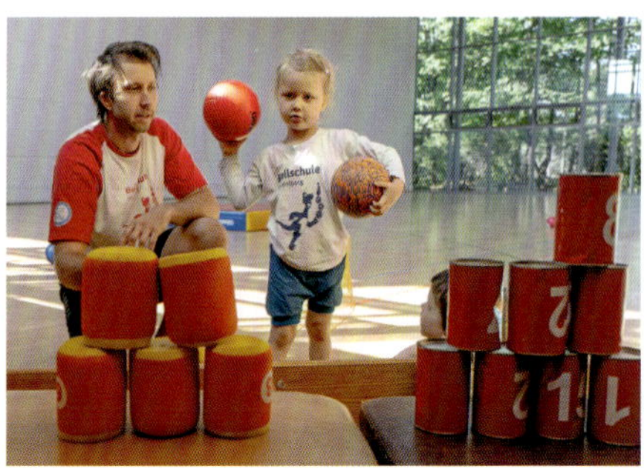

Affe

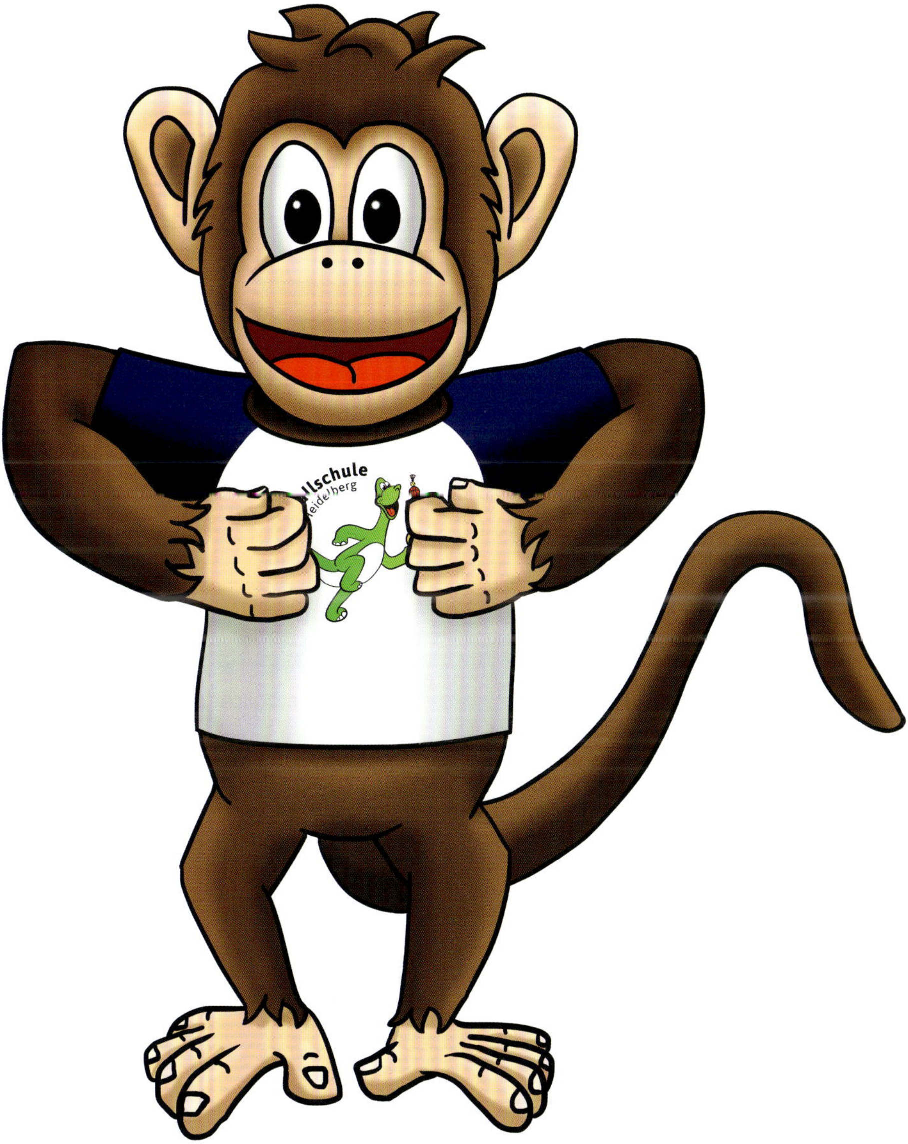

ENTEN FÜTTERN

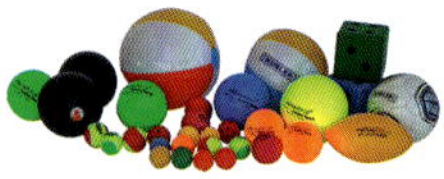 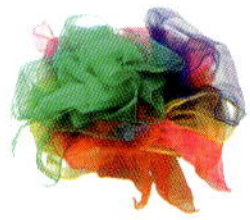 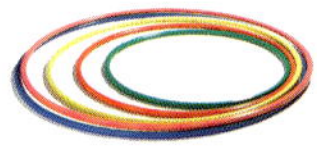 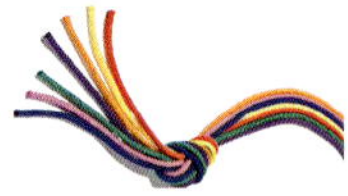

Säule A	Tragen, Rollen & Dribbeln	Werfen	
Säule B	Geh-/Laufweg zum Ball festlegen		
Säule C	Objektarten unterscheiden	Ordinalzahlen entdecken	Begriffskategorien bilden

SPIELAUFBAU

Aus Reifen oder Tüchern wird ein Ententeich gebaut. Das Ufer – bis zu dem die Kinder gehen dürfen – wird mit Seilen markiert. Auf dem Hallenboden liegen verschiedene Bälle (Entenfutter).

EINSTIEG

Der ÜL zeigt ein Bild von einer Ente. „Heute wollen wir die Enten im Teich füttern. Schaut mal das Entenfutter liegt in der ganzen Halle verteilt auf dem Boden. Wir bringen es jetzt zum Teich. Aber passt auf, ihr dürft nicht zu nah ans Ufer gehen. Nicht, dass ihr ins Wasser fallt und nass werdet!"

SPIELABLAUF

Die Kinder sammeln jegliches Futter, das sie finden. Weitere mögliche Impulse:

„Sammelt jetzt zuerst

- die großen Bälle
- die Bälle einer bestimmten Farbe
- die ganz weichen Bälle
- die Bälle, die am weitesten vom Teich entfernt liegen“ usw.

Die Kinder holen die entsprechenden Bälle und tragen, rollen oder dribbeln sie zum Teichufer. Dann werfen sie die Bälle vom Ufer in den Teich.

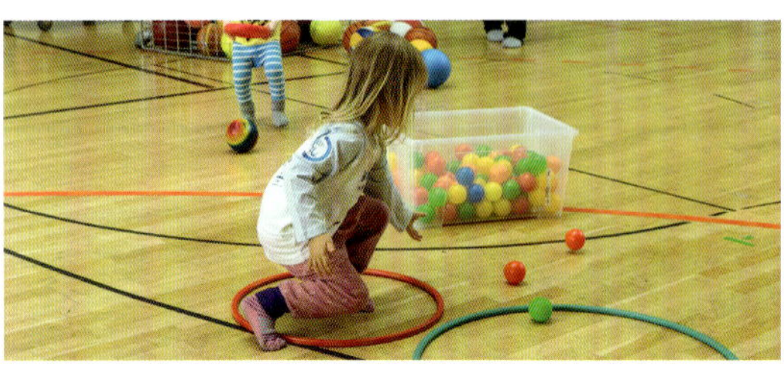

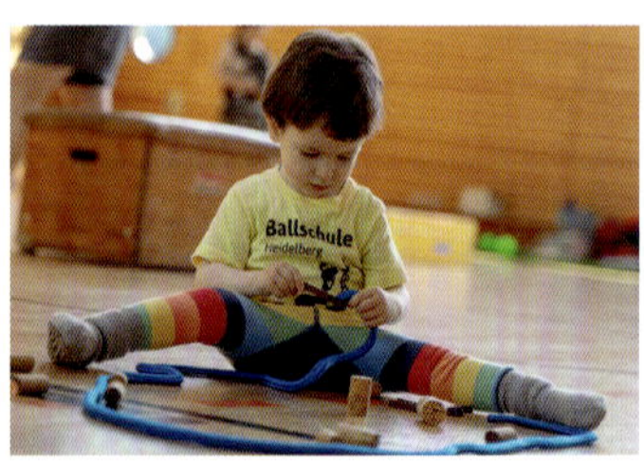

Ente

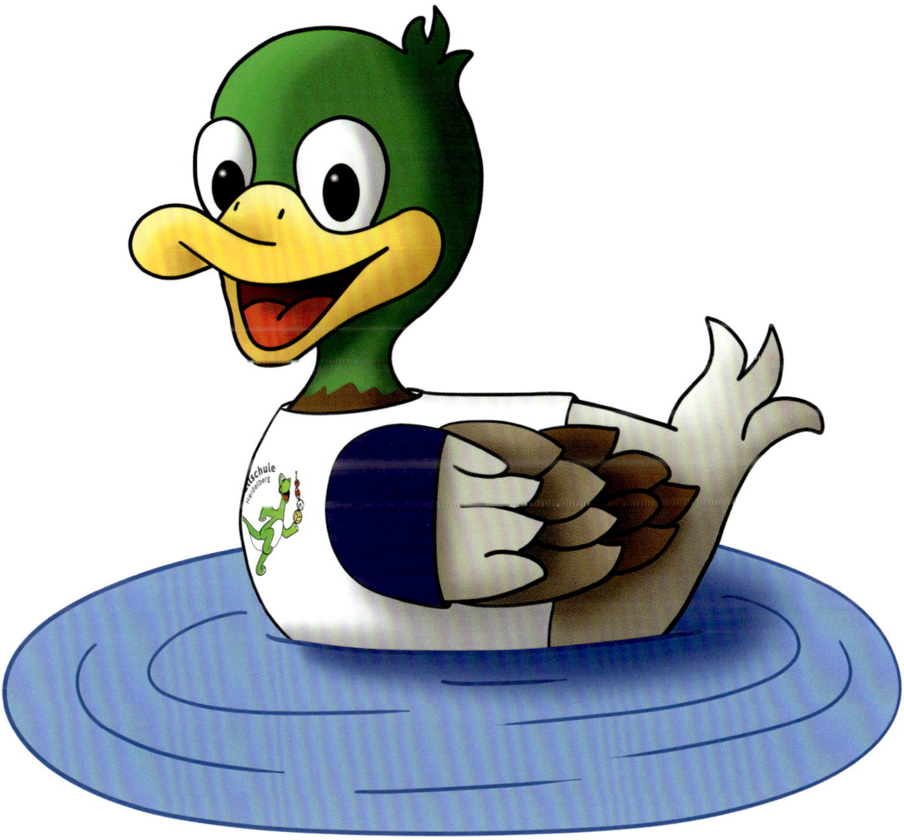

CLOWN 1

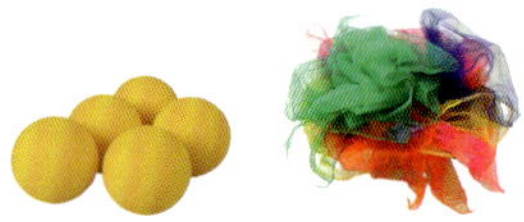

Säule A	Fangen	Werfen	
Säule B	Objekt balancieren	Krafteinsatz regulieren	
Säule C	Kognitive Flexibilität		

EINSTIEG

Der ÜL zeigt ein Bild von einem Clown. „Wart ihr schon einmal im Zirkus? Der Clown macht ja immer ganz lustige und verrückte Kunststücke!“

SPIELABLAUF

„Heute wollen wir alle Clowns sein und verschiedene Kunststücke üben. Ich mache euch was vor und ihr versucht, es nachzumachen. Ok?" Jedes Kind bekommt ein Tuch und probiert die nachfolgenden Übungen aus:

- „Könnt ihr das Tuch, so wie ich, hochwerfen und mit beiden Händen oder einer Hand fangen?“
- „Versucht es mal mit eurem Kopf oder Rücken!“
- „Könnt ihr das Tuch hochwerfen und euch dann einmal drehen, bevor es wieder gelandet ist?“

Jedes Kind bekommt einen Soft-Tennisball:

- „Könnt ihr den Tennisball zusammen mit euren Eltern auf dem Tuch tragen? Wow, das klappt ja schon gut!"
- „Probiert doch einmal den Ball mit dem Tuch hochzuwerfen und wieder aufzufangen!“
- „Lässt sich der Ball auf den Tüchern rollen, ohne herunterzufallen?“

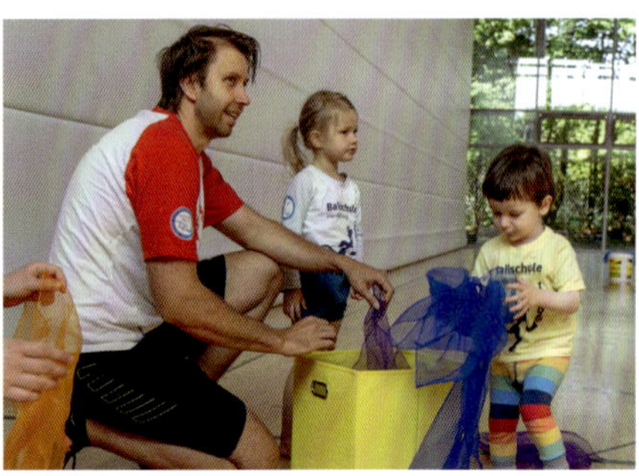

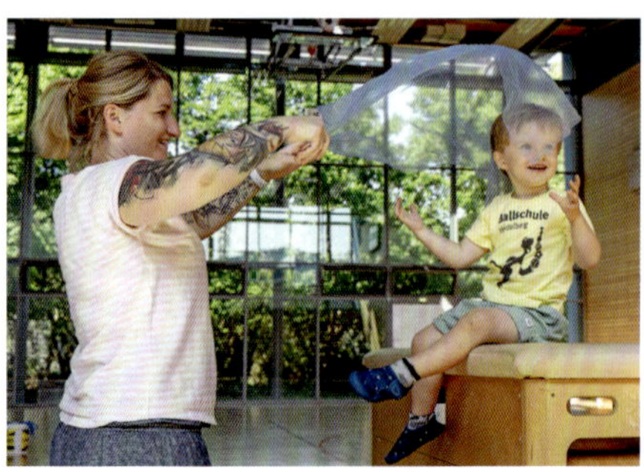

Clown

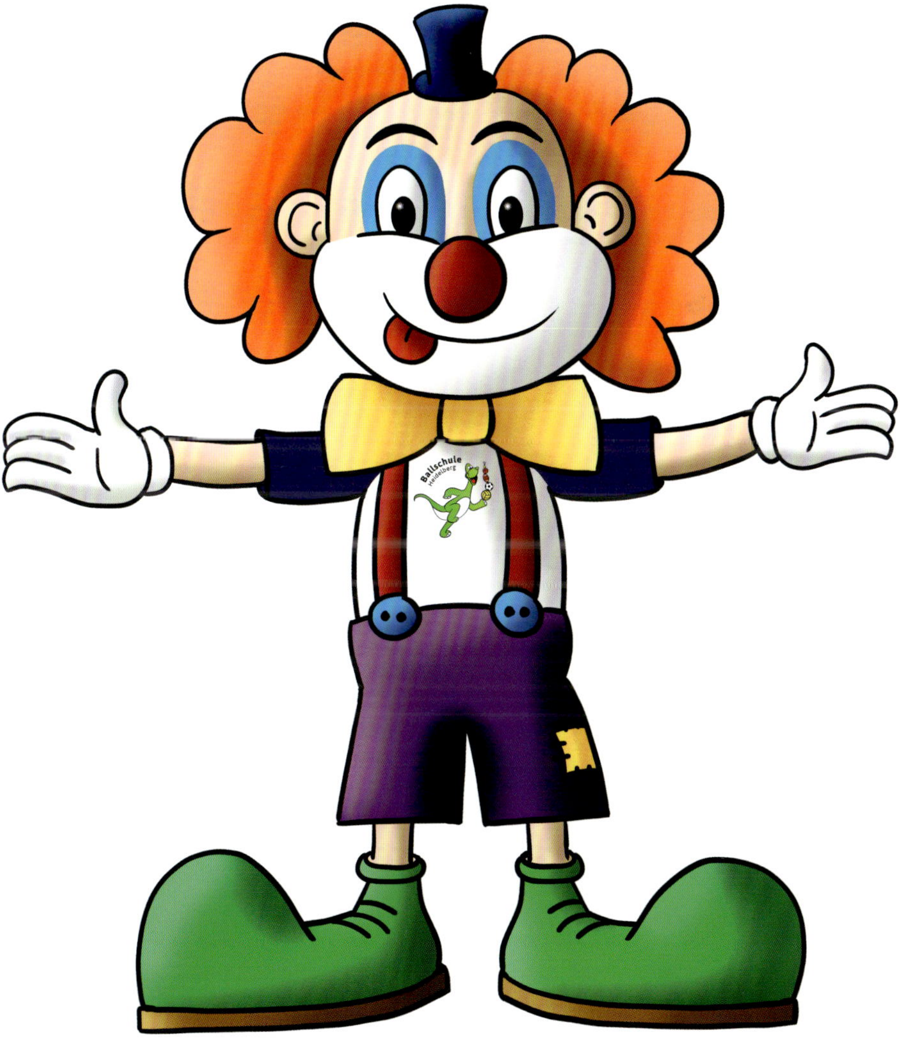

FISCHE FANGEN

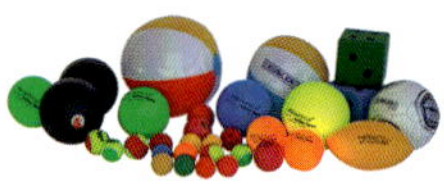
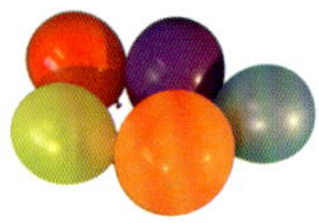
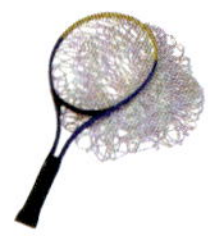
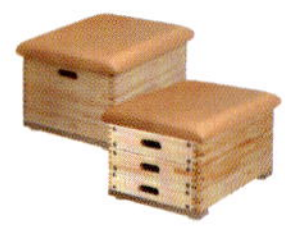
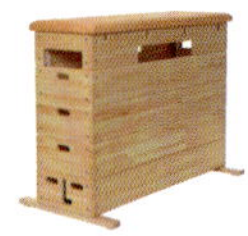

Säule A	Fangen	Werfen & Schlagen	
Säule B	Objekt balancieren	Objektarten unterscheiden	Krafteinsatz regulieren
Säule C	Inhibition	Arbeitsgedächtnis	

SPIELAUFBAU

Kleine Kästen bilden mit ihrer offenen Seite nach oben die Spitzen von Eisbergen. Sie liegen z. B. auf einem großen Kasten (nicht zu niedrig, um aktives Werfen zu fördern). Alternativ kann auch ein Ball-Kescher genutzt werden.

EINSTIEG

„Die Pinguine wohnen ganz oben auf den Eisbergen (in den kleinen Kästen). Sie sind sehr hungrig, wollen jedoch nicht den weiten Weg zum Meer hinunter robben!" Der ÜL zeigt ein Bild von einem Fisch.

SPIELABLAUF

„Auf dem Boden schwimmen die Fische (Bälle und Luftballons) im Wasser. Lasst uns den Pinguinen beim Fische fangen helfen. Versucht, den Pinguinen die schweren Fische (Bälle) direkt in den Schnabel (in die kleinen Kästen) zu werfen. Die leichten Fische (Luftballons) sollen mit der Hand in die Kästen geschlagen werden!"

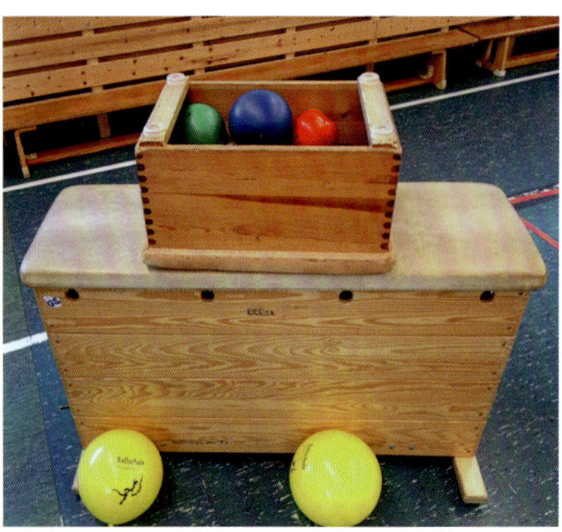
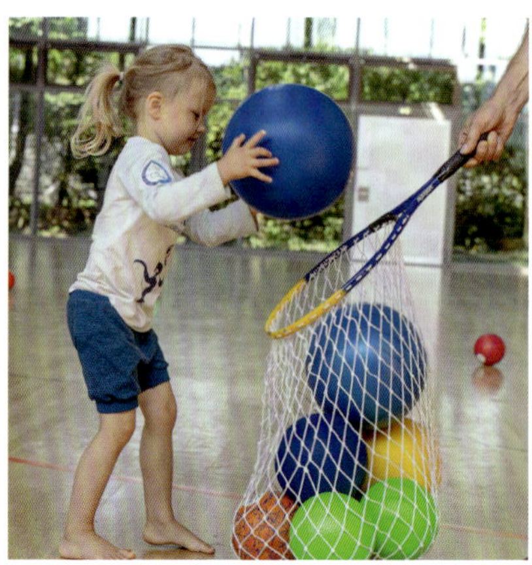

Fisch

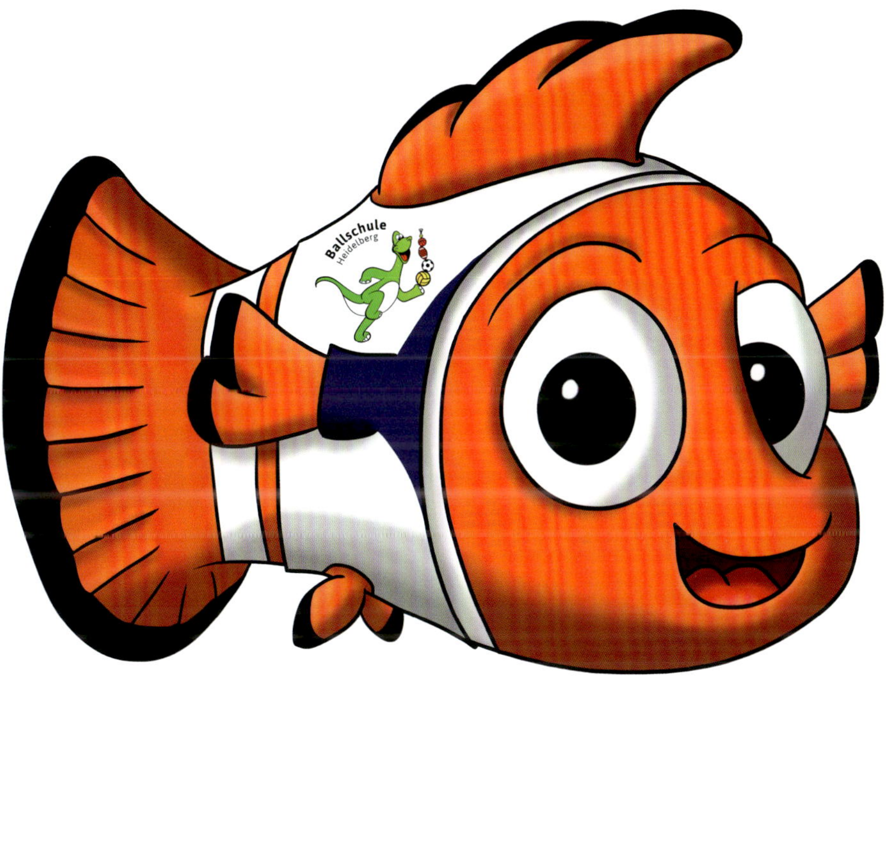

IM OBST- UND GEMÜSEGARTEN

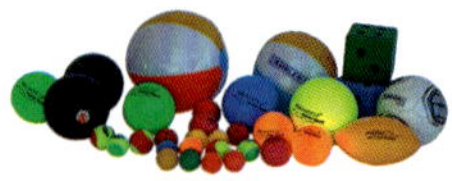 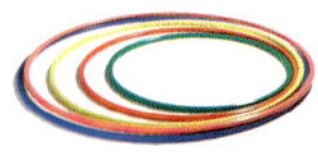

Säule A	Tragen, Rollen & Dribbeln	Laufen	
Säule B	Objektarten unterscheiden		
Säule C	Inhibition/ Arbeitsgedächtnis	(An-)Zahlen bestimmen	Begriffskategorien bilden

SPIELAUFBAU

In der Halle werden verschiedenfarbige Reifen mit Obst-/Gemüse-Bildern ausgelegt. Zusätzlich werden viele Bälle auf dem Boden verteilt oder vor den Kindern ausgeschüttet. Sie haben die gleichen Farben wie die Reifen.

EINSTIEG

„Heute sind wir in einem großen Obst- und Gemüsegarten. Kommt doch alle mit! Sehen wir uns gemeinsam – mit Musik – den Garten an! Schaut mal, hier im Beet (Reifen) wachsen Gurken. Und hier Apfelsinen, Tomaten und Pflaumen. Die Bälle sind die Samen. Wir müssen sie auf dem richtigen Platz einpflanzen, damit sie wachsen können. Die grünen Samen werden zu Gurken (Kiwis, Äpfeln), die orangenen zu Apfelsinen (Möhren), die roten zu Tomaten (Erdbeeren) und die blauen zu Pflaumen (Heidelbeeren)!"

SPIELABLAUF

Die Kinder sollen die Bälle (Samen) zu den farblich passenden Reifen (Beeten) bringen. Dabei können die grünen und orangenen Bälle mit der Hand und die roten und blauen mit dem Fuß transportiert werden. Die Beete dürfen nicht zu voll gepflanzt werden, damit das Obst/Gemüse gut wächst (maximal fünf Samen). Wenn ein Beet voll ist, können die Kinder auch noch einen neuen Reifen in der gleichen Farbe holen und auslegen.

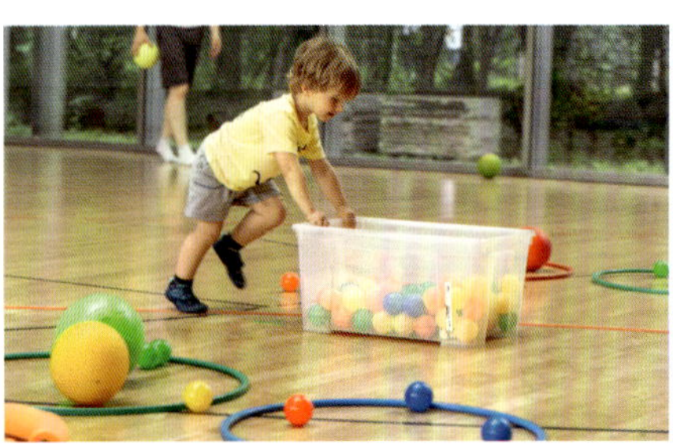 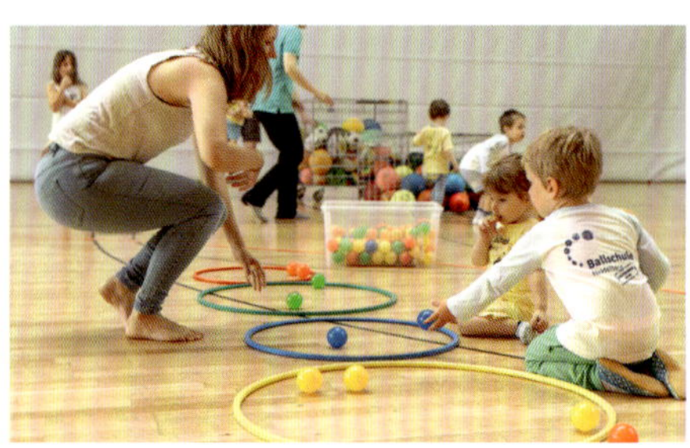

Obst und Gemüse

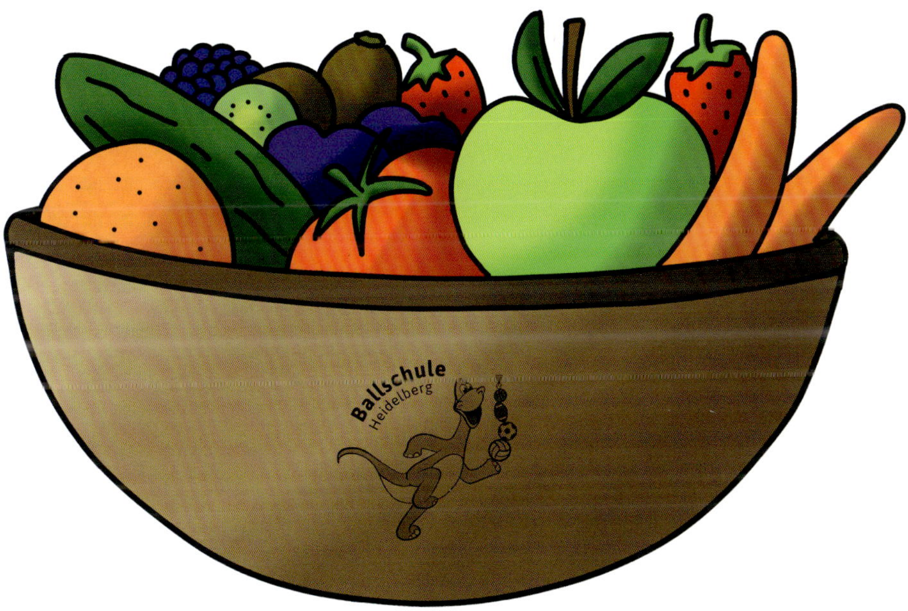

TIGERFÜTTERUNG

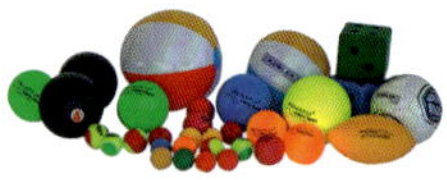

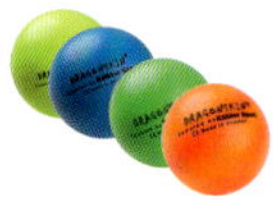

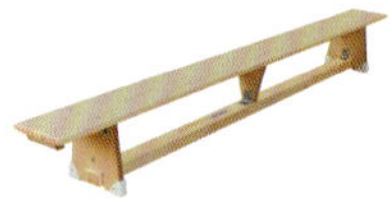

Säule A	Tragen, Rollen & Dribbeln	Werfen	
Säule B	Objektarten unterscheiden	Krafteinsatz regulieren	
Säule C	Wortbedeutung erschließen	Mengenvorstellung entwickeln	Begriffskategorien bilden

SPIELAUFBAU

Zwei Turnbänke stehen im Dreieck vor einem kleinen Kasten an der Wand. An dem Kasten klebt ein Tigerbild und auf dem Kasten ist das Fleisch (Dosen/Becher) aufgereiht. Die Kinder dürfen nicht in das Tigergehege, um aktives Werfen zu fördern.

EINSTIEG

Der ÜL zeigt ein Tigerbild. „Schaut mal Kinder, hier im Käfig wohnt der Tiger. Er hat riesengroßen Hunger und möchte gerne das leckere Fleisch (die Dosen/Becher) essen!“

SPIELABLAUF

„Zur Tigerfütterung muss das Fleisch zu den Tigern gebracht werden. Doch wir sollten vorsichtig sein und dürfen nicht zu nah an das Gehege heran. Deshalb müssen wir das Fleisch mit den Bällen abwerfen, damit es in den Tigerkäfig fällt!" Jetzt wollen die Tiger etwas anderes essen. Statt der Becher/Dosen werden nun leichte, große Bälle verwendet. Die Kinder suchen z. B. Softbälle/Elefantenhautbälle heraus und legen sie zum Abwerfen auf die Turnbänke.

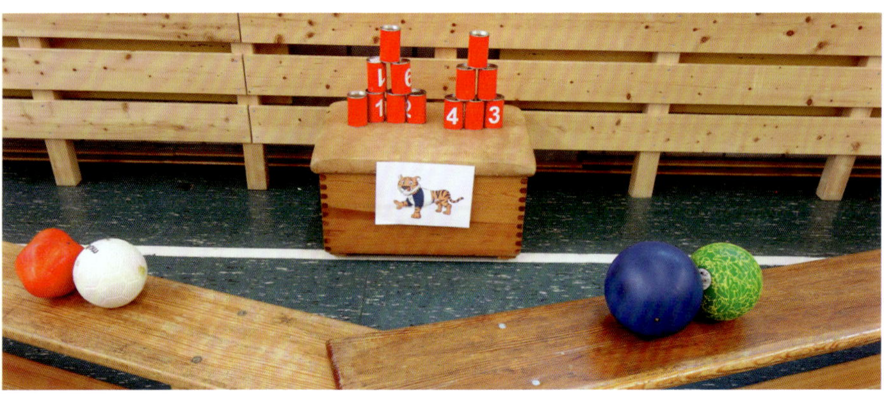

Tiger

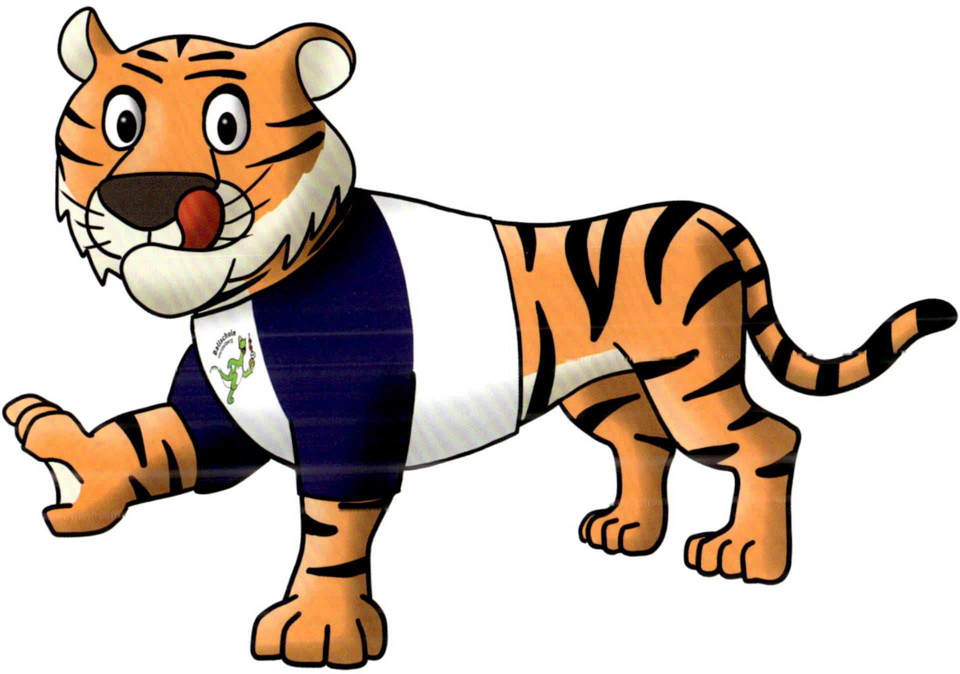

DELFIN

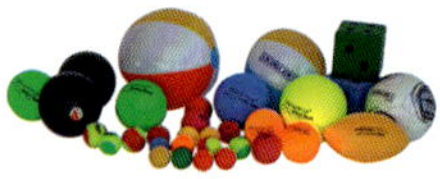 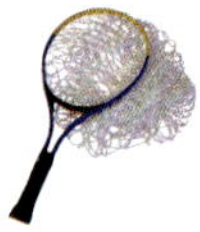 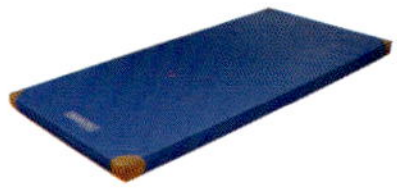 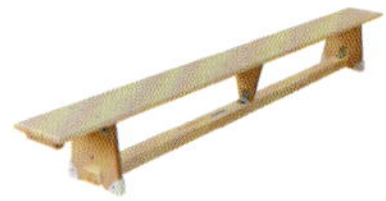 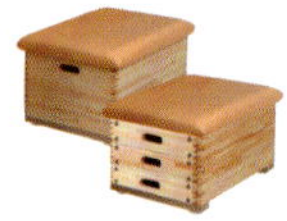

Säule A	Rollen	Werfen & Kicken	
Säule B	Objektarten unterscheiden		
Säule C	Inhibition	Arbeitsgedächtnis	Begriffskategorien bilden

SPIELAUFBAU

Mit Matten und Turnbänken werden Wellen imitiert. In etwa drei Metern Abstand zum Ende der Matten (Meeresrand) befindet sich ein kleiner Delfin, z. B. ein umgedrehter kleiner Kasten oder ein Ball-Kescher.

SPIELABLAUF

Die Fische (Bälle) werden von den Kindern mit der Hand über die Wellen des Meeres (die Matten) gerollt. Dann werden die Bälle zu dem umgedrehten kleinen Kasten (Ball-Kescher) gebracht und hineingeworfen. Achtung: Der Delfin schwimmt plötzlich umher und macht es den Kindern nicht so leicht hineinzuwerfen (Übungsleiter läuft mit dem Ball-Kescher umher).

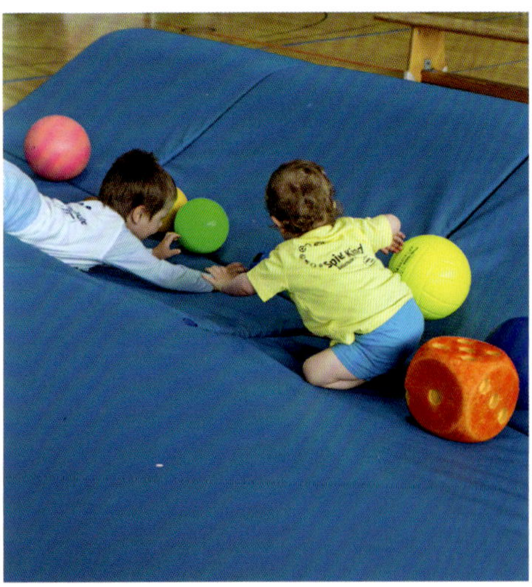

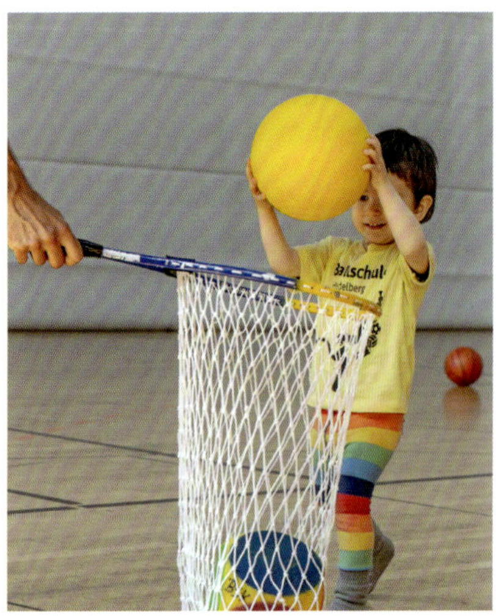

Delfin

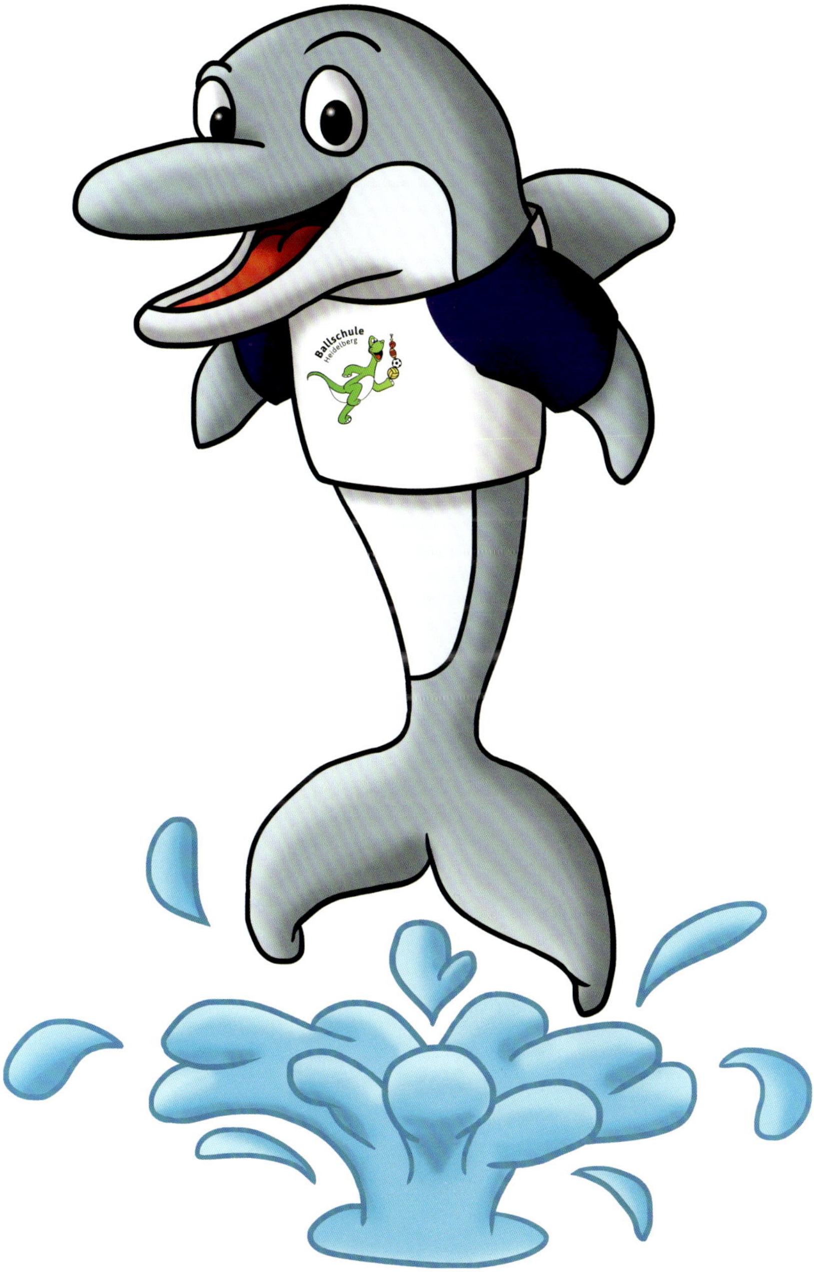

FLUGZEUG

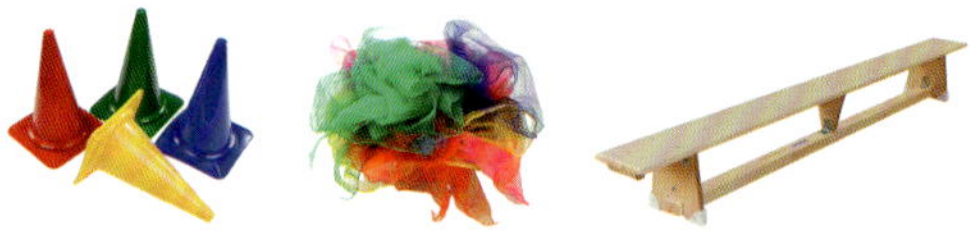

Säule A	Laufen (Variation)	Gehen & Laufen (Präzision)	
Säule B	Objekt balancieren	Berührung/Druck lokalisieren	
Säule C	Wortschatz erweitern		

SPIELAUFBAU

Ein kleiner Parcours wird aufgebaut: Hütchen zum Slalomlaufen und eine umgedrehte Turnbank zum Balancieren.

EINSTIEG

Den Kindern wird ein Flugzeug-Bild gezeigt. „Heute sind wir alle Flugzeuge oder Hubschrauber. Doch die Flugzeuge brauchen einen Antrieb!"

SPIELABLAUF

Jedes Kind nimmt sich ein Tuch oder zwei Tücher (Propeller) und läuft entweder mit zwei ausgestreckten Armen und einem Tuch in jeder Hand oder mit einem Tuch über dem Kopf durch die Halle/den Parcours. Dazu wird Musik abgespielt (z. B. „Dreh den Propeller") und/oder die Kinder machen laute Propellergeräusche.

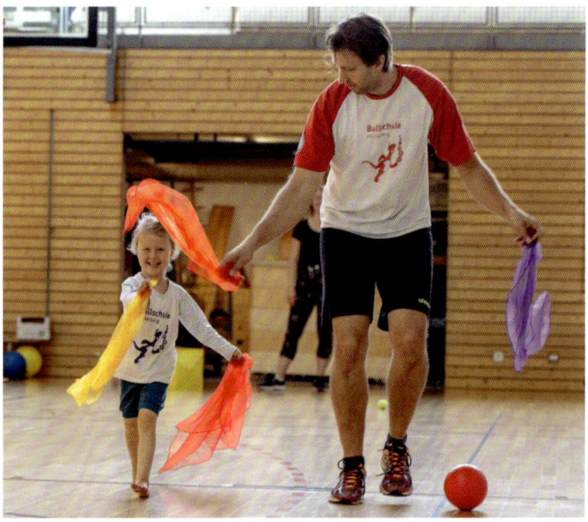

Flugzeug

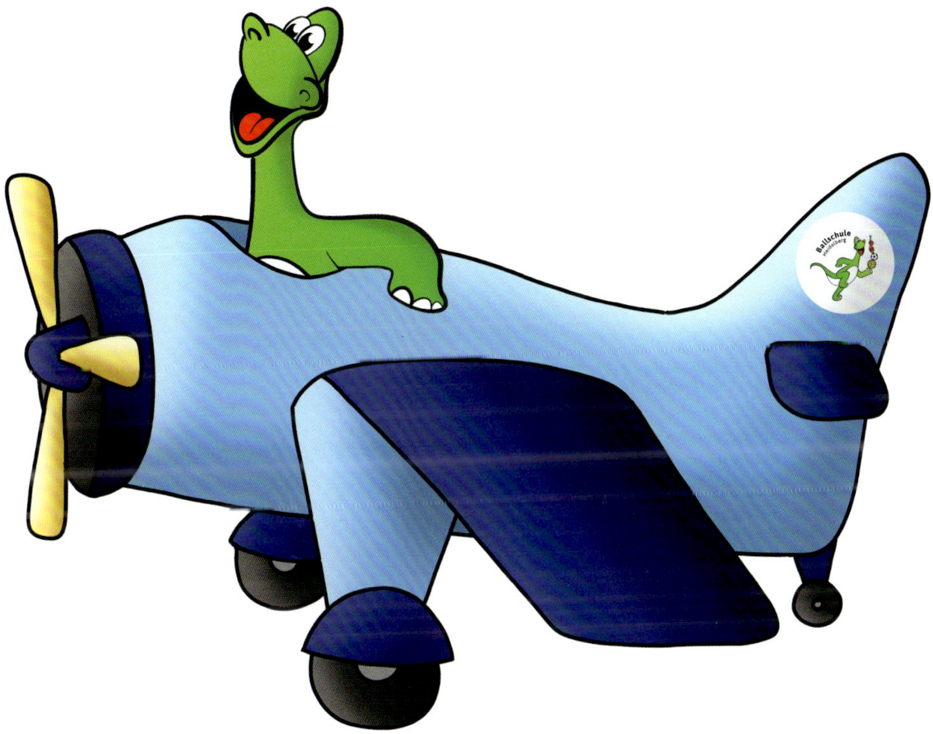

CLOWN 2

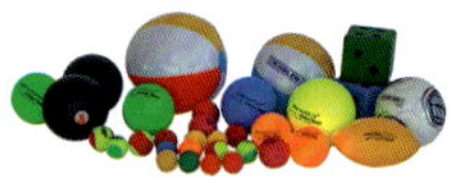 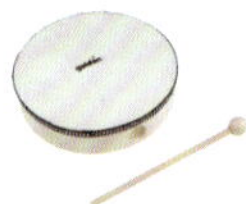

Säule A	Fangen	Werfen	Rollen
Säule B	Ballweg/-flug einschätzen		
Säule C	Wortbedeutung erschließen	Kognitive Flexibilität	

EINSTIEG

Der ÜL zeigt ein Bild, auf dem ein Clown mit Bällen jongliert. „Schaut euch mal diesen Clown an, was der alles kann! Wollen wir heute auch Kunststücke ausprobieren?"

SPIELABLAUF

Jedes Kind bekommt einen Ball, mit dem es die Übungen, die der ÜL vorzeigt, nachmacht:

- Könnt ihr den Ball auch durch eure Beine rollen?
- Als erstes werfe ich den Ball hoch und fange ihn wieder auf. Könnt ihr das auch? Super, das klappt ja schon richtig gut!
- Jetzt machen wir noch ein Kunststück. Schaut gut zu: Ich werfe den Ball hoch, fange ihn auf und setze mich drauf. Probiert' s mal aus!"

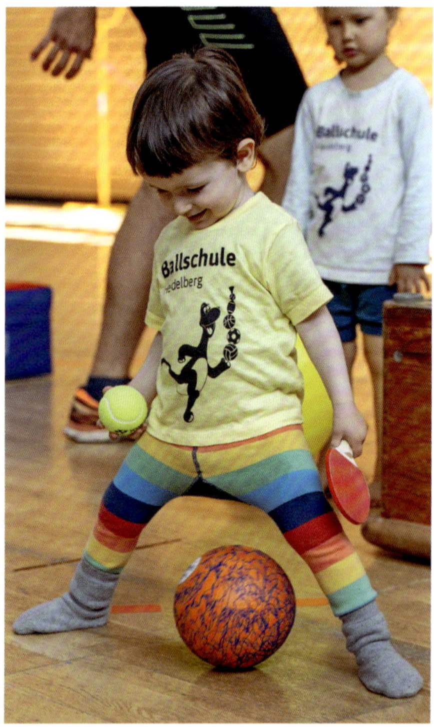

VARIATION

Mit einem Tamburin (einem Triangel) neue Impulse geben, z. B. zwischen den Übungen eine Runde laufen („Jetzt muss der Clown sich nochmal aufwärmen!").

Clown mit Bällen

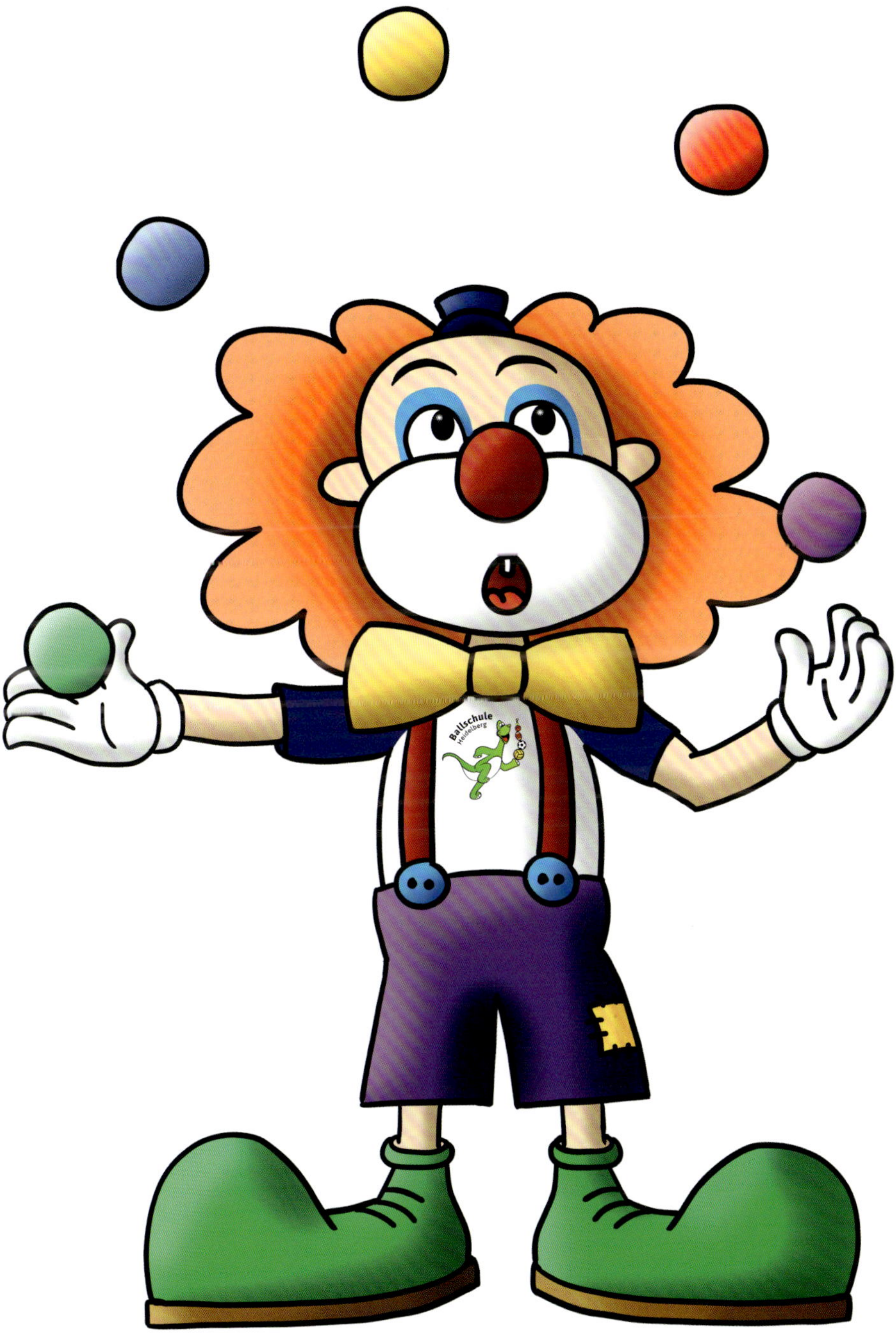

BLUMEN

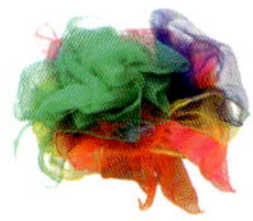

Säule A	Werfen	Fangen	
Säule B	Krafteinsatz regulieren		
Säule C	Wortbedeutung erschließen		

EINSTIEG

Der ÜL legt Blumen-Bilder aus. „Schaut mal! Eine wunderschöne Blumenwiese. Hier wachsen rote, gelbe und blaue Blumen. Lasst uns doch heute den Blumen beim Wachsen helfen. Das sind unsere Blumen (Tücher). Jedes Kind darf sich eine aussuchen!"

SPIELABLAUF

Der ÜL gibt kleine Impulse:

- „Könnt ihr so wie ich die Blumen in der Hand aufgehen lassen?"
- „Im Garten wird es etwas windig. Die Blumen wehen im Wind (langsam das Tuch hin- und herschwingen)!“
- „Es kommt ein Sturm auf. Oh nein, es wird ja richtig stürmisch! Die Blumen bewegen sich jetzt ganz stark!" (schneller Schwingen und dabei durch die Halle laufen)
- „Der Wind wird immer stärker und weht unsere Blumen durch die Luft. Lasst uns versuchen, die Blumen wieder einzufangen!“ (Tücher hochwerfen und wieder fangen)

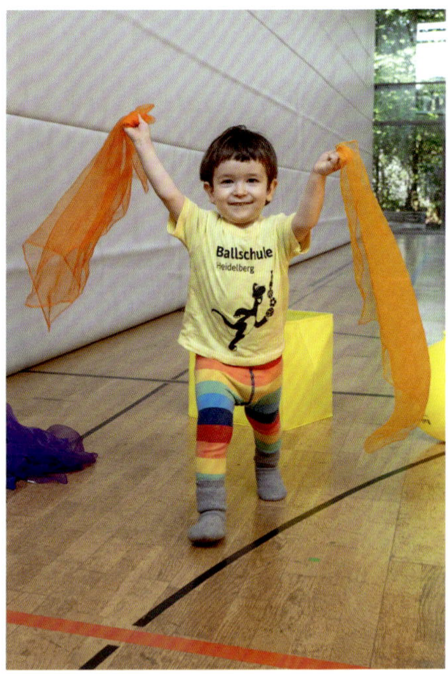

Blumen

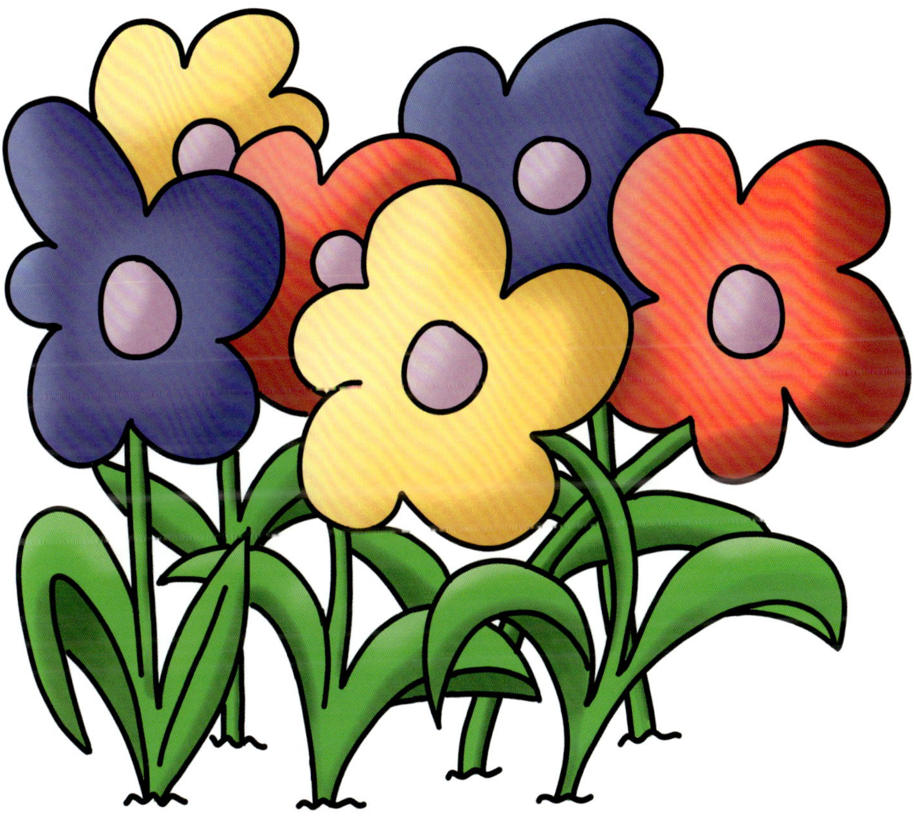

AMEISEN

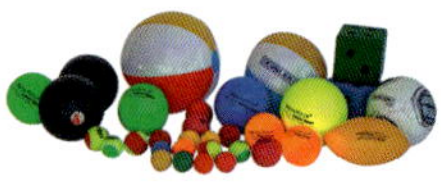 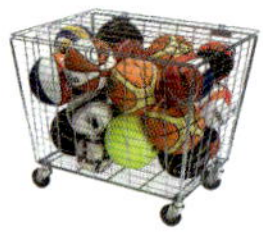 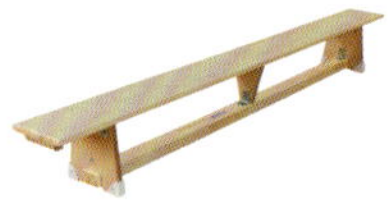 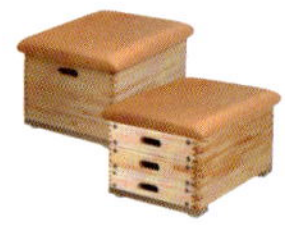

Säule A	Durchkriechen & Klettern	Tragen	Laufen
Säule B	Objekt balancieren		
Säule C	Wortschatz erweitern	Begriffskategorien bilden	

SPIELAUFBAU

Die Spielstation besteht aus zwei kleinen Kästen, einer Turnbank und einem Behälter (z. B. Ballwagen), die in einem Abstand von jeweils drei Metern hintereinander stehen.

EINSTIEG

„Schaut mal, was ich euch für ein Bild mitgebracht habe. Eine Ameise. Die Ameisen wohnen in einem Ameisenhügel (Ballwagen). Dort bringen sie ihr Futter hin".

SPIELABLAUF

„Heute wollen wir kleine Ameisen sein. Nehmt euch jetzt alle ein Futterstück und lauft mit dem Ball zum Ameisenhügel. Dabei müsst ihr über zwei dicke Baumstämme (kleine Kästen) klettern und durch das Unterholz (Turnbank) hindurchkriechen. Los geht's!" Die Kinder können versuchen, kleine schnelle Schritte wie die Ameise zu machen.

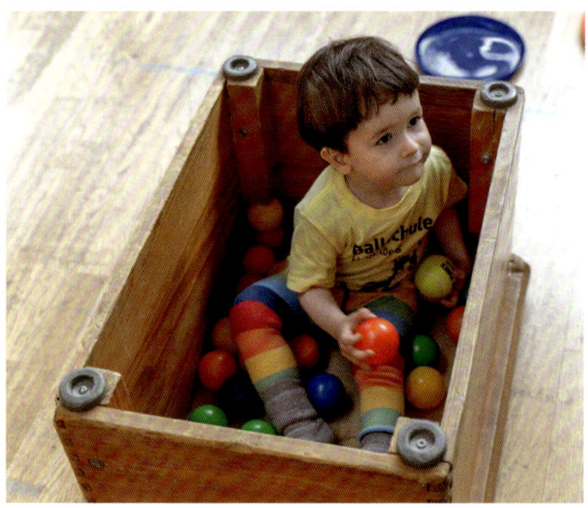

Ameise

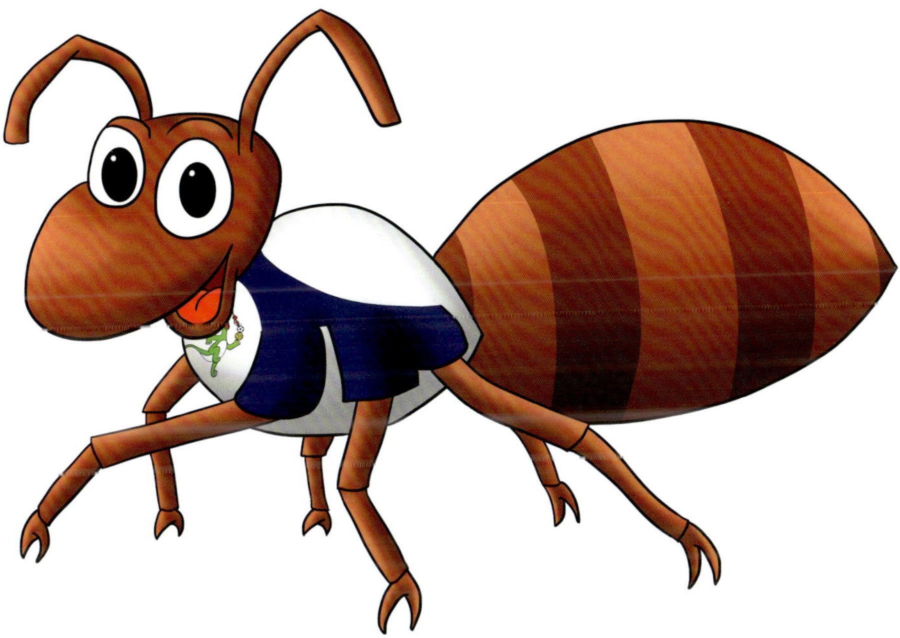

VÖGELCHEN FLIEG!

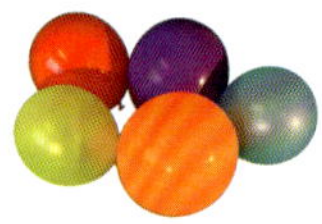

Säule A	Werfen	Fangen	
Säule B	Ballweg einschätzen	Treffpunkt des Balles bestimmen	
Säule C	Wortschatz erweitern	Begriffskategorien bilden	

SPIELAUFBAU

Der ÜL bereitet für jedes Kind einen Luftballon vor.

EINSTIEG

„Schaut mal, was ich euch mitgebracht habe. Ein Bild von einem Vogel! Heute wollen wir unsere Vögelchen (Luftballons) fliegen lassen! Ihr bekommt alle ein eigenes Vögelchen. Hört mal was für Geräusche die Vögelchen machen!"

SPIELABLAUF

„Jetzt lasst euer Vögelchen durch die Halle fliegen. Probiert es einfach mal aus!"

Weitere Impulse:

- hochwerfen und wieder fangen
- mit dem Kopf hochhalten
- zu den Eltern fliegen lassen usw.

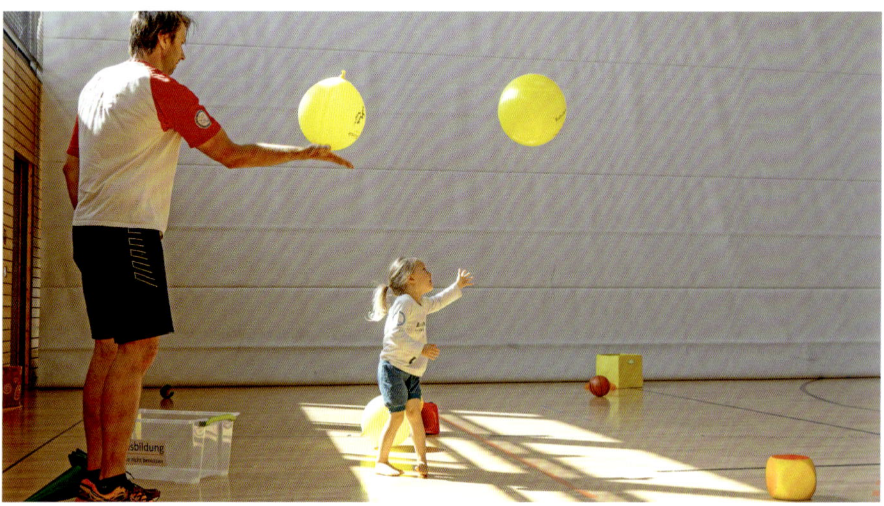

Vogel

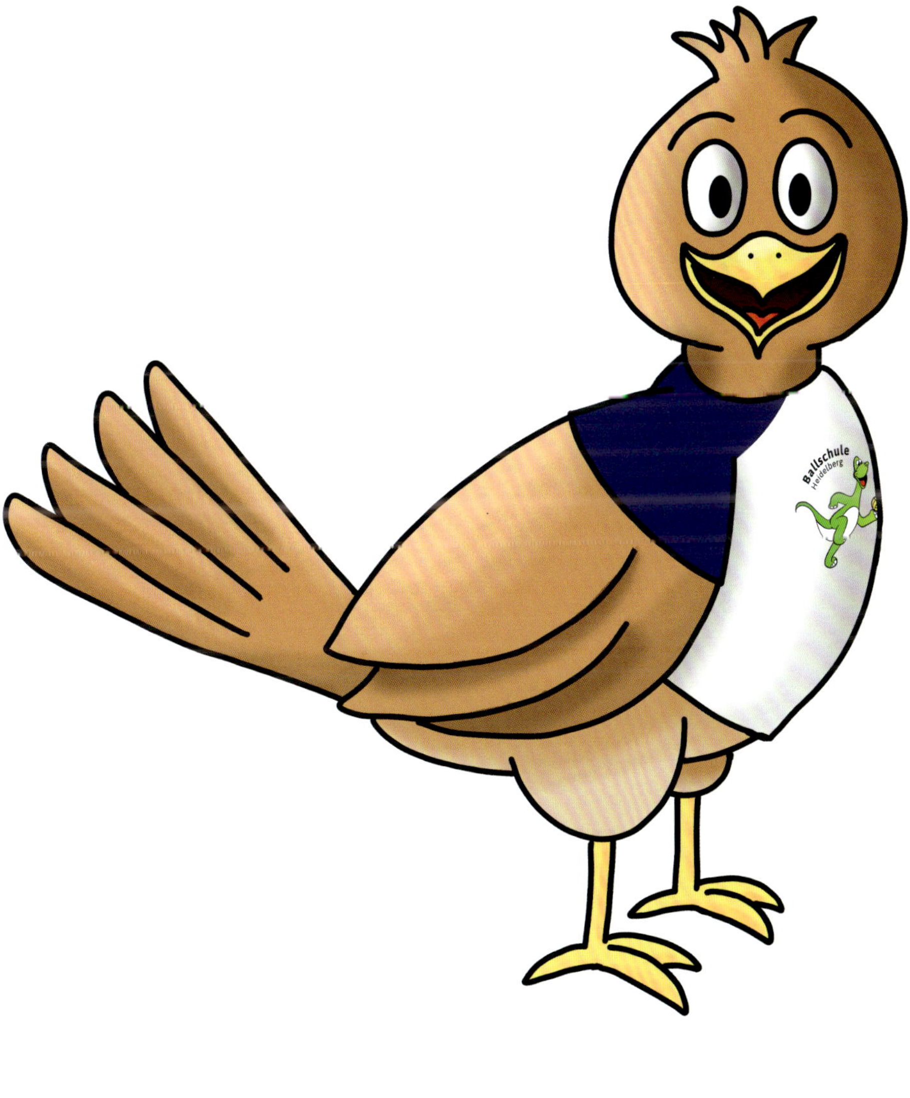

GESPENSTERSTUNDE

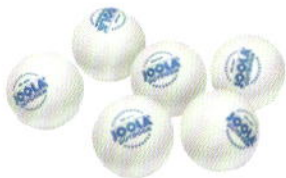

Säule A	Fangen	Werfen	
Säule B	Ballweg einschätzen	Krafteinsatz regulieren	
Säule C	Wortschatz erweitern		

EINSTIEG

„Das ist ein Bild von einem freundlichen Gespenst. Die kleinen Bälle (Tischtennisbälle) sind heute unsere Gespenster. Sie wohnen im Gespensterhaus (Pappbecher). Wollen wir einmal schauen, wie die Gespenster ihre Häuser verlassen und losfliegen?"

SPIELABLAUF

Der ÜL macht verschiedene „Übungen" vor:

- Die Gespenster aus dem Becher herausrollen lassen und wieder einfangen
- Die Gespenster aus dem Haus heraustanzen lassen
- Die Gespenster fliegen (aus Becher herauswerfen) und müssen wieder eingefangen werden
- Die Gespenster werden von den Eltern zugeworfen und die Kinder versuchen, sie wieder einzufangen

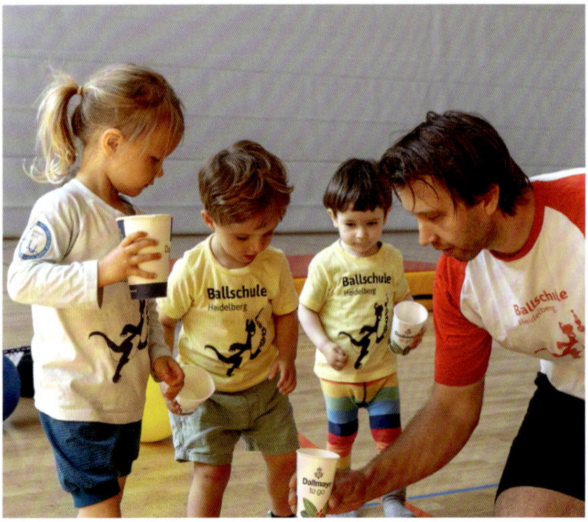

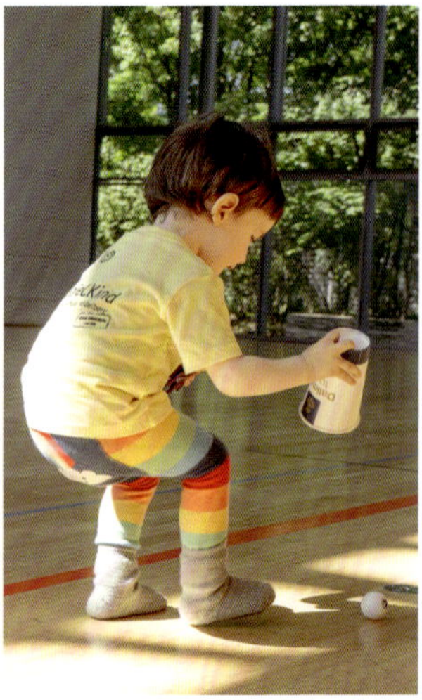

Gespenst

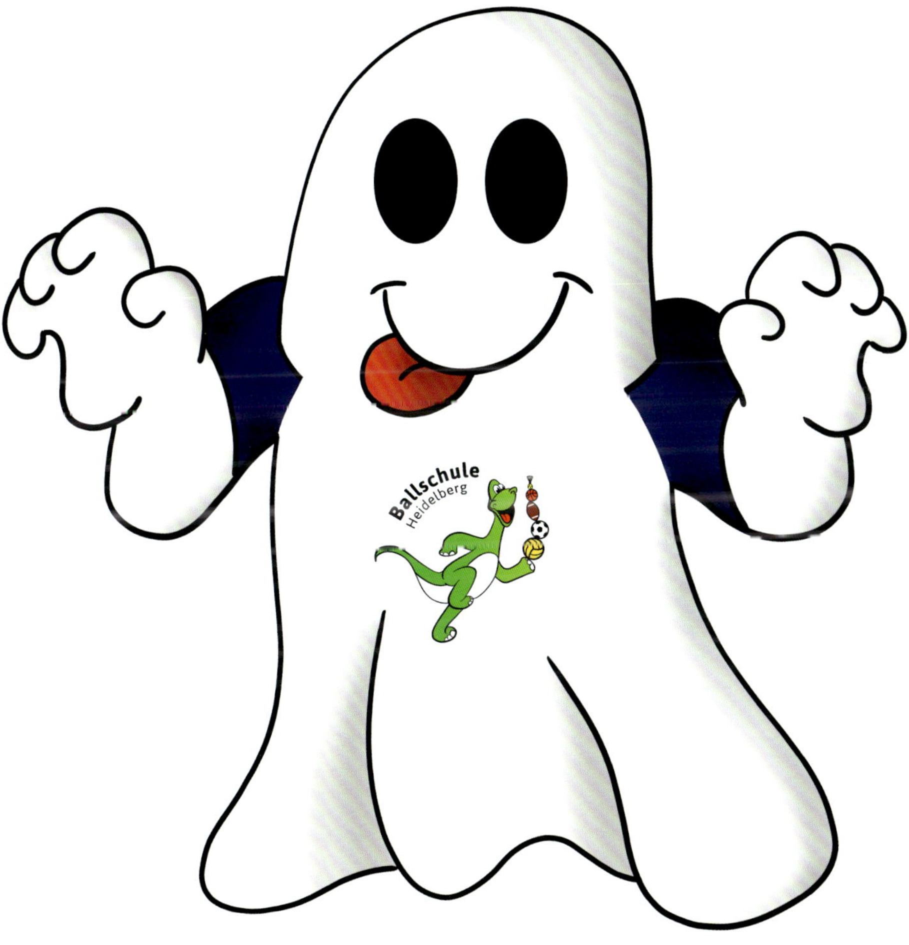

LAUB KEHREN

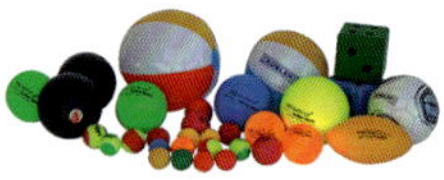
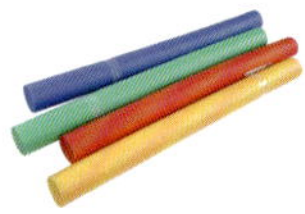
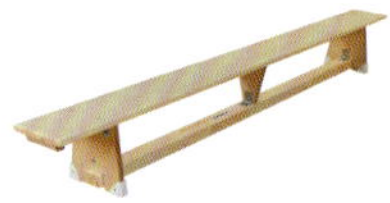

Säule A	Rollen & Dribbeln	Schlagen	Laufen
Säule B	Berührung/Druck lokalisieren		
Säule C	Wortbedeutung erschließen	Wortschatz erweitern	Ordinalzahlen entdecken

SPIELAUFBAU

Zwei Turnbänke werden so an die Hallenwand gestellt, dass sie zusammen mit der Wand ein Dreieck mit einer Öffnung an der Spitze bilden.

EINSTIEG

Der ÜL zeigt ein Bild mit Laubblättern und einem Rechen. „Ihr habt es sicher schon gesehen: Draußen fallen langsam die Blätter von den Bäumen!“

SPIELABLAUF

„Heute wollen wir das Laub zusammenkehren. Die Bälle, die in unserem Garten (der ganzen Halle) liegen, sind das Laub. Mit diesen Rechen (Aquasticks) wollen wir das Laub hier auf einem Haufen (im Dreieck mit den Turnbänken) sammeln!"

VARIATION

„Jetzt, zuerst nur die verwelkten Blätter (die dunklen Bälle – rot, braun, blau) zusammenkehren!“ oder „Jedes Kind sammelt nur Blätter von einer Farbe.“

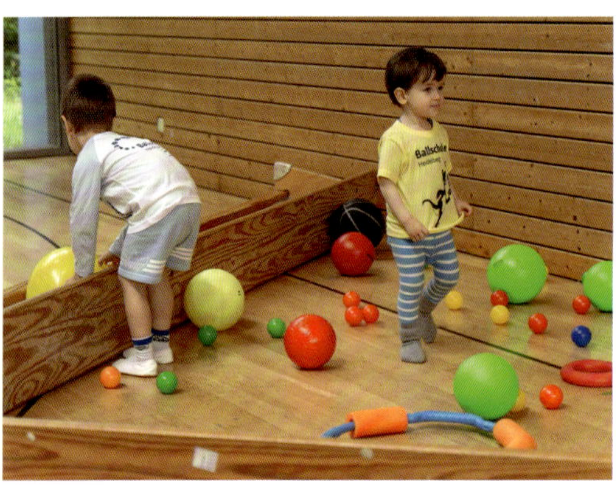
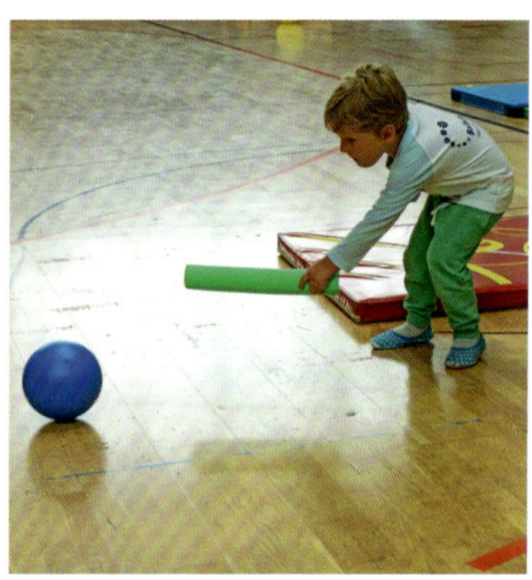

Laub und Rechen

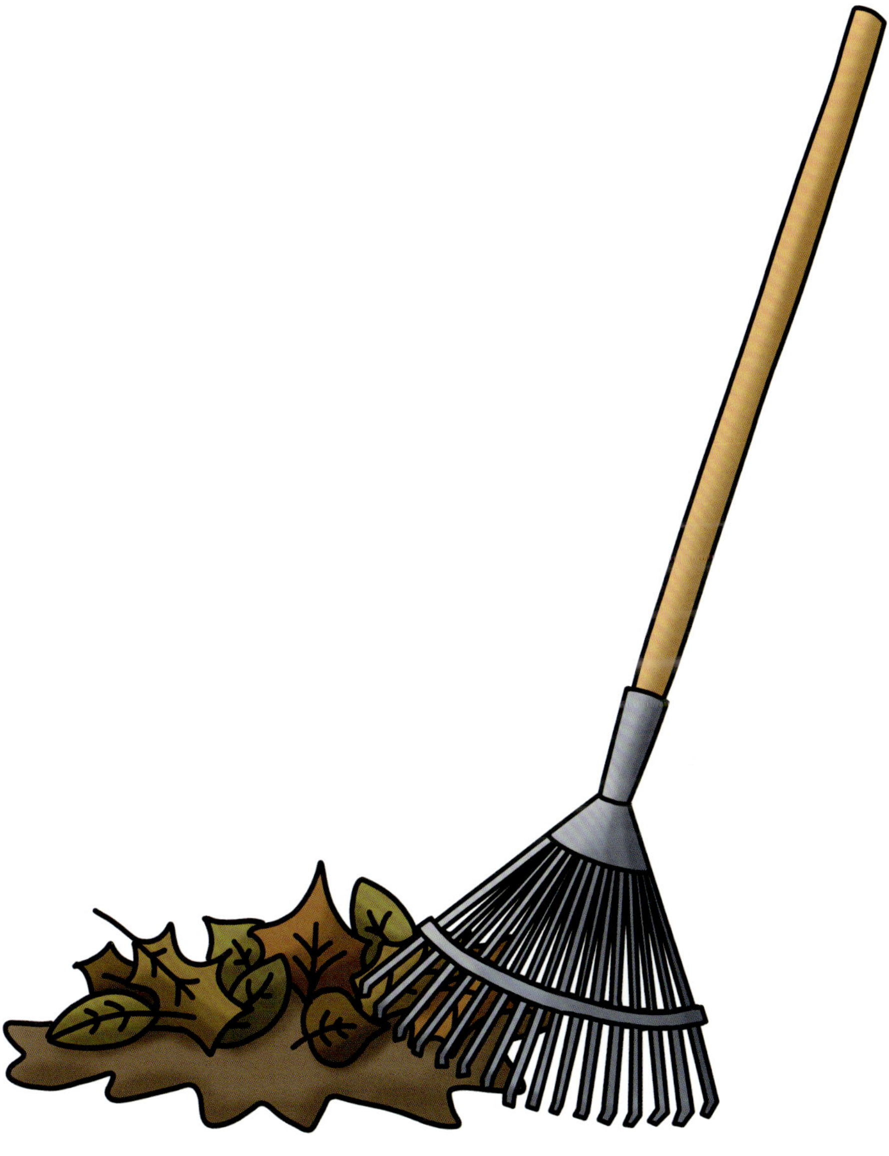

EISTRANSPORT

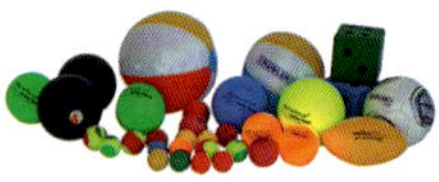 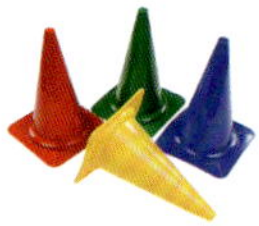 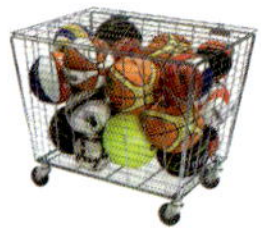 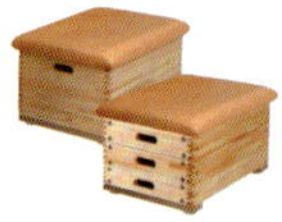

Säule A	Werfen & Kicken	Laufen	
Säule B	Ballweg einschätzen	Laufweg zum Ball festlegen	Objekt balancieren
Säule C	Mengenvorstellung entwickeln	Begriffskategorien bilden	

SPIELAUFBAU

Als Eisdiele wird ein Ballwagen (umgedrehter kleiner Kasten) aufgebaut.

EINSTIEG

Der ÜL zeigt ein Bild mit einem leckeren Eis. „Wer von euch hat denn bei dem schönen Wetter in dieser Woche schon ein Eis gegessen?"

SPIELABLAUF

„Heute wollen wir ein Eis an alle Kinder verteilen. Schnappt euch eine Eiswaffel (ein Hütchen) und sammelt so viele Eiskugeln (Bälle) wie ihr könnt!" Die Kinder sollen die Eiskugeln zur Eisdiele bringen, damit sie von dort aus an die Kinder verteilt werden können. Variation: Sobald alle Eiskugeln in der Eisdiele sind, werden zwei bis drei Kindern zu Eisverkäufern und werfen/kicken die Bälle zurück in die Halle. Die anderen Kinder versuchen, sich möglichst viele Eiskugeln zu schnappen.

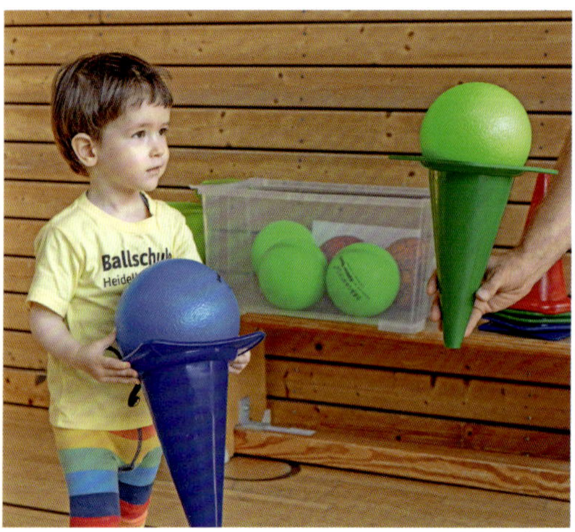

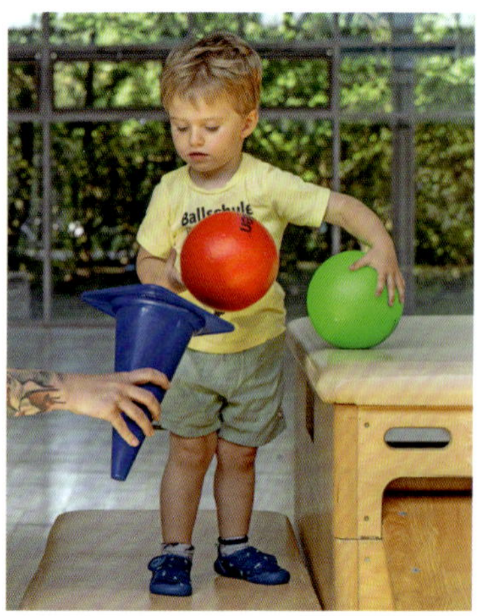

Eis

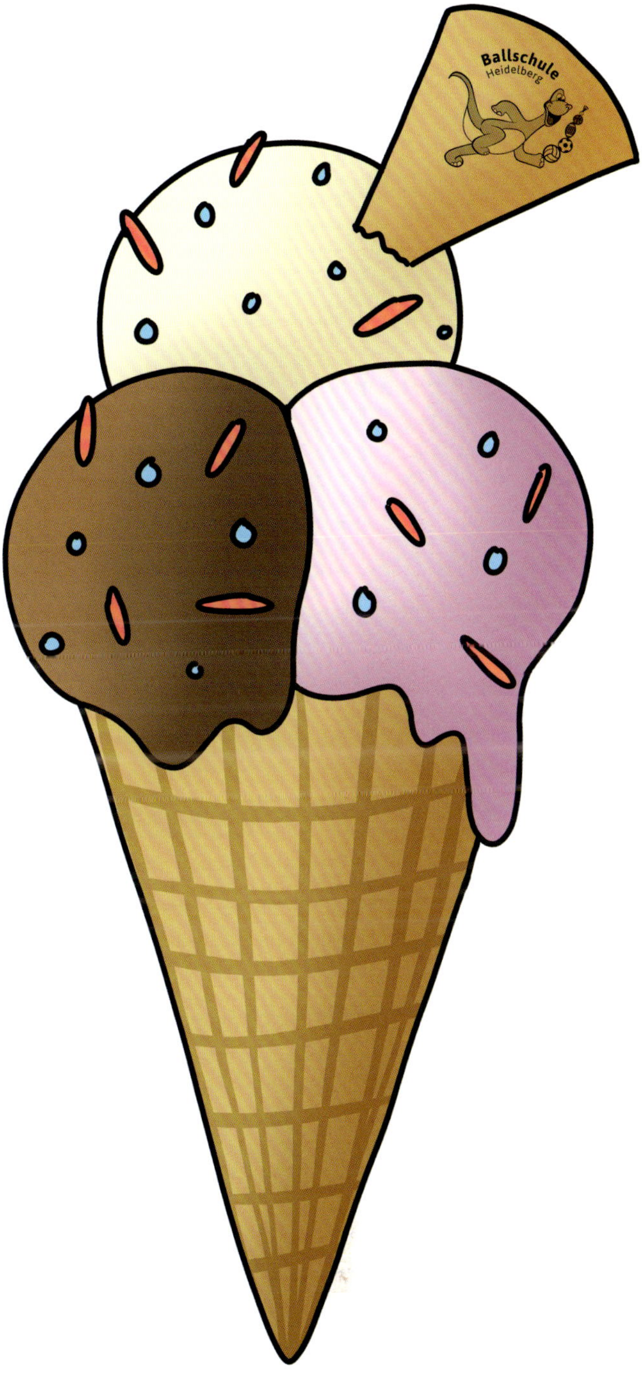

HUNDEHÜTTE

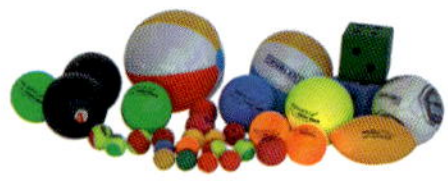

Säule A	Rollen & Werfen	Laufen (Geschwindigkeit)	
Säule B	Laufweg zum Ball festlegen		
Säule C	Wortschatz erweitern		

EINSTIEG

„Wir wollen mit unseren Hunden spielen. Die Bälle sind heute unsere Hunde. Viele Hunde haben draußen eine Hundehütte, in der sie sich ausruhen können. Die Hundehütten sind jetzt eure Beine, die euren Hund umschließen (Vormachen!)!"

SPIELABLAUF

Die Hunde wollen nach draußen zum Spielen. Die Eltern und Kinder denken sich (Fantasie-) Namen für ihre Hunde aus. Die Eltern rufen den Namen des Hundes. Ihr Kind öffnet die Hundehütte (macht die Beine auseinander) und rollt/wirft den Ball so fest wie möglich weg. Das Kind steht dann sofort auf und versucht, den Hund schnell wieder einzufangen. Nun sind die nächsten Eltern mit ihrem Kind an der Reihe usw.

VARIATION

Die Kinder stehen und haben ihre Beine so weit auseinander, dass die Eltern den Ball durch ihre Beine rollen können. Rollentausch: Nun müssen die Kinder ihre Hunde durch die Beine der Eltern rollen, versuchen es beim Übungsleiter oder bei anderen Kindern.

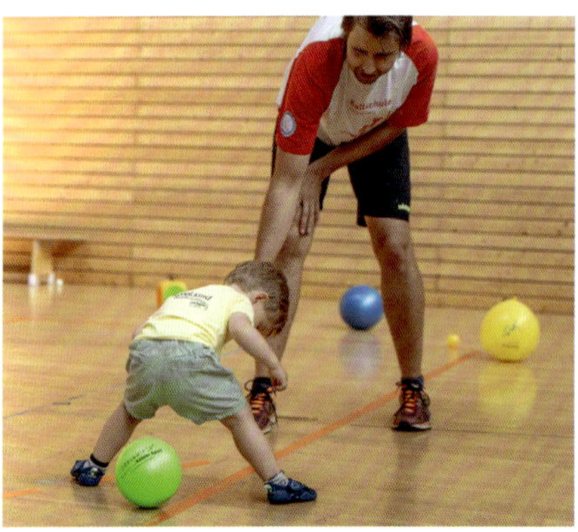

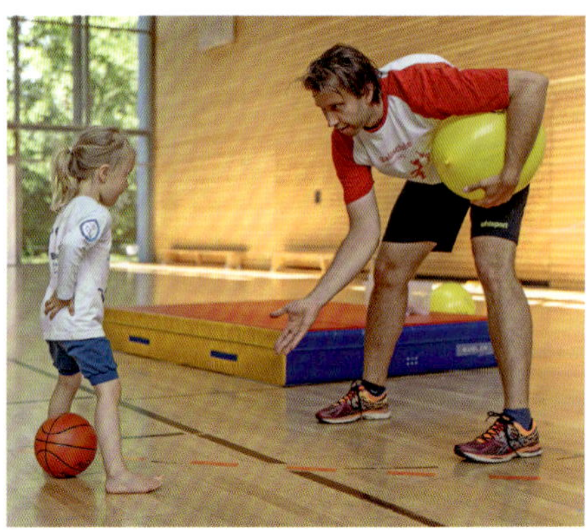

Hund

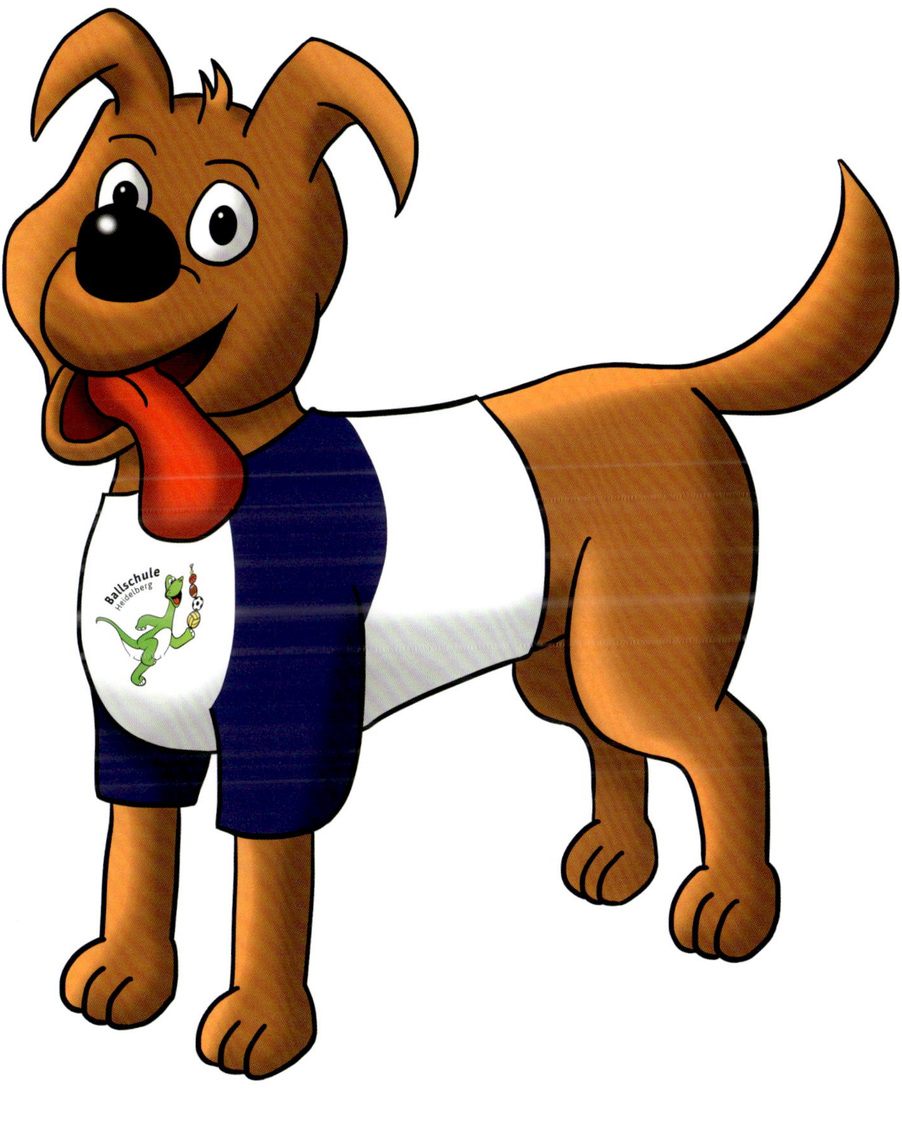

KLEINER SCHMETTERLING

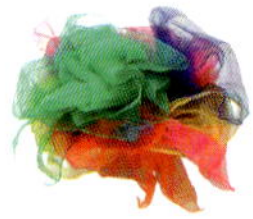

Säule A	Fangen	Werfen	
Säule B	Objekteigenschaften erfühlen	Krafteinsatz regulieren	
Säule C	Wortschatz erweitern	Wortbedeutung erschließen	

EINSTIEG

„Schaut mal was auf dem Bild zu sehen ist. Ein wunderschöner Schmetterling, doch bevor der Schmetterling so aussieht, ist er erstmal eine Raupe!" Jedes Kind bekommt eine kleine Raupe (ein Tuch).

SPIELABLAUF

1. Die Raupe spinnt sich gerade ihren Kokon: die Kinder drücken die Tücher zusammen.
2. Jetzt schlüpft ein schöner Schmetterling: das Tuch wird losgelassen und in der Luft hin und her geschwungen.
3. Der Schmetterling möchte fliegen, doch ihr fangt ihn immer wieder ein: das Tuch wird hochgeworfen und aufgefangen.

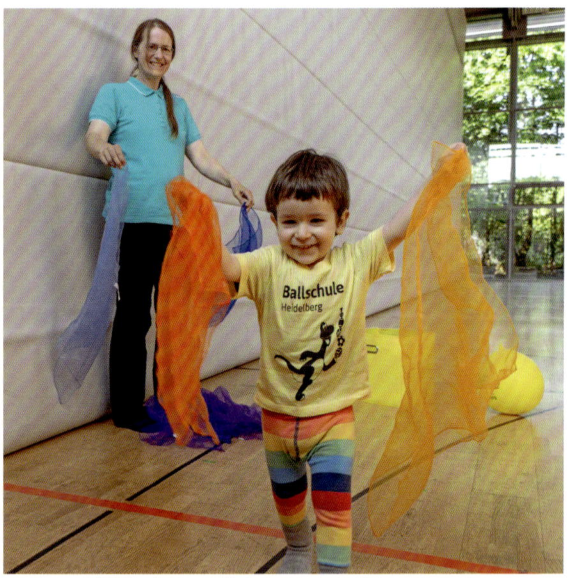

Schmetterling

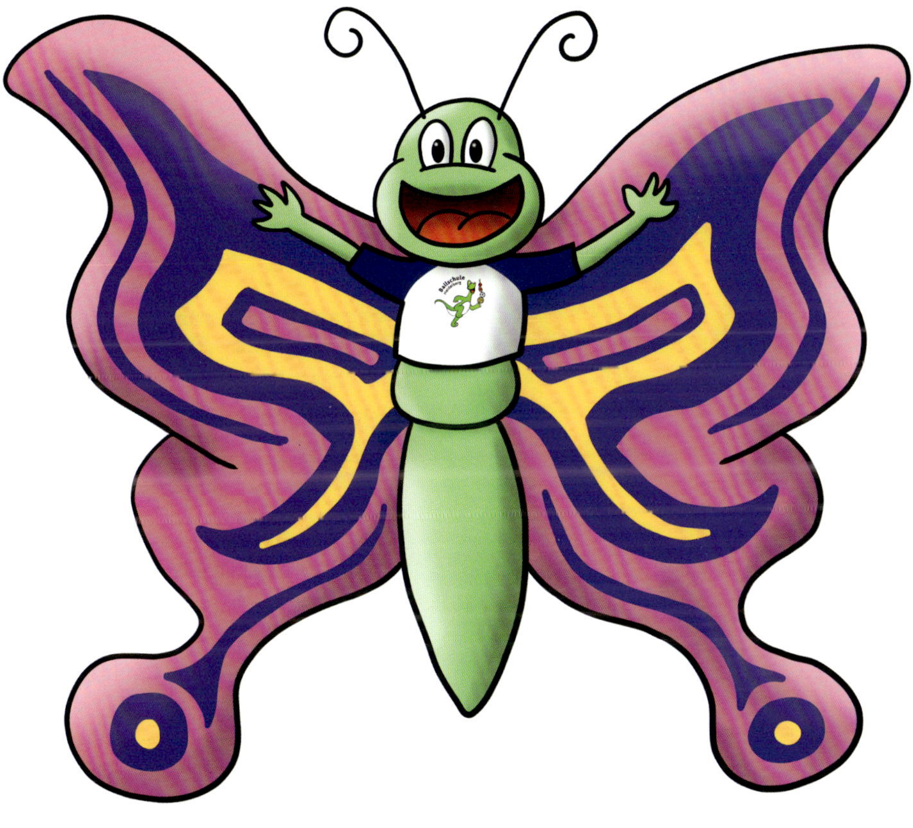

RUMMELPLATZ

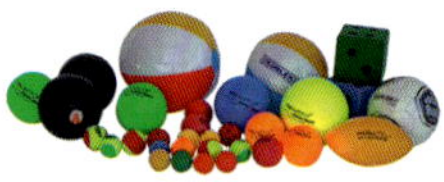 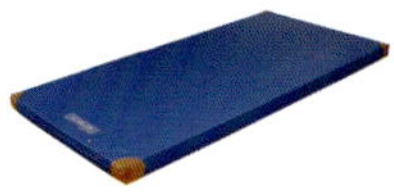 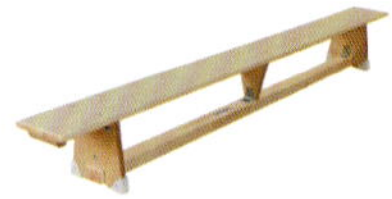

Säule A	Purzeln & Wälzen	Werfen	
Säule B	Körperposition und -bewegung sichern		
Säule C	Wortbedeutung erschließen	Arbeitsgedächtnis	

SPIELAUFBAU

Drei Turnmatten (Karussells) werden parallel auf dem Boden nebeneinander gelegt. Hinter den drei Matten liegen verschiedene (Soft-)Bälle und im Abstand von drei Metern steht eine Turnbank oder ein kleiner Kasten. Auf ihr sind Dosen/Becher aufgestellt.

EINSTIEG

„Wer von euch war denn schon einmal auf einem Rummelplatz? Da gibt es ja immer so tolle Hüpfburgen oder Karussells. Und wisst ihr, was man dort auch noch machen kann? Dosenwerfen! Und genau das wollen wir heute machen. Schaut mal, da vorne stehen die Dosen schon bereit!"

SPIELABLAUF

Jedes Kind geht zu einem der Karussells und führt auf den Turnmatten verschiedene Drehbewegungen um die Längs- und die Breitenachse aus. Den Kindern ist es von der Karussellfahrt bald ein wenig schwindlig. Auf ein Zeichen des ÜL beenden die Kinder die Fahrt, nehmen sich einen Ball und versuchen, die Dosen abzuwerfen, bis alle Bälle weggeworfen sind.

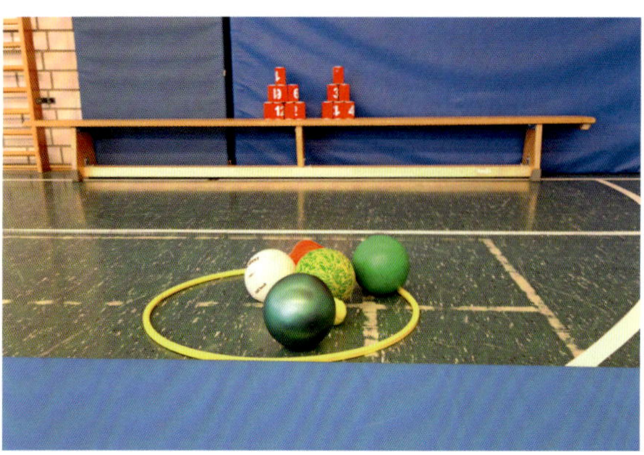

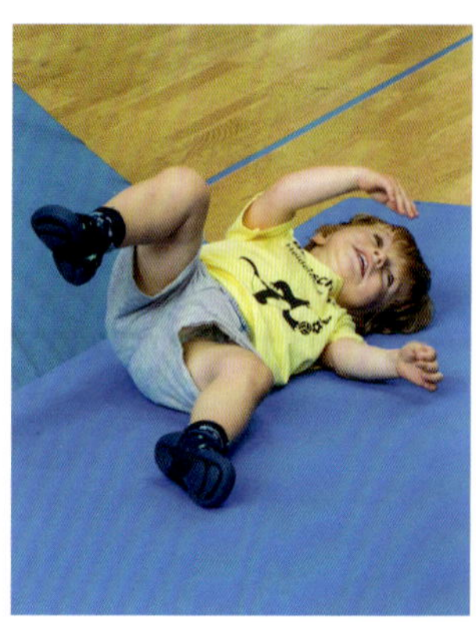

WEIHNACHTSBÄCKEREI

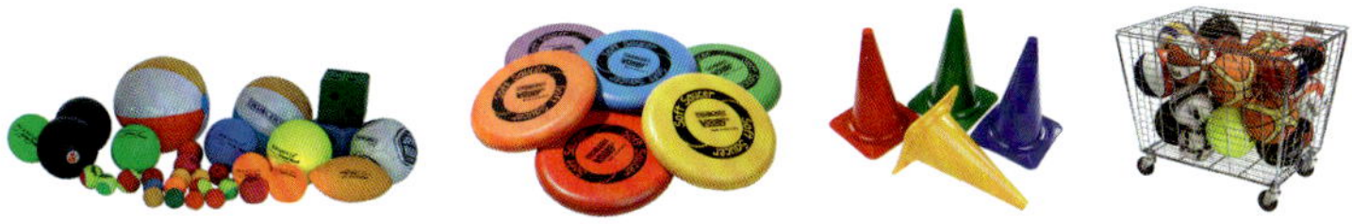

Säule A	Werfen & Schlagen	Tragen & Rollen	
Säule B	Objekt balancieren	Treffpunkt des Balles bestimmen	
Säule C	Wortschatz erweitern	Begriffskategorien bilden	Inhibition

SPIELAUFBAU

Einen Behälter (z. B. Ballwagen) als Rührschüssel positionieren.
Musik: „In der Weihnachtsbäckerei".

EINSTIEG

„Wer von euch hat denn schon Plätzchen gebacken oder schon welche gegessen? Wow, so viele! Um Plätzchen zu backen, brauchen wir verschiedene Zutaten! Die Bälle stellen die Zutaten dar!"

SPIELABLAUF

Die Kinder bringen die Zutaten (Bälle) zur Rührschüssel:

- auf Tellern (Frisbees)
- in Gefäßen (Hütchen)
- in ihren Verpackungen (Tüchern: ÜL zeigt verschiedene Möglichkeiten)
- mit Kochlöffeln usw.

Nach dem Transport sollen die Kinder die Zutaten in die Rührschüssel hineinwerfen oder mit der Hand hineinschlagen.

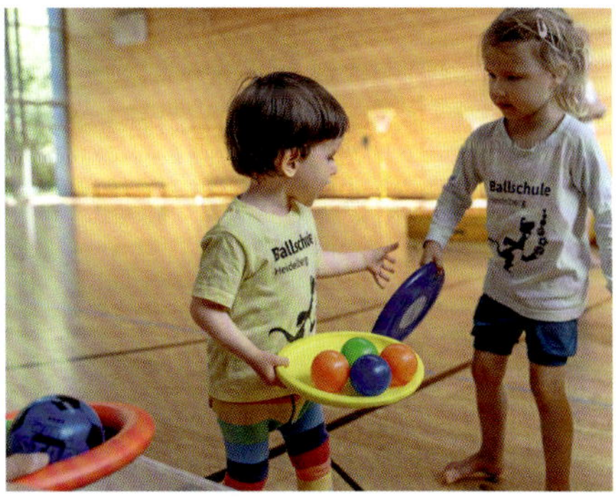

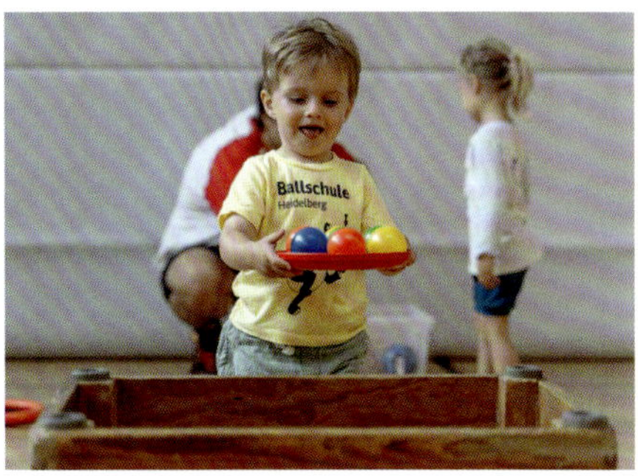

VARIATION

Der ÜL ruft: „Jetzt fehlen nur noch Eier (nur die gelben Bälle)!" oder „Es fehlt nur noch das Obst (rot: Erdbeeren; blau: Pflaumen)!"

SCHNEEBALLSCHLACHT

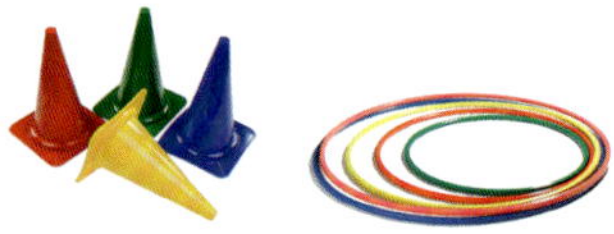

Säule A	Werfen	Laufen (Variation)	
Säule B	Ballweg einschätzen		
Säule C	Ordinalzahlen entdecken	Wortschatz erweitern	

SPIELAUFBAU

In der Halle werden mehrere Hütchen und Reifen verteilt. Die Reifen können auch aufgehängt werden.

EINSTIEG

„Draußen ist es ganz kalt und heute Morgen hat es sogar geschneit. Wer von euch hat denn schon mal einen Schneemann gebaut oder war Schlittenfahren?"

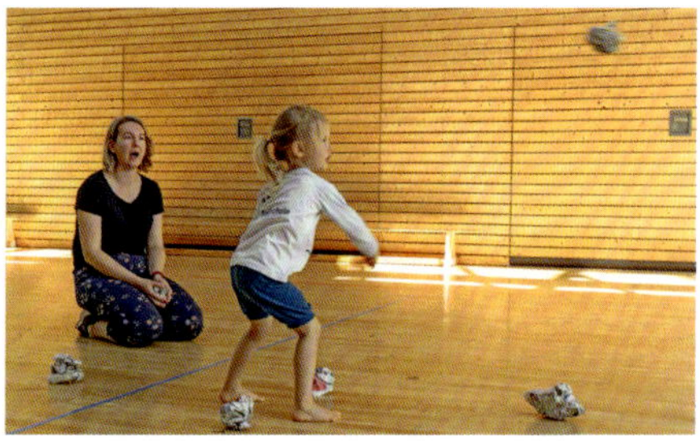

SPIELABLAUF

„Heute wollen wir Schneebälle werfen. Zuerst müssen wir die Schneebälle formen (Zeitungspapier zerknüllen). Jetzt versucht mal:

- den Schneeball soweit ihr könnt durch die Halle zu werfen
- mit dem Schneeball (nur) die Hütchen zu treffen
- den Schneeball (nur) in einen Reifen zu werfen
- mit dem Schneeball zuerst ein Hütchen zu treffen und dann den Schneeball in einen Reifen zu werfen
- mit dem Schneeball den Rücken eines anderen Kindes zu treffen

VARIATION

Das Spiel kann auch mit einem Schneespaziergang begonnen werden. Dafür müssen die Kinder ganz große Schritte machen, um im tiefen Schnee vorwärts zu kommen.

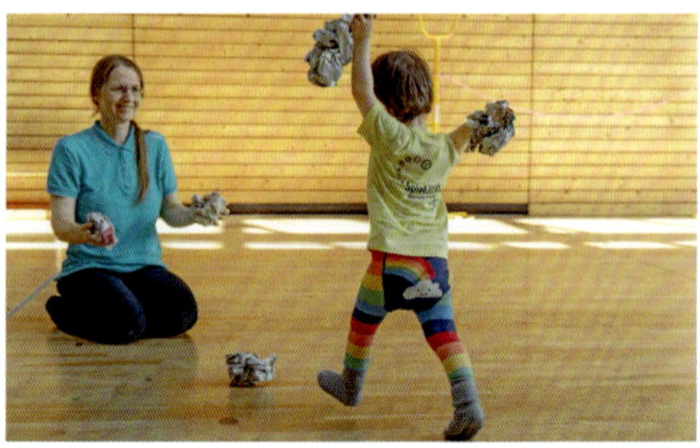

BALLONSPIEL

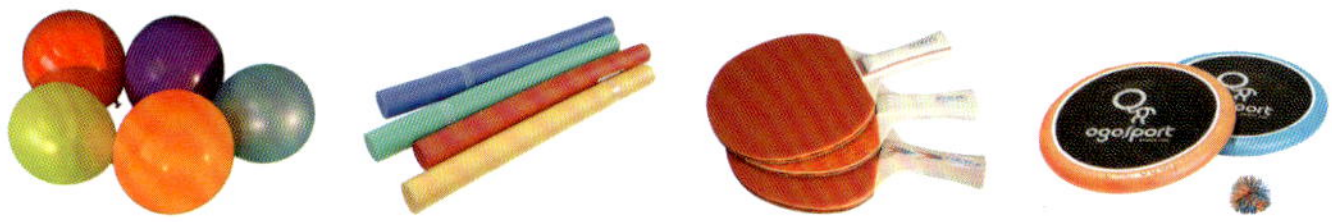

Säule A	Schlagen		
Säule B	Treffpunkt des Balles bestimmen	Ballweg einschätzen	Objekteigenschaften erfühlen
Säule C	Mengenvorstellung entwickeln		

EINSTIEG

„Heute wollen wir ein bisschen mit dem Luftballon spielen. Dafür habe ich euch verschiedene Schläger (Aquasticks, Tischtennisschläger, Ogo-Schläger usw.) mitgebracht, mit denen ihr euren Ballon in der Luft halten könnt!"

SPIELABLAUF

Die Kinder haben jeweils einen Luftballon und einen Schläger. Sie versuchen, den Ballon mit ihrem Schläger so nach oben zu spielen, dass sie so oft wie möglich hintereinander schlagen können, ohne dass der Ball auf den Boden fällt. Danach können die Eltern ihren Kindern immer wieder den Luftballon zuspielen und sie dazu anregen, alle verfügbaren Schläger auszuprobieren.

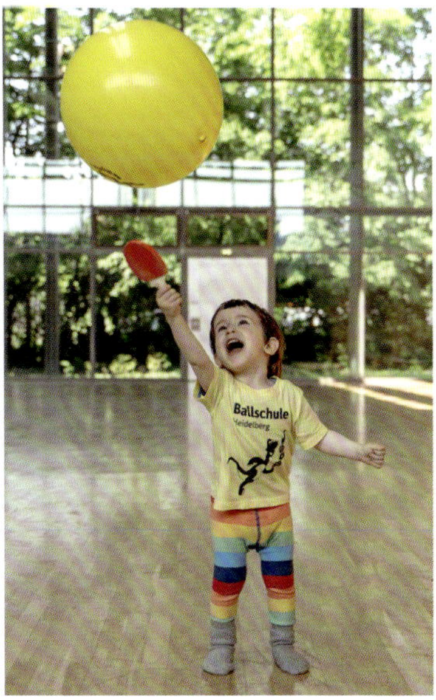

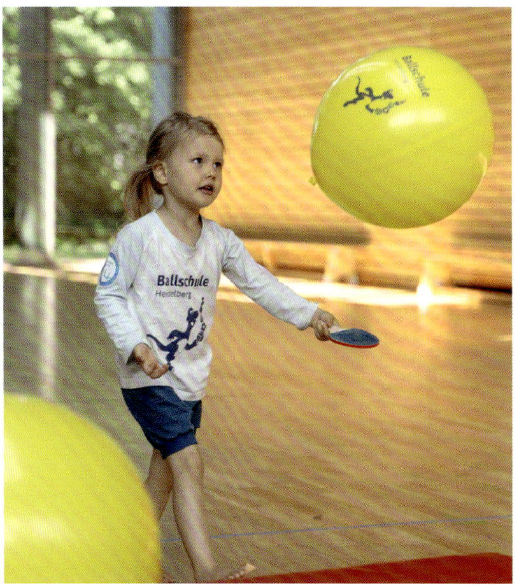

KÜKEN

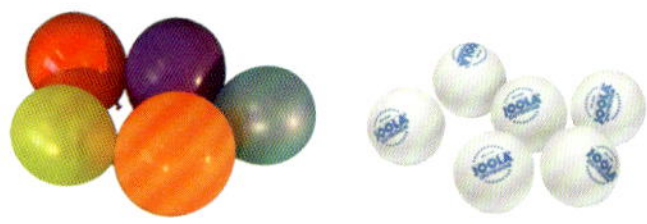

Säule A	Werfen	Fangen	Objekt balancieren
Säule B	Ballweg einschätzen	Treffpunkt des Balles bestimmen	
Säule C	Wortschatz erweitern	Begriffskategorien bilden	

SPIELAUFBAU

Jedes Kind erhält – nach dem Spielen mit dem Tischtennisball (Küken) – einen Luftballon (Vogel) vom ÜL oder von seinen Eltern, die dem ÜL beim Aufpusten helfen.

EINSTIEG

Der ÜL zeigt den Kindern einen vorbereiteten Luftballon (nicht aufgeblasen), an dessen Ende ein Tischtennisball (Küken) herausschaut. „Oh schaut mal, das kleine Küken! Es schlüpft im Sommer aus seinem Ei (Luftballon)“. Der ÜL lässt das Küken rausspringen. „Das Küken springt und tanzt umher!“

SPIELABLAUF

Die Kinder spielen mit dem Küken und

- versuchen, das Küken wieder einzufangen
- lassen das Küken wieder laufen – es macht seine ersten Flugerfahrungen
- werfen das Küken nach oben
- lassen das Küken über eine Bank laufen oder es purzelt eine Schräge herunter

Am Ende dieser Spiele mit dem Küken kommt zu jedem Kind ein Vogel (Luftballon) geflogen. Alle Kinder spielen jetzt mit ihrem Vogel (siehe Vögelchen flieg!, S. 132)

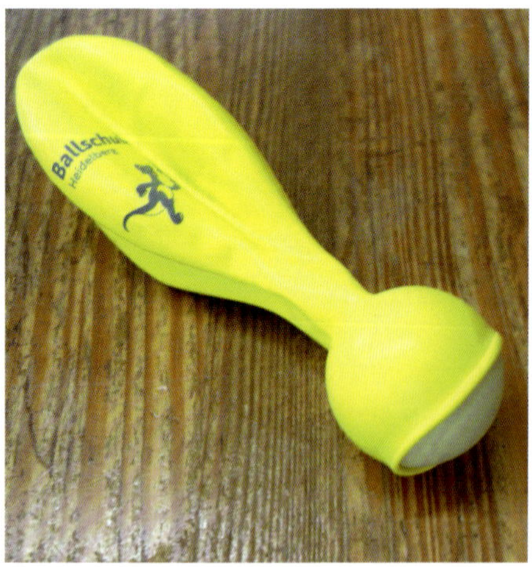

KIRSCHEN PFLÜCKEN

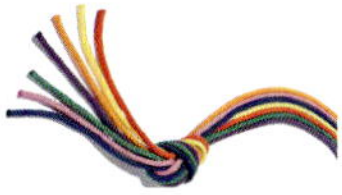 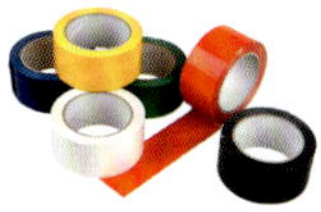 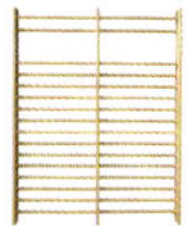

Säule A	Klettern	Laufen	
Säule B	Objekt balancieren		
Säule C	Geometrische Muster erkennen	Wortschatz erweitern	Begriffskategorien bilden

SPIELAUFBAU

Zwei Seile werden an einer Sprossenwand befestigt. An den beiden Seilen hängen rote, gelbe und grüne Wäscheklammern. Etwa in der Mitte der Halle werden mit Klebeband oder mit Seilen ein rotes Quadrat und ein gelbes Dreieck markiert. Falls vorhanden, können auch Hallenlinien als geometrische Muster verwendet werden.

EINSTIEG

„Seht ihr die leckeren Kirschen (Wäscheklammern) an dem Baum? Es gibt drei Sorten: rote, gelbe und grüne. Heute wollen wir zusammen Kirschen pflücken. Dazu müsst ihr vorsichtig auf den Baum (die Sprossenwand) klettern!"

SPIELABLAUF

Die Kinder werden von ihren Eltern begleitet und in zwei Gruppen eingeteilt. Jede Gruppe sammelt die Kirschen von einem Ast (Seil) ein. Die grünen Kirschen dürfen auf keinen Fall gepflückt werden. Sie sind noch nicht reif. Die erste Gruppe beginnt mit den roten Kirschen, die zweite mit den gelben. Die Kinder holen die Kirschen von ihrem Ast und sollen herausfinden, wie sie die Kirschen transportieren können (z. B. an sich stecken). Die erste Gruppe läuft zum roten Quadrat und legt die Kirschen auf den roten Seitenlinien ab, die zweite bringt ihre Kirschen zu den gelben Seitenlinien des Dreiecks. Jetzt wird gewechselt: Gruppe 1 = gelbe Kirschen; Gruppe 2 = rote Kirschen.

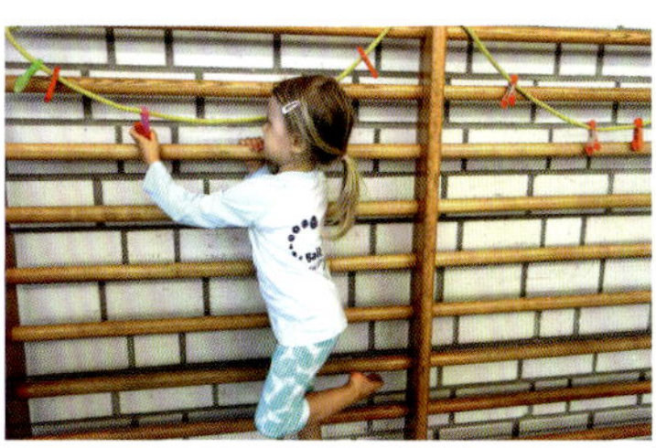 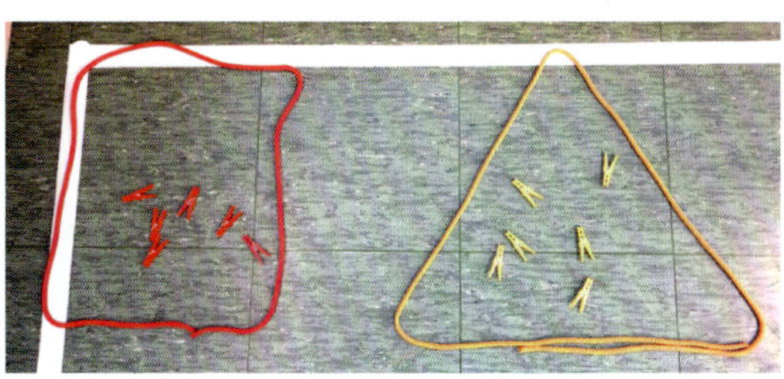

IM SCHWIMMBAD

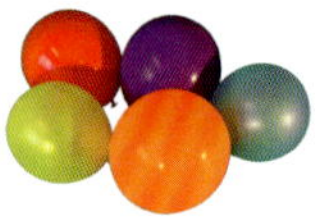 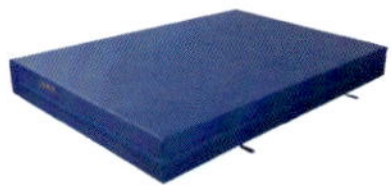 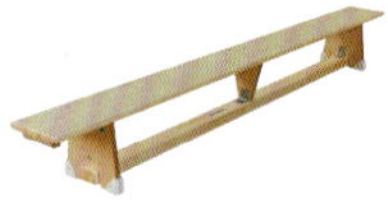 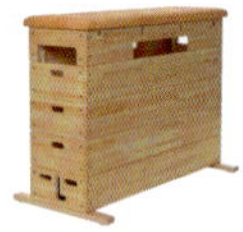

Säule A	Laufen (Präzision)	Steigen & Klettern	Hüpfen & Springen
Säule B	Treffpunkt des Balles bestimmen	Körperposition und -bewegung sichern	
Säule C			

SPIELAUFBAU

Eine Turnbank, ein großer Kasten und eine Weichbodenmatte werden in einer Linie hintereinander aufgestellt.

EINSTIEG

„Heute ist es ja ganz schön heiß draußen. Deshalb wollen wir im Schwimmbad ins kühle Wasser springen!"

SPIELABLAUF

Die Kinder steigen auf die Turnbank und balancieren bis zum Sprungturm (zum großen Kasten). Sie klettern auf den Turm und springen in das Schwimmbadbecken (auf die Weichbodenmatte). Das nächste Kind startet, wenn das vorherige oben auf dem Turm angekommen ist. Wenn die Kinder ihre ersten Sprünge absolviert haben, bekommen sie während ihrer Flugphase einen Luftballon zugespielt und versuchen, diesen wegzuschlagen.

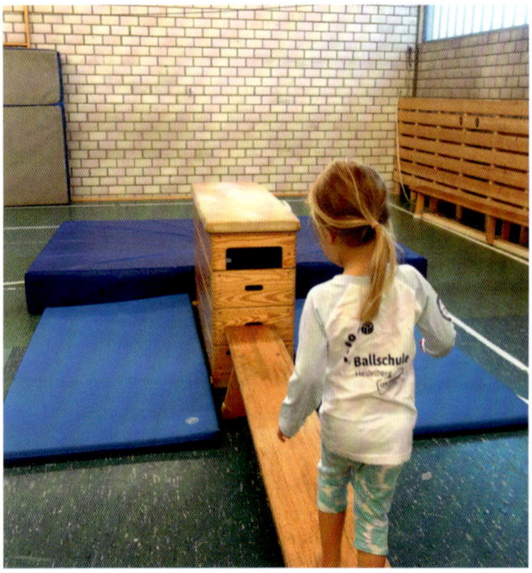

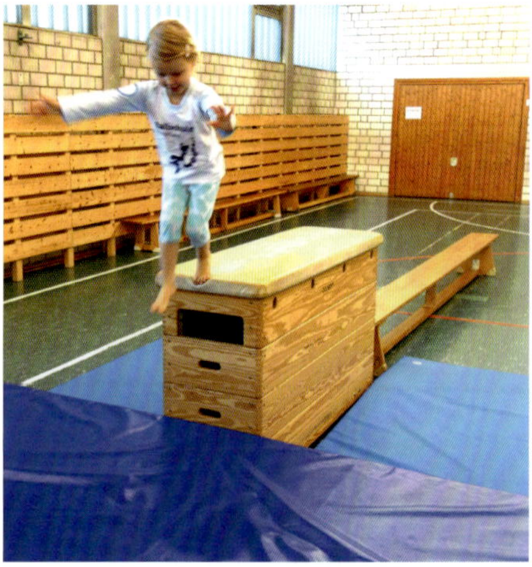

8 U3-BALLSCHULE

PRAKTISCHE UMSETZUNG

Klaus Roth

Anschlusskonzepte 152

Lehrmaterialien 154

Aus-/Fortbildungen 156

Kooperationen 157

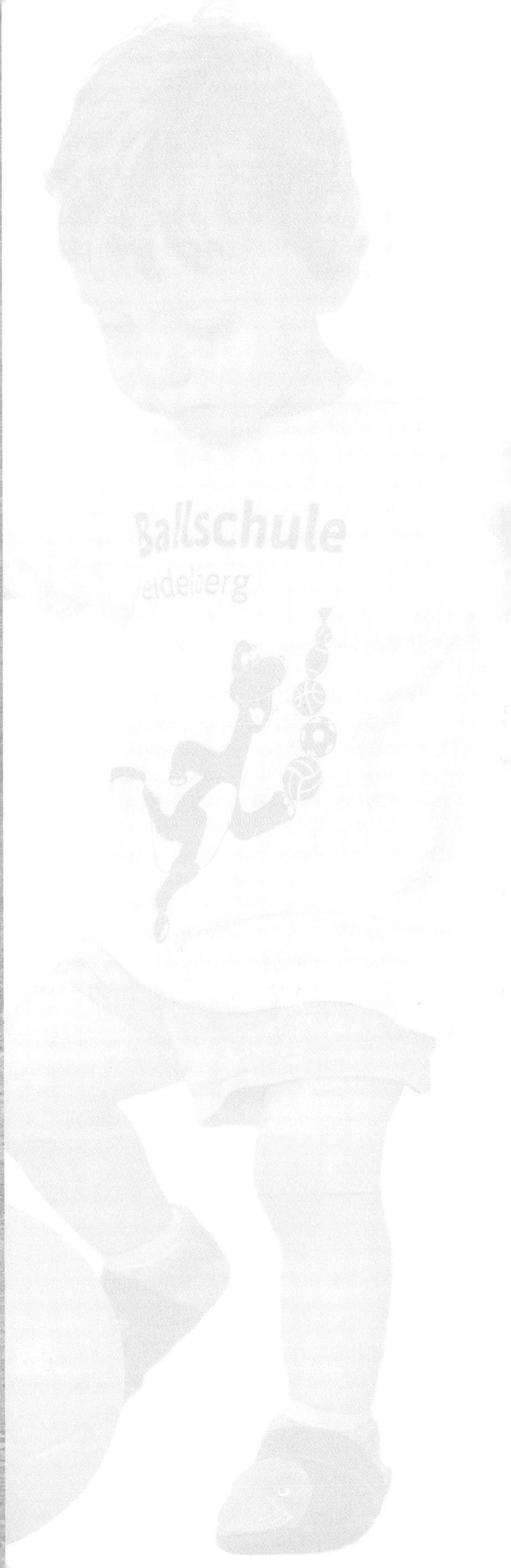

ANSCHLUSSKONZEPTE

MiniBallschule
powered by
Ballschule Heidelberg

Mit der Annäherung der U3-Ballschulkinder an die Lernziele der Säulen A3, B und C (vgl. S. 17) rücken – zumeist in der zweiten Hälfte des vierten Lebensjahres – die spielerischen Basiskompetenzen der **Mini-Ballschule** in die Zone ihrer nächsten Entwicklung. Auch für 3- bis 6-jährige Kindergartenkinder bietet das vielseitige und freudvolle Spielen mit Bällen ein reiches Anregungspotenzial für die Entfaltung der Gesamtpersönlichkeit. Daher wäre es folgerichtig und ausgesprochen wertvoll, wenn alle U3-Ballschul-Kitas und -Vereine den Kindern die Möglichkeit zur Fortsetzung ihrer „Ballschulkarriere" eröffnen würden. Die große Mehrzahl der Eltern und Ballschulkinder – das zeigen unsere mehrjährigen praktischen Erprobungen des U3-Programms – wünscht sich das jedenfalls „unbedingt".

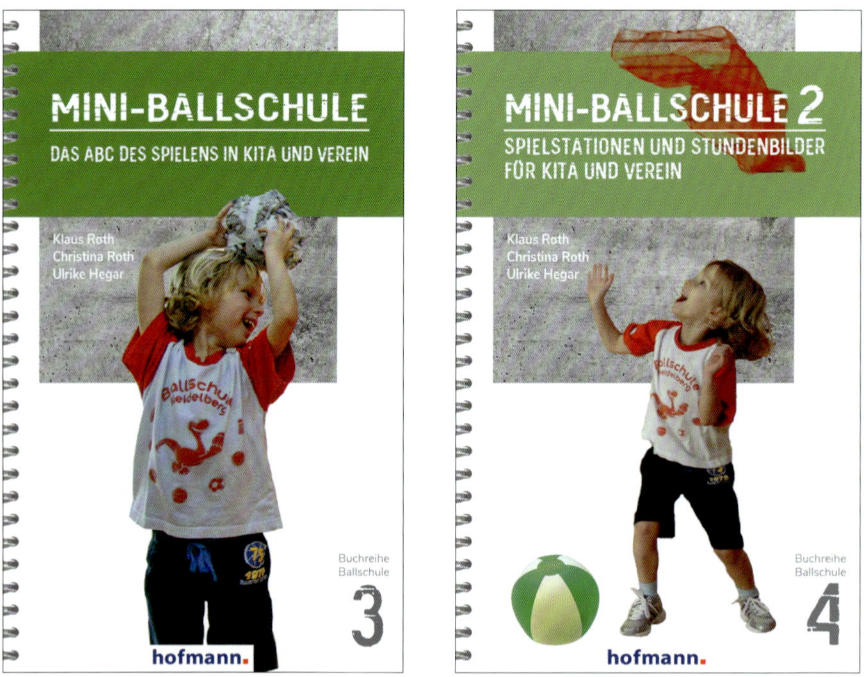

Abb. 5: Lehrpläne zur Mini-Ballschule (Programmstufe 2; vgl. Abb. 1)

Für die Mini-Ballschule liegen zusätzlich drei inhaltlich erweiterte Ergänzungsprogramme vor: das **Motorik ABC, MoBil** sowie **Gesundes Aufwachsen.** Sie befinden sich hinsichtlich ihrer wissenschaftlichen Begleitung und praktischen Anwendung in unterschiedlichen Entwicklungsstadien.

Motorik-ABC: Bewegung und Sprache

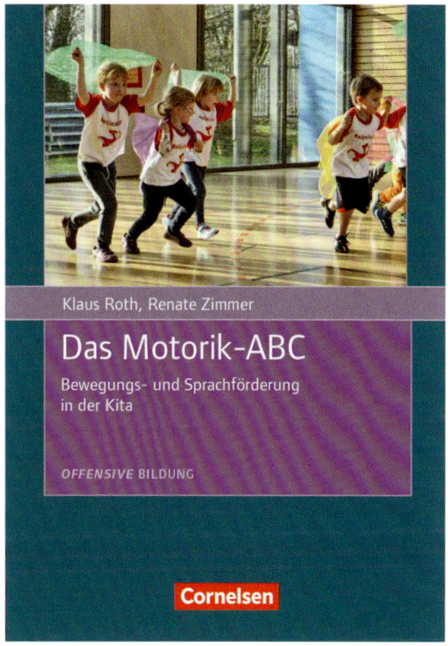

Unter dem „Dach" des **Motorik-ABC** werden zwei Programme zur Bewegungs- und Sprachförderung im Vorschulalter vereint: die Mini-Ballschule und das Modul „Bewegte Sprache". Die beiden Module ergänzen sich perfekt. In der (modifizierten) Mini-Ballschule werden Bewegungsanlässe zu Sprachanlässen – bei der Bewegten Sprache wird umgekehrt der Erwerb sprachlicher Kompetenzen mit Hilfe von Bewegungsspielen unterstützt. Die Motorik-ABC-Stunden werden von (ausgebildeten) Erzieherinnen/Übungsleitern geleitet. Dabei wird der Eigenaktivität und Beteiligung der Kinder eine große Bedeutung beigemessen.

Das Programm wurde im Rahmen einer dreijährigen Längsschnittstudie mit insgesamt 370 Kindern evaluiert. Die Befunde sind eindeutig. Die Motorik ABC-Kinder erreichen durchgängig größere Leistungsfortschritte als die Kinder der Kontrollgruppe. Besonders erfreulich ist, dass vor allem leistungsschwache Heranwachsende von dem Angebot profitieren.

Der Lehrplan ist – mit einer ausführlichen Spiel- und Übungssammlung – in Buchform veröffentlicht worden (Roth, 2014a; Roth & Zimmer, 2017).

MoBil: Motorik und Bildung

Mit dem Projekt **MoBil** wird das Wissen um die Potenziale von körperlichen Aktivitäten zur Stärkung der **Exekutiven Funktionen** genutzt und konzeptionell umgesetzt. Gerade im Vorschulalter beeinflussen gut ausgeprägte Selbstregulationskompetenzen – quasi als akademische Vorläuferfähigkeiten – die Lernbereitschaft und bilden eine wichtige Grundlage für das soziale Zusammenleben in Familie, Kindergarten, Schule und Freundeskreis. Angestrebt wird – ähnlich wie beim Motorik-ABC – vor allem eine Angleichung des Niveaus möglichst vieler Vorschulkinder bis zur Einschulung. Ziel ist die Herstel-

lung von Chancengleichheit und damit eine Homogenisierung der Voraussetzungen für eine erfolgreiche Schulkarriere (vgl. Kapitel 2).
Die bewegungsreichen MoBil-Spielstunden basieren auf Erkenntnissen aus der Sportwissenschaft, der kognitiven Neurowissenschaft und der Entwicklungspsychologie. Sie werden in den Kindergartenalltag integriert und von theoretisch und praktisch ausgebildeten Erzieherinnen durchgeführt. Die motorische Förderung orientiert sich dabei an den Inhalten der Mini-Ballschule, die mit kindgerechten Anforderungen an das Arbeitsgedächtnis, die Inhibition und die kognitive Flexibilität kombiniert werden. Das Programm wird derzeit in mehreren Kitas durchgeführt und evaluiert. Materialien zu den wissenschaftlichen Grundlagen (Eckert, Kubesch, Posawatz & Roth, 2021) und ein Übungsmanual sind auf Anfrage verfügbar: mobil@visionbewegungskinder.de

Gesundes Aufwachsen: Bewegung und Ernährung

Im Rahmen des Projekts **Gesundes Aufwachsen** wird die Mini-Ballschule mit dem bewährten Ernährungsprogramm **Abenteuer Essen** verknüpft. Beide Teilmodule folgen der Erkenntnis, dass in der Phase vor dem Schuleintritt die entscheidenden Voraussetzungen für einen langfristig stabilen, gesunden Lebensstil geschaffen werden. Kinder sind von Natur aus nicht nur Bewegungswesen, sie bringen auch die Anlagen für ein ausgewogenes Essverhalten mit. Die Teilnahme am Programm „Gesundes Aufwachsen" soll ihnen in entwicklungsgemäßer und spielerischer Form dabei helfen, diese Intuition im Dschungel des Nahrungsangebotes und der veränderten Lebensverhältnisse nicht zu verlieren.

Erste Lehrmaterialien mit einer Reihe von praktischen Beispielen und Stundenbildern sind im Rahmen von Fortbildungen für Erzieherinnen erstellt worden (vgl. Brühmann, 2018).

LEHRMATERIALIEN

Die Lehrmaterialien für die Ballschulprogramme der Stufen 1 bis 5 (vgl. Tab. 1) werden – nach und nach – auf der Plattform https://www.ballschule.online (im Aufbau) zusammengefasst. Auf ihr finden sich perspektivisch für jedes Einzelprogramm – einschließlich der U3-Ballschule – eine Vorstellung des zugehörigen Buches/Lehrplans, ein (kurzer) Imagefilm, ein kompletter Online-Ausbildungskurs, Videos zu den Spielen/Übungen (geordnet nach den Säulen A, B und C), Stundenbilder sowie ein Download-/Servicebereich mit PDF-Dateien, Links, Ballschul-Checks usw. Der Shop bietet zudem direkte Bestell-/Kaufmöglichkeiten der Bücher und sonstigen Lehrmaterialien sowie der benötigten Bälle, Spiel- und Sportgeräte.

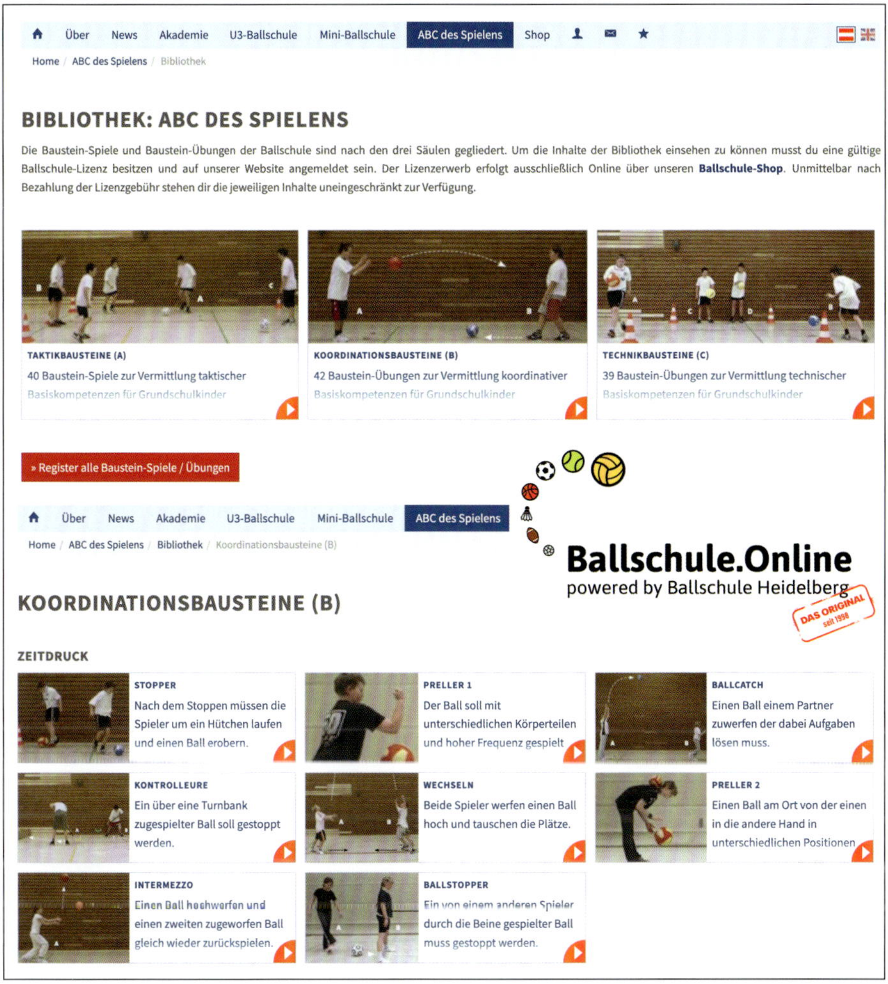

Abb. 6: Plattform https://www.ballschule.online. Beispiel: Bibliothek für den Band 1 der Buchreihe. Oben: Startseite; Unten: Videoclips zu den Baustein-Spielen/-Übungen der Säule B (Koordination)

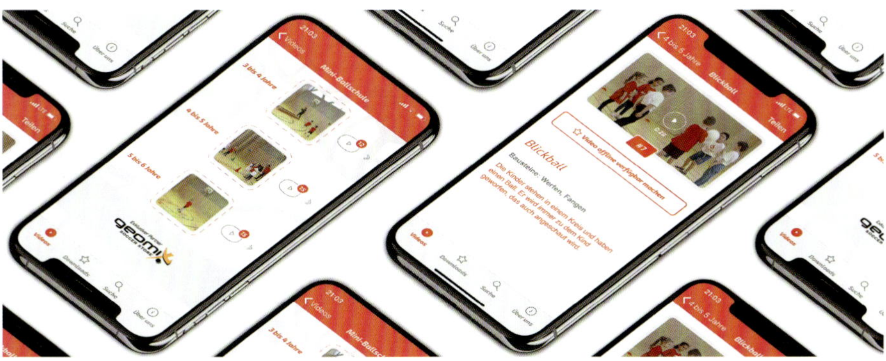

Abb. 7: Ballschul-App

Seit 2019 gibt es auch eine Ballschul-App für Kindergarten- und Grundschulkinder (Programmstufen 2 und 3), die in Kooperation mit den Österreichischen Sportdachverbänden und den Fachverbänden für American Football, Basketball, Faustball, Fußball, Handball und Volleyball erstellt worden ist. Sie kann im App-Store unter dem Suchbegriff „Ballschule – Ballsport einfach vermitteln" erworben werden. In 188 ballspielübergreifenden Videos erhält der Nutzer einen schnellen Einblick in den Aufbau und die Durchführung von Ballschul-Spielen und -Übungen. Diese sind nach Altersstufen und den zugehörigen Bausteinen geordnet.

Weitere Informationen zu den Lehrmaterialien finden sich auf dem YouTube-Kanal der Ballschule und unter https://ballschule.de/ (Kontakt: arbeitsgruppe@ballschule.de).

AUS-/FORTBILDUNGEN

Das Team der Ballschule Heidelberg bietet – neben den Online-Angeboten – regelmäßig Präsenz-Aus-/Fortbildungen an. Alle Qualifizierungsmaßnahmen umfassen acht Lehreinheiten. Die **Ausbildungen** beziehen sich auf das Ballschul-ABC (Grundschulkinder) und die Mini-Ballschule (Kindergartenkinder). In den **Fortbildungen** werden die weiteren Programme der Ballschule vermittelt. Dies schließt die in diesem Buch vorgestellte U3-Ballschule mit ein. Die Anmeldung erfolgt über die Online-Plattform oder die Homepage der Ballschule. Voraussetzung für die Teilnahme ist die C-Trainerlizenz eines Sportspielverbandes und ein Mindestalter von 16 Jahren. Die Trainerlizenz kann durch den Nachweis vergleichbarer Wissens- und Könnensbestände ersetzt werden, z. B. durch Ausbildungen, die noch nicht abgeschlossen sein müssen (Sport- und Gymnastiklehrer usw.) oder Berufserfahrungen (Erzieherinnen, Grundschullehrer, langjährige Trainertätigkeit usw.). In Sonderfällen sind individuelle Regelungen möglich.

Weitere Informationen zu den Aus-/Fortbildungen finden sich auf dem YouTube-Kanal der Ballschule und unter https://ballschule.de/ausbildung/ (Kontakt: ausbildung@ballschule.de).

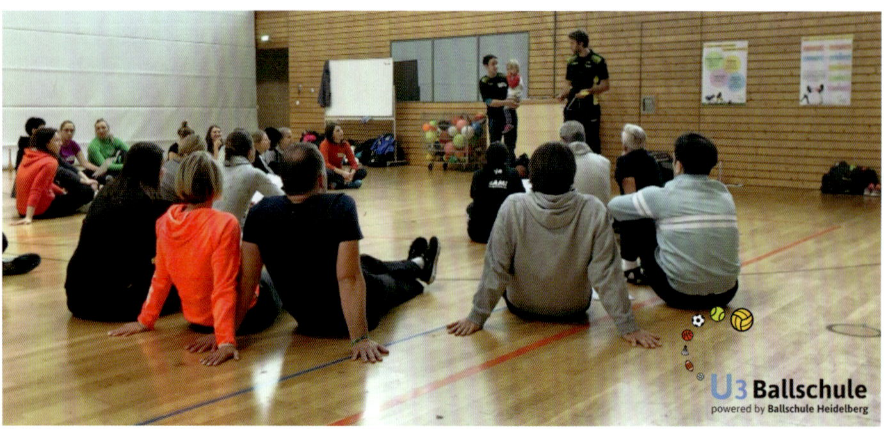

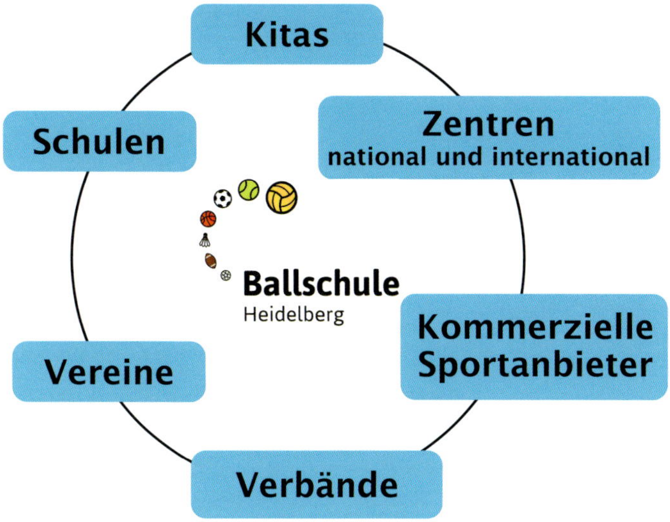

KOOPERATIONEN

Zur Qualitätssicherung ihrer Angebote trifft die Ballschule Heidelberg verbindliche Absprachen mit Bildungseinrichtungen (Kindergärten, Schulen) und schließt Kooperationsverträge mit Sportvereinen, Sportverbänden sowie mit kommerziellen Sportanbietern ab. Zudem gibt es Vereinbarungen mit sogenannten Ballschul-Zentren. Diese Zentren übernehmen die Aufgabe, das Konzept der Ballschule in einem vertraglich festgelegten Gebiet zu verbreiten. Sie sind berechtigt, eigene Aus-/Fortbildungen durchzuführen und regionale Kooperationen mit Kindergärten, Grundschulen und Vereinen einzugehen. Aktuell gibt es 11 Zentren in Deutschland und 13 internationale Landeszentren.

Die Kooperationsverträge für die verschiedenen Partner der Ballschule können unter https://www.ballschule.online oder https://ballschule.de/kooperationen/ eingesehen und abgerufen werden.
Weitere Informationen zu den Kooperationen finden sich auf dem YouTube-Kanal der Ballschule (Kontakt: kooperation@ballschule.de).

LITERATUR

Amelang, M. & Bartussek, D. (2010). **Differentielle Psychologie und Persönlichkeitsforschung** (5. Aufl.). Stuttgart: Kohlhammer.

Bekermann, K. (2006). **Synergetik und Selbstorganisation als Schlüssel zum Verständnis neuer Lernprinzipien.** München: Grin.

Berk, L. (2019). **Entwicklungspsychologie** (7. Aufl.). München: Pearson.

Böcker, N. (2011). **Bewegungsentwicklung & Sprache bei Kindern von 0 – 3 Jahren.** München: Deutsches Jugendinstitut.

Bundesverband der Unfallkassen (Hrsg.). Wahrnehmungs- und Bewegungsförderung in Kindertageseinrichtungen. Zugriff am 03.11.2021 unter https://www.hochsauerlandsport.de/fileadmin/co_system/hochsauerlandkreis/media/Downloads/Material_UEL-C/Ausbildung/Wahrnehmung-_und_Bewegungsfoerderung_in_der_Kita.pdf

Eckert, K. Kubesch, S., Posawatz, T. & Roth, K. (2021). **MoBil – Wissenschaftliche Grundlagen und praktische Umsetzung.** Heidelberg: ISSW.

Hoffmann, J. (1993). **Vorhersage und Erkenntnis.** Göttingen: Hogrefe.

Hossner, E. J. (2002). **Bewegende Ereignisse. Ein Versuch über die menschliche Motorik. Habilitationsschrift.** Heidelberg: ISSW.

Hüther, G. (2021). **Das selbstorganisierte Kind.** Zugriff am 10.12.2021 unter https://www.youtube.com/watch?v=tzV5 blBmfCE

Largo, R. H. & Remo H. (1999). **Kinderjahre. Die Individualität des Kindes als erzieherische Herausforderung.** München: Piper.

Krombholz, H. (2021). Zugriff am 12.11.2021 unter https://www.baby-und-familie.de/Entwicklung/Laufen-lernen-Die-ersten-freien-Schritte-113389.html

Kniffka, G. (2019). **Scaffolding.** Zugriff am 30.10.2021 unter https://epub.ub.uni-muenchen.de/61965/1/Kniffka_ Scaffolding.pdf

Kunze, A. B. (2016). **Wie lernen Kinder? Frühkindliche Bildung im Licht neuropsychologischer Forschung.** Zugriff am 03.12.2021 unter https://www.kindergartenpaedagogik.de/fachartikel/psychologie/2364

Merkel, J. (2007). **Bildungsbereiche und Kompetenzen.** Zugriff am 22.11.2021 unter https://www.kindergartenpaedagogik.de/fachartikel/bildung-erziehung-betreuung/1629

Ministerium für Bildung, Frauen und Jugend Rheinland-Pfalz (Hrsg.). (2004). **Bildungs- und Erziehungsempfehlungen für Kindertagesstätten. Kinderfreundliches Rheinland-Pfalz.** Mainz: Eigendruck.

Ministerium für Schule, Jugend und Kinder Nordrhein-Westfalen (Hrsg.). (2011). **Bildungsvereinbarung NRW: Fundament stärken und erfolgreich starten.** Frechen: Ritterbach.

Niedersächsisches Kultusministerium (Hrsg.). (2005). **Orientierungsplan für Bildung und Erziehung im Elementarbereich Niedersächsischer Tageseinrichtungen für Kinder.** Hannover: Eigendruck.

Pauen, S. (2018). **Vom Baby zum Kleinkind: Beobachtung, Begleitung und Förderung in den ersten Jahren** (2. Auflage). Heidelberg: Springer.

Pauen, S., Heilig, L., Danner, D., Haffner, J., Tettenborn, A. & Roos, J. (2012). Milestones of Normal Development in Early Years (MONDEY). Konzeption und Überprüfung eines Programms zur Beobachtung und Dokumentation der frühkindlichen Entwicklung von 0–3 Jahren. **Frühe Bildung, 1** (2), 64–70.

Payne, V. G. & Isaacs, L. D. (1995). **Human Motor Development: A Lifespan Approach** (3rd ed.). Mountain View: Mayfield.

Richter, S. (2001). **Vorwärtsmodelle und die Vorhersage des Bewegungsverlaufs. Ein Beitrag zur Erforschung interner motorischer Modelle.** Zugriff am 04.12.2021 unter http://www.ulb.uni-duesseldorf.de/diss/mathnat/2001/richter.html

Roberton, M. A. (1977). Stability of stage categorizations across trials: Implications for the 'stage theory' of overarm throw development. **Journal of Human Movement Studies, 3,** 49–59.

Roth, K. (1998). Wie lehrt man schwierige geschlossene Fertigkeiten? In Bielefelder Sportpädagogen (Hrsg.), **Methoden im Sportunterricht** (5. Aufl., S. 25–42). Schorndorf: Hofmann.

Roth, K. & Roth, C. (2009). Entwicklung motorischer Fertigkeiten. In J. Baur, K. Bös, A. Conzelmann & R. Singer (Hrsg.), **Handbuch motorische Entwicklung** (S. 22–247). Schorndorf: Hofmann.

Roth, K., Roth, C. & Hegar, U. (2021). **Mini-Ballschule: Das ABC des Spielens in Kita und Verein.** Schorndorf: Hofmann.

Roth, K., Roth, C. & Hegar, U. (2022). **Mini-Ballschule 2: Spielstationen und Stundenbilder für Kita und Verein.** Schorndorf: Hofmann.

Roth, K. & Zimmer, R. (2017). **Das Motorik ABC – Bewegungs- und Sprachförderung in der Kita.** Berlin: Cornelsen.

Scheid, V. (2009). Motorische Entwicklung in der frühen Kindheit. In J. Baur, K. Bös, A. Conzelmann & R. Singer (Hrsg.), **Motorische Entwicklung. Ein Handbuch** (S. 281–300). Schorndorf: Hofmann.

Schlack, H. G. (2012). **Motorische Entwicklung im frühen Kindesalter.** Zugriff am 24.11.2021 unter: https://www.kita-fachtexte.de/fileadmin/Redaktion/Publikationen/KiTaFT_SchlackIII_MotEntw_2012.pdf

Schnerr, B. (2020). **Visualisierung: Wie Bilder beim Lernen helfen.** Zugriff am 06.09.2021 unter https://eduwo.ch/bildungsmagazin/visualisierung-wie-bilder-beim-lernen-helfen/

Schmidt-Kolmer, E. (1984). **Frühe Kindheit.** Berlin: Volk und Wissen.

Schwarz, R. (2014.) **Die Bedeutung der Wahrnehmung für die Bewegungsentwicklung.** Zugriff am 23.11.2021 unter https://www.kita-fachtexte.de/fileadmin/Redaktion/Publikationen/KiTaFT_schwarz

Seefeldt, V. & Haubensticker, J. (1982). Patterns, phases, or stages: An analytical model fort the study of developmental movement. In J. A. S. Kelso & J. E. Clark (Eds.), **The Developmental Control and Co-ordination** (pp. 309–318). Chichester: Wiley.

Stangl, W. (2021). **Stichwort: ‚Kompetenz'. Online Lexikon für Psychologie und Pädagogik.** Zugriff am 12.12.2021 unter www.file:///D:/Data/Desktop/BS2_Mini/AABand1/Kompetenzen/Kompetenz.html

Stemmler, G., Hagemann, D., Amelang, M. & Bartussek, D. (2016). **Differentielle Psychologie und Persönlichkeitsforschung** (8. Aufl.). Stuttgart: Kohlhammer.

Ungerer, D. (1971). **Zur Theorie des sensomotorischen Lernens.** Schorndorf: Hofmann.

Textor, M. R. (1999). **Lew Wygotski – entdeckt für die Kindergartenpädagogik.** Zugriff am 13.11.2021 unter https://www.kindergartenpaedagogik.de/fachartikel/paedagogische-ansaetze/moderne-paedagogische-ansaetze/19

VIBSS (2021). Zugriff am 26.10.2021. unter https://www.vibss.de/fileadmin/Medienablage/Sportpraxis/PH_Kinder/Bewegungslandschaften/PH_2016_Kinder_Bewegungslandschaft_Grundlagen_und_ Ziele.pdf. Duisburg: LSB Nordrhein-Westfalen.

Winter, R. & Hartmann, Ch. (2007). Die motorische Entwicklung (Ontogenese) des Menschen (Überblick). In K. Meinel & G. Schnabel (Red.), **Bewegungslehre – Sportmotorik** (S. 243–374). Aachen: Meyer & Meyer.

Wood, D. J., Bruner, J. S. & Ross, G. (1976). The role of tutoring in problem solving. **Journal of Child Psychiatry and Psychology, 17** (2), 89–100.

Wygotski, L. (1987). **Ausgewählte Schriften. Band 2: Arbeiten zur psychischen Entwicklung der Persönlichkeit.** Köln: Pahl-Rugenstein.

Zimmer, R. (2004). **Handbuch der Bewegungserziehung.** Freiburg: Herder.

Zimmer, R. (2016). **Handbuch Sprachförderung durch Bewegung.** Freiburg: Herder.

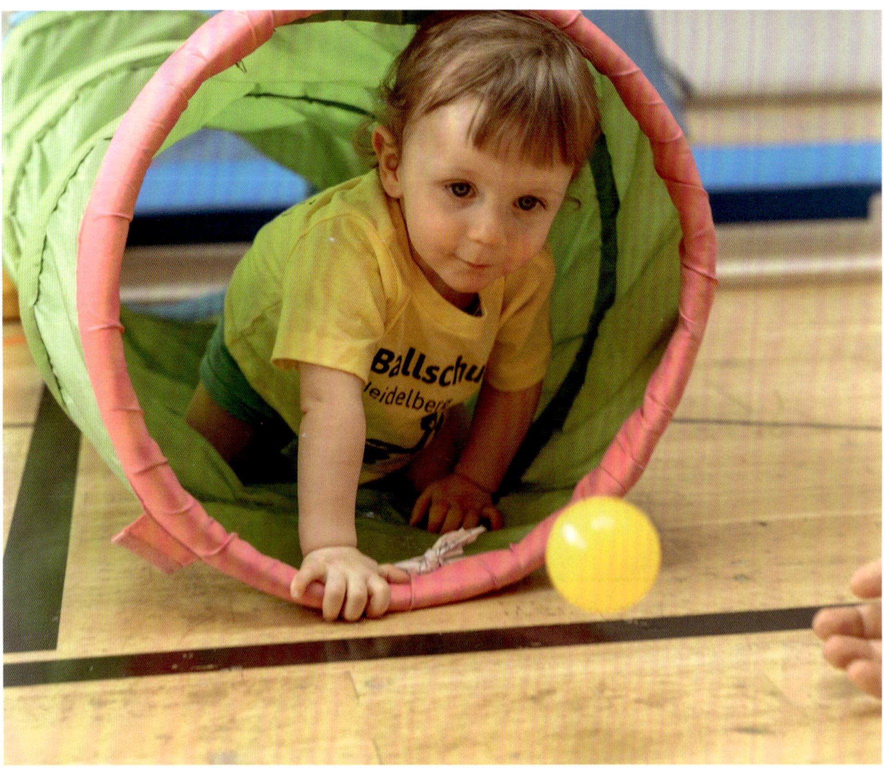